The Filial Piety Thought and
Personality Education of Korea 3

# 한국의 효사상과
# 인성교육 3

The Filial Piety Thought and
Personality Education of Korea 3

# 한국의 효사상과
# 인성교육 3

(사)한국효문화연구원 지음

# 서 문

　우리나라의 역사는 아주 유구하다. 세계성이 있는 철학과 교육문화의 보전(寶典)을 하느님은 우리들의 조상에게 내려 주셨다. 단군왕검황제시대에 제후국인 춘추시대의 공자(孔子)는 우리 겨레의 스승이요, 성인(聖人)들로부터 인(仁)사상과 효(孝)교육문화를 계승받았다. 공자 또한 우리 고유의 인사상과 효문화를 이어받아 인효를 골격으로 유교를 집성해 유학으로 세계화했다.

　공자사상의 핵심은 인사상과 효교육문화다. 공자의 제자 증자(曾子)는 『효경』을 지어 공자의 사상과 교육정신을 충실히 전승한 제자로 관직을 좋아하지 않았고, 훗날 종성공(宗聖公)으로 추앙받았다.

　유학이 우리나라에 전래되기는 고구려 소수림왕 2년(372년)이다. 우리나라의 학문과 교육은 공자의 유학(儒學)이다. 유교경전이 우리의 전통교육 교과서다. 즉 공자가 찬술한 오경(五經)과 송대의 주자가 편술한 사서(四書)와 더 확충하면 13경이 포함되며, 인성교육 내용이 충만해 있다. 그럼에도 근세의 우리나라 교육정책은 서양의 진보주의교육이론을 비판 없이 수용하였다.

　그 결과 한국적 가치관과 우리의 전통교육은 붕괴되고 인성교육은 실종되어 인간의 존엄성과 가치를 모르고 도덕·윤리를 망각한 채 오직 인욕과 육체적·관능적 삶에 골몰하고 있다. 시대의 소명에 따라 교육혁신과 성장발전을 위해 인효를 골격으로 하는 국정철학으로 과감한 교육개혁을 시도해주길 제청한다.

2022.10.3 개천절에

(사) 한국효문화연구원 이사장 겸 홍익인간사상연구원장
한국청소년효문화학회장 김익수

# ◇ 차 례 ◇

## 제3장  조선후기 성산지 편찬과 효자, 열녀

– 박 주

\

제1장

# 효교육문화와 유학의 묘맥과 융합을 통한 국학 성립

김 익 수

(전 한체대 교수,
한국청소년효문화학회장,
한국효문화연구원장)

# 1. 글의 시작

우리나라에는 세계적으로 유구한 역사와 심오하고 뚜렷한 사상의 묘맥, 그리고 가장 세계적인 오롯한 인류시원의 효교육문화가 있었다. 한국적 효는 이미 세계적인 역사학자 토인비[1]가 극찬한 바가 있다. 그럼에도 우리 국민들은 이를 제대로 인식하지 못하고 있다.

고질적인 사대성(事大性) 때문에 강세로 침식된 외래사상을 잘 따른다. 그리고 오늘날은 이것을 지키지 못하고 실종시켜 버리고 말았다. 그렇게 된 데는 몇 가지 이유가 있다.

첫째, 중국의 황하문명을 뛰어 넘어 이미 삼성조(三聖朝) 시대의 고유문명이 있었음을 이해해야 한다. 즉, 한인문명(桓仁文明)이 있었음을 주목해야 한다. 이 한인문명이야말로 가장 선구적인 문명인데 한자문화가 바로 동이겨레에 의하여 창조된 녹도문에서 비롯된 것이다.

둘째, 일제의 강침으로 우리 역사와 문화가 왜곡되고 변조되어 신화로 격하시켜진 점이다. 따라서 우리 홍익인간사상을 의도적으

---

1) 토인비(Arnold J. Toynbee, 1889년~1975년), 역사학자, 영국출생, 1956년 CH(名譽勳位保持者)의 서열에 올랐다. 독자적인 문명사관을 제시하였다.

로 실종시켰다. 그럼에도 우리 국가정책과 교육정책은 이를 바로 잡지 못했다.

셋째, 서구사상의 범람으로 인하여 가장 세계적인 우리의 사상과 문화 그리고 교육이 외래의 것들로 누더기가 되어 있다. 외래사상이 우리의 전통을 존중하지 않고 그들의 사상으로 우리의 고유사상과 전통문화를 잠식해 버렸기 때문이다.

그것은 세월이 흐르면서 더욱 심해져 지금은 순수한 우리의 고유사상과 교육과 문화가 완전히 외국 것으로 바뀌어져 있다. 이를 쉽게 표현하자면 주객이 전도되어 버렸다는 뜻이다.

따라서 우리는 고유사상과 한철학, 그리고 교육과 문화가 이미 정체성과 주체성을 잃었을 뿐더러 민족의식을 완전히 잃고 있는 형편임을 제대로 깨달은 후, 가장 세계적이고 우리의 사상과 우리의 효교육문화를 되찾아서 '교육 바로 세우기'를 확고히 해야 하겠다.

우리의 교육현장은 너무나 심각하다. 이 시대야말로 교육의 본질을 가장 망각하고 있는 사회이다. 한국정신과 국혼(國魂)을 이미 잃고 있으며 도덕과 윤리의 기반도 잃었다. 즉 한국정신과 민족교육의 주체를 상실하고 말았다. 철학이 없는 외래사상과 천박한 서구문화와 뿌리 없는 교육을 하고 있다. 두 말 할 것도 없이 홍익인간 사상을 근본적으로 망각하고 있다. 따라서 현대는 도덕과 교육의 본질이 실종된 시대다. 이는 곧 국가의 총체적 위기로 돌입하는 수순을 밟고 있어서 심각하다.

우리의 교육현실에서 효문화와 인성교육이 실종되었기 때문이다. 매우 어둡다. 교육문화가 반드시 바로 서야 한다. 학교교육에서는 이러한 것들을 기반으로 공부를 해야 역사도 바로 알게 되고, 폭넓

은 시야를 갖게 되어 세계 속에 우뚝했던 우리의 사상과 '인류교육
문화의 꽃'이라고 할 수 있는 효교육문화의 연원이 중국에서 비롯
된 것이 아니라 우리의 고유한 교육사상이었다는 것을 분명히 알게
될 것이다.

본고에서는 우리겨레의 효교육문화와 유학의 묘맥이 융합되어
국학(國學)이 성립되었음을 반드시 인식해야 한다. 따라서 우리 고
유의 인효학(仁孝學)과 유학이 같은 뿌리에서 싹이 터서 나누어졌
다고 할 수 있다. 국학의 골격과 핵심가치는 인(仁)과 효(孝)이며
유학의 원뿌리는 분명히 우리의 국학이다.

유학의 형성과정이 상술한 바와 같이 고유의 효교육문화와 유학
의 묘맥이 융합된 과정을 거쳐서 성립되었지만, 중국에서 발전되다
가 고구려 소수림왕 2년에 전래되었다. 그리고 유학이 재구성된 성
리학은 고려 말에 수입되었다. 유학을 뛰어 넘는 국학의 핵심가치
가 뿌리가 되어 우리 사상의 바탕이 되었고 유교가 형성되었음을
강조한다.


## 2. 효교육문화와 유학의 묘맥(苗脈)과의 융합과정

### 1) 한국시대, 우리 고유의 한인천제의 5훈

『부도지(符都誌)』는 4세기 무렵 신라의 충신이며 중신이었던 박
제상(朴堤上, 363년~419년?)에 의해서 집필되었다. 이 책은 우리
민족 최고의 역사서요, 인류의 시원을 밝혀주는 위대한 책이다. 이
책이야말로 우리나라뿐 아니라 인류의 미래를 올바르게 여는 전 인

류의 교과서이다.

흔히 위서(僞書)로 단정했던 사학자들이 고개를 들지 못하는 『한단고기』는 고려 때에 집필되었고, 『단기고사』는 발해의 대야륵(大野勒)이 편찬했는데 일부 사학자들이 외면한 책들이다.

한인(桓仁;하느님)은 『천부경』을 통해 한국시대에 사상적 기반을 확고히 세워 놓았다. 『천부경』은 비록 지식인에게만 각인시켰지만 한사상(韓思想)의 기반을 이루었다.

한국(桓國)시대에는 『천부경』이 주로 구전되어 백성들에게 가르쳐서 한사상의 기반이 세워지기 시작했다. 그런데 한나라(桓國)에는 한국의 정신으로 '현묘지도(玄妙之道)'가 있었다고 한다. 이는 한인천제께서 심신을 수련한 끝에 얻어진 것으로 이에 대한 설명은 『태백일사』에 다음과 같이 적어 놓고 있다.

한인천제가 사람을 가르쳐 의롭게 만들고 이로부터 자손들이 '현묘지도'를 서로 전해서 밝은 세상이 되었다. 이때 이미 신교(神敎) 문화가 있었다고 하는데 이 신교에는 3륜(三倫)[2]과 9서(九誓)[3]와 단군(22세) 색불루에 의한 8조법금(八條法禁)이 있었다고 한다. 교육으로는 인류에게 누구나 평생교육이 될 인효교육(仁孝敎育)을 큰 가르침으로 구전시켜 백성들의 머릿속에 각인시켰다.

하느님을 표시한 이름이 한인(桓仁)이고 하느님을 한문으로 풀어 쓴 말이 천제(天帝)이다. 이 한인을 한문으로 '안파견(安波堅)'이라

---

2) 단군 제3세 가륵(嘉勒) 원년(전 2182己亥)에 수두(蘇塗)를 세우고 3륜9서의 가르침을 베풀었다(施三倫九誓之訓)고 되어 있는 것으로 보아 3륜은 고조선개국시대부터 있었다. 3신(三神: 桓仁·桓雄·桓儉)에는 3화(三化: 造化·敎化·治化)의 원리가 있고 3종(三宗 : 父·師·君)에는 3륜(三倫: 愛倫·禮倫·道倫)이 있어 한얼의 3신3화와 인간의 3종3륜이 상호 맞비추고 있다. 「한민족의 뿌리사상」 p. 196.

3) 구서는 9가지 맹세로 다음과 같다. ① 효(孝) ② 우(友) ③ 신(神) ④ 충(忠) ⑤ 신(信) ⑥ 지(知) ⑦ 용(勇) ⑧ 렴(廉) ⑨ 의(義).

고 적었다. 이렇게 적기 전의 우리말로는 '아버지'를 뜻한다고 한다.

하느님은 일찍이 천손인 상고대의 우리 조상들에게 사람답게 살아갈 교육철학과 큰 가르침의 방향을 제시하였다. 이른바 '한인5훈'이다. 그런데 한인천제의 가르침 속에는 핵심이 바로 인효(仁孝)이다. 이것이 우리나라 효사상의 원뿌리이다. 그리고 이 세상에 처음으로 알려진 이것이 바로 효를 통한 아름다운 인간의 미덕과 뿌리 정신의 원천이다.

첫째로 하느님을 공경하고 다음으로는 우리 후손을 이어 가게 한 조상을 받들고 나를 낳은 부모님께 효도하라는 것이다. 나머지 3가지 가르침도 모두 인(仁)사상의 범주요, 인효사상(仁孝思想)의 반경 안에 들어간다. 여기에 적어본다.

1) 성실하여 거짓이 없어야 한다.(誠信不義)
2) 부지런하여 게으르지 않아야 한다.(敬勤不怠)
3) 효도하여 부보의 뜻을 어기지 말아야 한다.(孝順不違)
4) 깨끗하고 의(義)로와 음란하지 않아야 한다.(廉義不淫)
5) 겸손하고 온화하여 다투지 말 것이다.(謙和不鬪)

우리의 순수하고도 세계적이며 고유한 효사상은 아무런 외래의 사상과 종교가 들어오기 전에 아주 순수하고 원시적인 우리의 효교육문화가 세계에서 제일 먼저 비롯되어 백성들에게 교육하기 시작하였다. 이는 세계적인 교육철학의 원형이기도 하다.

이 일은 한국(桓國)시대보다 한걸음 더 발전한 배달국의 한웅1세 거발한(巨發桓)에게로 계승되었다. 한웅천왕(桓雄天王)은 더욱이 문자의 발명으로 새 문화를 창조하기에 충분하였다. 이로 인하여 배달국의 문화발전에 있어서 동북아에서 보다 발전한 국가로서의 뚜렷한 위상을 갖게 되었다.

## 2) 배달국시대, 새문화를 창조한 한웅천왕의 6훈

한국말에 이변(異變)이 크게 일어났다. 농토는 한정되고 인구는 날로 늘어나고 종래의 농업만으로는 한계가 있어서 식량란이 벌어져 산업이 태동되기 시작하였다. 이로 인하여 경제문제가 심각하게 주요문제로 대두되었다. 그리고 지혜가 발달하면서 인간문제가 중시되어 철학의 빈곤이 불만족의 조건이 되었으며 부족 간의 분쟁이 자주 일어나서 이를 해소하는 길은 대중적 가치관과 모두 함께 살아갈 공동체의식과 공유하는 생활의식과 남을 존중하고 서로 양보하고 남을 돕는 홍익인간사상이 절실히 요청되었다. 따라서 큰 지도자가 나와서 국정방향이 새롭게 지도방향이 설정되어야 한다. 우선 백성들도 마음을 바꾸어 사양하는 예의가 생활화 되어야만 밝은 사회가 되며 강한 국가발전이 될 수 있다는 인식이 주요과제로 대두되었다.

이런 때에 한웅의 부왕은 한웅의 뜻을 알아차리고 천부인(天符印) 3개와 무리 3000명을 따르게 하여 태백산정에 내려와서 도읍을 정해 '신시(神市)'라 하고 나라 이름을 '배달'이라 하였다.

1세 거발한 한웅천왕은 한인천제를 계승하여 한웅6훈을 개천하던 날에 조칙으로 내렸다. 모든 백성들이 맹세하였다.

부모는 자식을 사랑하고 자식은 부모에게 효도하며, 형제를 사랑하고 어른을 공경하며 어린이와 약한 무리에게 은혜를 베풀어 모든 백성들에게 믿음을 주어야 한다고 하였으니 인류의 보전(寶典)이다. 하느님께서 사람들을 사랑하고 효를 통한 큰 가르침을 주셨으니 첫째로 하늘을 공경하고 둘째는 부모에게 효도해야 한다. 즉 제천(祭天) 보본(報本)해야 한다.

한웅천왕의 큰 가르침은 '한인오훈'을 계승한 것이지만 만고의 진리다. 후세에 유학이 형성되었지만 대체로 여기서 벗어나지 않고 계승한 느낌을 준다. 즉 유학형성에 영향을 준 것이 분명히 우리의 고유사상이다. 그러면 한웅천왕이 백성들에게 내린 '한웅6훈'을 여기에 적어본다.

첫째, 부모에게는 지극히 효도해야 한다.(父母可敬也)

둘째, 아내와 자식은 잘 보호해야 한다.(素子可保也)

셋째, 형제는 서로 지극히 사랑해야 한다.(兄弟可愛也)

넷째, 늙은이와 어른은 높이 받들어 공경해야 한다.(老壯可隆也)

다섯째, 어린이와 약한 자에게는 은혜를 받들어야 한다.(少弱施惠也)

여섯째, 모든 무리는 서로 믿을 수 있어야 한다.(庶家可信也)

'한인5훈'을 계승한 한웅천왕(桓雄天王)의 '한웅6훈'은 상통되는 바가 많다. 거의 같은 맥락이며 이러한 교육정신이 싹이 자라서 유교의 원뿌리가 되었다. 거발한 한웅천왕은 이 세상에 홍익인간의 이념을 처음 펴시고,[4] 모든 백성들에게 6가지 교훈[5]을 서약시킨

---

4) 홍익인간사상을 처음 펴기는 한웅천왕이요, 발전시킨 이는 단군왕검이다.

5) 한웅6훈은 인효(仁孝)가 중심개념이다.

후에 착한 일을 하는 자에게는 상을 주고 악한 일을 한 자는 벌을 주는 법을 만들었다.

배달국 초기에 고시(高矢)6)가 최초로 농법(農法)을 연구하고 청동기(靑銅器)를 제작했음을 알 수 있다. 즉 청동기가 제작되었다는 것은 농기구가 개량되어 농업이 발달하고 전쟁무기의 제작으로 승리로 이끌 수 있는 힘이 된다는 것이다. 청동기무기를 제작했던 제14세 치우천왕은 헌원의 대항을 쉽게 물리치고 항복케 한 후에 그를 제후로 봉했던 것이다.

고조선시대의 단군3세 때인 갸륵천왕 2년에 을보륵(乙普勒) 박사에게 국문정음(國文正音)을 정선토록 하였다.7) 창제된 가림토(加臨土)문자, 또는 가림다(加臨多)문자는 38자인데, 동이인에 의해 창제된 녹도문이 모체가 되어 표의문자(表意文字)인 한자와 표음문자인 가림토문자가 나와 동북아 문명의 신기원을 열었다.

특기할 점은 제5세 한웅 태우의(太虞義)의 열두째 아들인 태호복희씨가 선천팔괘(先天八卦)를 그어서 선천세계를 밝혔는데, 주나라 문왕이 후천팔괘(後天八卦)를 그어 후천세계를 밝혔다. 그의 아들인 주공이 384효를 지어 '서술역(敍述易)'이 완성되었다.

여기에 공자(孔子)는 도덕적 역(易)으로 『역경』을 완성하였는데 공자는 도덕을 아주 중시하여 요·순을 조술하고 『6경(六經)』을 마무리했다. 그런데 중심사상이 인(仁)이요 실천방법이 효(孝)였다. 공자는 요, 순, 문왕, 무왕, 주공에게 효사상을 전승했다.

---

6) 아득한 옛날에 농사짓는 일을 가르친 높은 뜻을 기리기 위하여 들에 나가서 일을 하고 밥을 먹을 적에 먼저 고시례(高矢禮)하고 던지는 풍속이 있다.
7) 국문정음(國文正音)은 가림다문(加臨多文)이라고도 한다. 이것이 을보륵 박사가 만든 정음 38자인데 세종대왕이 만든 한글의 전신이다.

공자는 유교(儒敎)를 집성했는데 우리 고유의 한사상이 배양토였다는 점이다. 그렇기 때문에 중심사상이 인학(仁學)이요 효학(孝學)을 통해 인간 완성의 버팀목이 되게 하였다. 그러니 효가 유교에서 중시되었음은 어쩌면 당연하였던 것이다. 따라서 유교는 인간학이다.

### 3) 조선시대, 천하통일을 이룩한 단군왕검황제의 8조교

거발한 한웅천왕이 개천(開天)한 배달국도 18세 1565년을 지속하는 당당한 문화국가이었지만, 18세에 이르면서 부족은 날로 늘어나서 분쟁이 자주 일어나 이를 다스릴 정치철학이 시대적으로 요청되었다. 그리고 심각한 경제문제가 대두되었다. 따라서 물질문명의 한계를 극복할 수 있어야겠고, 교통문제를 원활히 해결할 수도 있어야겠고, 공동체의식을 갖고 대중적 가치관을 공유하면서, 따뜻한 인간의 마음을 나누며, 서로가 존중하며 믿고 살 수 있으며, 모두 함께 살아갈 수 있도록 이끌 수 있는 걸출한 지도자의 출현이 요청되는 때가 왔다.

이런 때에 오래전부터 비왕으로 있던 준비된 단군왕검이 개천하여 등극하니 바로 단군왕검이시다. 단군조선의 제1세인 단군왕검께서는 우리 본래의 조상인 하느님(한인:桓仁)을 숭앙하는 경배를 하고 조상신에게 제사하기 위하여 수도인 아사달에 신단(神壇)을 세웠다.8) 그런데 각 지방마다 수두(蘇塗)9)를 두어 그 옆에 경당(扃堂)10)을 설치하였으니, 국가관과 사회관, 그리고 교육관과 가정관

---

8) 안호상, 「단군시대의 우리의 사상과 신앙」, 『학술원회보』 3, 대한민국 학술원, 1960.

9) 수두(蘇塗)는 아주 신성한 곳으로 하느님께 제사드리던 제천단이 있는 성역이다. 제사장인 성직자로서 천군(天君)이 있었으며 법관도 침범할 수 없는 성역이었는데 이곳에서는 종교의식도 있었지만 민족종교의 역사와 학문과 민족문화와 교육과 무예도 가르쳤다. 그러니 수두는 종교와 정치와 교육의 산실이었다.

이 확고했었다. 이때 경당에서의 교육의 소임이 아주 컸다. B.C. 1670년에는 국립대학이 설립되었다. 하느님과 민족의 조상신들께서 강토를 주어 우리 후손들이 사랑하고 효도하며 영원히 살게 했던 은덕을 보답하기 위해 효성을 다해 제사를 지내기 위해서이다.

이때 조상신을 경배하는 의식이 생겨 자연히 고유종교도 생겼으니 우리 민족 최초의 나라인 환국의 하느님(桓仁)을 모시고 숭배하며 경배하는 민족종교이니만큼 그 이름은 '하느님의 교,(敎)'11) 또는 한문으로 표시해서 '천신교(天神敎)'12)라 불렀을 가능성이 높다.

단군조선의 제1세 단군왕검은 영험하고 큰 덕과 자비로운 자품을 타고나서 하늘의 도가 널리 전개되었다. 뿐만 아니라 사람들을 널리 유익하게 하려고 했던 한웅천왕의 홍익인간사상을 보다 확충하여 펴니 자연히 홍익인간이념이 건국이념이요, 교육이념이 되기 마련이었다. 천도(天道)를 따라 정교(政敎)를 펴려고 하니 옛 배달제국의 제도와 교육이 계승되었다. 여기에 '단군왕검의 8조교'는 너무 장황해서 생략한다.13)

단군왕검은 정치를 함에 있어서 분권주의를 실현하여 삼한(三韓)으로 나눠 다스렸는데 신교(神敎)의 우주관인 천일(天一), 지일(地一), 태일(太一) 정신에 입각하여 고조선의 전 영역을 진한(辰韓;太一), 변한(弁韓 ; 地一), 마한(馬韓 ; 天一)으로 나누어 다스렸다. 진

---

10) 이 경당이 시원이 되어 고구려의 평민교육기관인 경당(扃堂)이 설치되었다. 이 시대의 경당에서는 충(忠), 효(孝), 신(信), 용(勇), 인(仁)의 5가지 계율과 무예와 노래와 음악과 글쓰기 등 육예(六藝)를 가르쳤다. 이것이 배달국을 거쳐 단군에 이어 부여를 거쳐 고구려에 계승되었다.

11) 종교는 큰 가르침, 또는 으뜸가는 가르침이란 의미가 있다.

12) 안호상, 「배달겨레와 세계인류의 얼인 사람을 크게 유익하게 하기(홍익인간의 연구)」-인문사회과학편- 대한민국 학술원 『논문집』제37집, 1998.

13) 『한단고기』 참조.

한은 대단군인 왕검(王儉)이 직접 다스리고 요서의 변한과 북부의 마한은 부단군(副檀君)이 각각 다스렸다. 이와 같이 정치는 분권주의를 채택하고 이념은 홍익인간으로 하였다. 그리고 내용은 화백(和伯)으로 하였다.

동방의 대인이라 불렀던 동이족은 배달시대부터 왕을 천자라고 하였다. 천자는 천왕지자(天皇之子)의 준말로 천제인 상제님을 대신하여 지상을 다스리는 상제님의 대행자이다.

『단군세기』의 기록으로 볼 때 고조선은 배달국을 계승해서 천자가 다스리는 천자국이었다. 천지에 제사 지내는 대제사장이었다. 그럼에도 근세조선은 사대주의 때문에 반대로 스스로 우리가 제후국이라고 자처했으며 비하했던 것이다. 천자는 '동방의 천자'로『독단(獨斷)』에 있다. 이 책에 천자는 동이족이 부르던 호칭이라고 적혀 있다.

단군왕검은『천부경』14)과『삼일신고』15)는 한사상으로 이미 굳히고 『인간366사』는 한웅천왕의 기반을 이어서 홍익인간사상으로 366사로 예절교훈으로 삼아 매일 매일의 생활 속에 뿌리를 박았다. 그런데 366사16)로 여섯째 바탕인 지극한 효가 있다. 단군왕검께서는 한얼숭배와 조상공경과 사람사랑의 3가지를 자기의 뿌리사상으로 삼는 동시에 배달겨레의 그것으로 가르쳐 주었다. 신라의 화랑들은 단군의 얼과 3뿌리 사상17)을 잘 이어 받아 쇠와 돌과 같이 단

---

14) 『천부경』은 동양사상의 총본산이라 할 만큼 뚜렷한 사상이 함유되어 있고 최고 철학서라 할 수 있는데 요사이 입증된 것으로는 첨단과학, 의료학, 역역학의 개념인 제1법칙과 10법칙을 활용한 수학의 논리까지 들어 있다고 하니 세계문화유산이라고 할 만하다.

15) 『삼일신고』는 배달겨레의 고유경전으로 교화경이라고 한다. 한인(桓仁)으로부터 구전된 경전으로 교화경이라고도 한다.

16) 『인간366사』를 말한다.

단하게 뭉쳐서 나라를 통일하였다.[18)

　결국 삼국은 건국 초부터 각기 건국되어서 정립되었다. 한겨레이면서 마치 외국과 같은 관계였으나 화랑정신이 주체가 되어 단군왕검의 민족얼과 3뿌리사상을 이어받아 철석같이 뭉치고 단합하여 삼국을 통일하였는데 역시 화랑정신과 우리 한사상의 힘이다. 화랑정신은 곧 홍익인간사상이 골격이다.


## 3. 유교사상 형성의 기반조성과 미래학인 효교육문화

　배달국의 복희가 선천역을 짓고 주나라의 문왕이 후천역을 짓고 공자에 의하여 십익(十翼)으로 보완해 인문이 확 밝아졌는데 춘추시대에 공자에 의하여 완성된 『역경』이야말로 유교사상의 골간이요, 철학의 조종(祖宗)이며 만학(萬学)의 원두처이다. 그런데 역학의 원뿌리는 환역(桓易)이다.

　환역이 뿌리가 되고 환역은 『천부경』에서 나온 것인데 동이인 복희(伏羲)가 시단(始端)을 열어 동이인 공자에 의하여 역학사상을 매듭지었다는 것은 주목할 일이다. 또한 '미래의 역'을 조선조 말에 김일부(金一夫)가 밝히고 있음은 결코 우연이 아니다. 다시 말하면 동이인에 의하여 동북아시대를 열어간다는 점을 주목하자.

　중국사상의 연원이 성인지도(聖人之道)인데 한국사상의 내용이 선도사상(神道思想), 즉 밝달사상이 곧 백문화(伯文化)요, 백사상(伯思想)이다. 사실상 천도를 인간이 주체가 되어 자각함으로써, 삼재

---

17) 3뿌리사상은 삼종인데 한얼숭배, 조상공경, 사람사랑을 말한다.
18) 안호상, 『민족사상의 정통과 역사』, 한뿌리, 1992.

의 세계를 일관하는 중정지도(中正之道)를 천명하는 학문이 바로 역학사상이다. 다시 말하면 자연인 천도(天道)와 인간의 세계인 인도(人道)를 천명하는 것이다. 역학이야말로 한국사상과 중국사상의 주요 골격이요, 요체이기도 하다. 특히 유학사상의 몸통이 된다. 동북아의 사상의 연원과 기반이 역학이며 분명히 동이인에 의하여 이룩된 것이다.

우리 민족의 정신과 도의를 심은 계율과 규범은 현묘지도(玄妙之道)로 한(桓)나라에서 배달국과 단군조선까지 일관했었고, 한인5훈은 한국에 적용되었고, 한웅6훈은 배달국에서 국책으로 시행되었고, 3륜9서는 배달국과 고조선까지 적용되었다.

경당교육은 배달국과 단군조선에서 삼국시대까지 절대적인 교육이었다. 또한 5상지도는 배달국과 단군조선에서 강조되었다. 8조교는 단군조선에서 절대적으로 중시한 교육헌장이었다. 이러한 모든 계율과 교육헌장의 주요핵심이 효였으며, 인효(仁孝)는 유교사상의 형성에 지대한 영향을 미쳤으며 사실상 원뿌리이다. 그 중심이 우리나라의 삼국시대에 이어진 것이다.

우리는 9천여 년의 국통을 이어왔고, 국교인 인효(仁孝)교육의 골격이 우리 고유사상인데 이것을 중핵으로 하여 유학을 성립시켰으며, 이 유학을 통하여 효가 계승되었음을 잘 알 수 있다. 이에 우리나라의 역사와 궤를 같이 한 효문화를 미래사회에 반드시 전승해야 할 소임이 우리 모두에게 있음을 다 함께 명심하자.

오늘날 우리나라는 학교현장의 인성교육 뿐만 아니라, 국정에 이르기까지 인성이 크게 문제되고 있다. 세계 속의 도덕종주국으로 조상이 기틀을 잡아 주었지만, 안타깝게도 후손들이 이를 제대로 지키지 못하고 있다. 우리나라의 별칭인 '동방예의지국'이라는 말은 오늘날 민망하게도 먼 옛날 얘기가 되고 말았다. 그러나 우리가 회복시켜야 한다.

우리 국민 모두가 눈으로 보고 있고 세계의 이목이 너무나 두렵고 부끄럽기 짝이 없다. 학교현장은 이미 인성교육의 본질을 상실한 지 오래되었고, 사회는 밝은 사회가 아니고, 정치권의 고질적인 병폐도 큰 문제이다. 왜냐하면 당리당략을 통한 집권에만 급급한 나머지 홍익인간의 정치사상이 정치권 현장에 전혀 흐르고 있지 않기 때문이다. 대권을 맡아 미래사회를 광명으로 이끌어 갈 지도자가 없어서 국민들은 크게 실망하고 있다. 우리 국민들에게 태양처럼 희망을 비춰주고 있는 지도자가 보이지를 않는다. 지금은 상고의 한인천제께서 내린 『천부경』의 문화와 정신철학이 절실히 요구되는 때라 하겠다.

회고해 보면 한국시대(桓國時代)를 건국한 안파견 한인천제(桓因天帝)께서는 세계인류의 교육철학의 묘맥인 한인오훈(桓仁五訓)을 내렸다. 이 가르침으로 백성을 교화하려고 한 것이다. 이 위대한 가르침의 묘맥(苗脈)은 후일에 공자의 6경형성에 기반을 심어준 핵심이 되었던 것이다. 그러므로 우리 조상이 내린 인효교육의 원뿌리를 다시 착근시키는 것이 급선무이며, 이것이 중핵이 되어 전 인류교육의 철학적 정초가 꼭 되어야 할 것이다.

한국인(桓國人)의 내면에 흐르고 있던, 우리민족의 정신인 홍익인간의 이념은 이 시대에 반드시 계승하여 바르게 정착시켜야 한다. 그리고 세계라는 것이 우리의 철학을 심는 길이요, 국가의 위상을 높이는 길이다. 한인전체께서 구전한 『천부경』은 우리의 고유사상이요 동북아사상의 원류이며 세계철학의 종맥(種脈)이다. 이 속에는 홍익인간사상과 정신철학이 함의되어 있으니 반드시 정착시켜야 한다. 이 일이 성취되면 '세계 속의 한국'의 위상이 우뚝 세계될 것이다.

오늘날 서구의 자본주의 사상으로 인한 물질만능주의에 사로잡혀 불합리한 경쟁으로 이기심만 조장되어 국민들의 인성이 최악의 경지에 이르고 말았다.

이러한 시대상황과 소명에 따라, 우리 (사)한국효문화연구원은 법인산하 부설 연구기관으로 '홍익인간상연구원'을 발족하여 시대의 과제인 홍익인간상을 정착시키고 이 시대의 인성교육 실천에 공헌하려고 한다.

요컨대 인효교육을 강화하여 효문화와 인성교육에 주력하고 홍익인간사상과 한국사상, 정신문화를 우리나라에 먼저 정착시키고 나아가서는 세계화해야 한다고 강력히 주장한다. 그리고 인효사상과 개천경이 골격인 홍익인간사상이 인류 교육철학의 원전임을 명심하자.

## 4. 끝맺으며

유교는 공자에 의하여 이룩된 종교, 철학사, 유학(儒學), 유도(儒道), 유술(儒術), 또는 공교(孔敎), 공자교(孔子敎), 공학(孔學)이라는 말과도 통한다.[19] 유교는 우리 겨레의 조상인 삼성조(三聖朝)에 의

---

19) 『유교대사전』, 유학조 참조, 성균관 발행, 1990.

하여 계승된 주요핵심가치인 인효(仁孝)를 중핵으로 한 것이다.

공자가 유교를 집성한 것은 6경(六經)을 통해서 자신의 철학이 일관된 것인데 분명히 우리겨레의 시조인 삼성조(三聖朝)의 가르침의 골격이 계승된 것이다.

『설문해자(說文解字)』의 설명을 보면, 유(儒) 자(字)는 유(柔), 유(濡), 윤(潤)이라고 설명하고 있다. 유(柔)는 부드럽다는 뜻이고, 유(濡)는 '스며들다.' 라는 뜻이 들어 있다. 윤(潤)은 (물에 젖어 붙다) '윤택하다' 는 뜻이 들어 있기도 하다. 세 글자 모두가 '젖는다.' 는 뜻과 관련이 있다. 이는 곧, 옛 어진이가 도를 배우고 익혀서 자기 몸에 젖게 한다는 뜻이 된다. 이러한 사람을 '유(儒)'라 하였고, '유'에는 '선비', '학자'라는 뜻도 들어 있다. 더 넓은 뜻은 사람다운 도리를 익혀 자기 몸에 젖게 한 다음에 부드러운 모습으로 남을 가르쳐서 마치 하얀 종이에 물이 스며들듯이 상대방의 마음속에 가르침이 젖어 들게 하는 사람이라는 뜻도 있다.

자기 몸에 젖게 하는 것은 자기 몸을 닦는 일(修己)이라 하고 남을 가르쳐서 편안하게 하는 일은 안인(安人)이라 하는데 이 수기(修己)와 안인(安人)이 유교사상의 바탕이 된다.

이상을 통해 볼 때 유교, 유학은 우리의 고유한 사상(개천경)이 공자에 의하여 학문적으로 집성되었는데 '유(儒)'는 먼저 자기의 마음가짐, 몸가짐을 올바르게 한 다음에야, 남도 가르쳐서 이 세상 모든 사람에게 사람다운 도리를 알게 하고 살아가는 방법을 알고 평화롭고 행복하게 살도록 하는 학문이라고 할 수 있다.

유학(儒學)이 사서오경(四書五經)의 골격이 되고 있듯이, 홍익인간사상이 삼성(三聖)의 개천경(『천부경』, 『삼일신고』, 『인간366사』)

이며, 그 보다 먼저 '한인5훈', '한웅6훈', '8조교'로 도덕적 바탕이 선행됨을 인식해야 한다.

그럼에도 서구사상 속에는 그런 사상적 기반이 절대로 허약하고 철학이 빈곤하여 현실적으로 삶의 지침이 되지 못하고 있어, 교육의 본질이 무너짐으로써, 인간의 염원인 행복을 추구하지 못하고 있다.

결국 우리의 효사상과 인성교육의 원론이 우리의 상고사에 오롯하게 남아 있으니, 우리 겨레의 인효학(仁孝學)을 계승할 필연성은 절대적이라 하겠다. 이것이 바로 우리의 소원이 행복인데 우리사상을 정립하면 홍익인간사상이 정립되고, 우리의 행복과 남을 배려하고 존중하는 세상이 된다고 주장하는 바이다.

# 제2장

# 상고 관련 전승 기록 내 화행(化行)과 효 보편화의 의미

**박선식**

(한국인문과학예술교육원 대표)

# 1. 글의 시작 – 단군왕검 때 화행과 부루단군 때 효 보편화는 실재했나?

하나의 사회집단은 "연관된 정체성의 관계들 속에서 반복적으로 상호작용하는 개인들의 집합체이다."[1]는 견해가 있다. 그러한 견해를 수용한다면 인간사의 총체적 기록유산이라 할 수 있는 이른바 '역사'의 문제에 있어 그 '역사' 속에서 숱하게 언급되는 사람들은 사실상 특정한 개인이고, 그 특정한 개인들이 반복적으로 상호작용한 결과가 바로 그 '역사'의 실체적 내용으로 귀결되었다는 논리가 가능해진다.

한편 비록 인구 조밀도가 지금의 현대보다는 상대적으로 덜했다 하더라도 선사시기에도 일종의 갈등 국면은 존재했던 것으로 볼 여지가 있다. 유럽의 여러 고고학 조사 결과를 통해 신석기시대에도 집단 학살의 증거가 해당 유적의 조사로 밝혀진 점은 그러한 추론의 근거가 될 수 있다. 다만 동아시아에 있어 유럽의 경우처럼 적극적인 집단적 갈등의 상황을 인정할 유적의 조사가 이루어지 않은

---

1) 로저키징 著, 全京秀 譯, ≪現代文化人類學≫, 玄音社, 1989, 100쪽.

점이 신중을 요구하는 상태이기도 하다.

어떻든 필자는 선사시기에 갈등과 연관하여 일종의 '관계체'라는 설명 모델을 제시한 바 있음을 차제에 다시 언급하고자 한다. 그것은 단군왕검 시절의 화행이나 부루 단군 시절의 효행 공식화를 언급함에 하나의 이론적 준거로 활용될 수 있는 여지를 느끼기 때문이기도 하다.

그런데 필자는 언제부터인가 역사시대이던 선사시대이던 개인에 관한 주목이 필요하다는 소견이 있었고, 그에 관한 관심과 의문은 지속되고 있다. 그런데 서기전 5세기경의 인문주의 성인이었다고 평가할 수 있는 공자는 소련과 대련의 고사를 언급하고, 그들의 3

| 관계체 간 관계 구분 | 선사시대 속의 關係體(relations) 간 關係性 | |
|---|---|---|
| | 敵對的 關係體(hostile relations) 관계 | 非敵對的 關係體(non-hostile relations) 관계 |
| 短期性 關係 | 개별 관계체 (소집단 등) ◇ 敵對 개별 관계체 (소집단 등) | 개별 관계체 (소집단 등) ◇ 非敵對 개별 관계체 (소집단 등) |
| | 短期性 敵對的 關係(Short season hostile Relationship) | 短期性 非敵對的 關係(Short season non-hostile Relationship) |
| | 해당 기간:약 50년 이하 | 해당 기간:약 50년 이하 |
| 中期性 關係 | 개별 관계체 (소집단 등) ◇ 敵對 개별 관계체 (소집단 등) | 개별 관계체 (소집단 등) ◇ 非敵對 개별 관계체 (소집단 등) |
| | 中期性 敵對的 關係(Metaphase hostile Relationship) | 中期性 非敵對的 關係體 (Metaphase non-hostile Relationship) |
| | 해당 기간:약 50년 초과~100년 이하 | 해당 기간:약 50년 초과~100년 이하 |
| 長期性 關係 | 개별 관계체 (소집단 등) ◇ 敵對 개별 관계체 (소집단 등) | 개별 관계체 (소집단 등) ◇ 非敵對 개별 관계체 (소집단 등) |
| | 長期性 敵對的 關係(Long term hostile Relationship) | 長期性 非敵對的 關係(Long term non-hostile Relationship) |
| | 해당 기간:약 100년 초과~150년 이하 | 해당 기간:약 100년 초과~150년 이하 |

그림 1 선사시기 관계체에 관한 초보적 관계모식도(작성:박선식)

년에 걸친 효행을 칭송했다고 ≪예기≫는 전하고 있다. 문제는 그 ≪예기≫ 속의 주인공인 소련과 대련에 관한 또 다른 언급이 의외의 내용을 전하고 있음이다. 비록 서지학적인 의문이 채 가시지 않은 채로 아직 엄정한 사료비판의 통과의례를 거치지 않은 자료이긴 하지만 ≪태백진훈≫이란 자료에 따르면, 그 소련과 대련이 다름 아닌 단군왕검의 직후 왕위계승자로 알려진 부루 단군 시기의 인물이라고 소개되고 있는 점은 매우 주목되는 바가 있다.

그런데 학계에서 이른바 단군의 문제에 관해 대체로 여전히 냉정한 분위기를 고수하고 있는 점을 고려한다면 이른바 부루 단군 시절의 소련과 대련의 효행 고사는 좀 더 엄정한 비판적 고찰을 요구한다고 여겨진다. 이에 필자는 해당 고사의 의미를 헤아려보고자 한다. 또한 ≪청학집≫을 보면 단군왕검이 환웅 이후 백성을 다스리길 교화로 10년을 경과했다는 내용을 보게 된다. 해당 내용의 원문에 보이는 화행(化行)이 과연 설득력 있게 와 닿는 어휘일까 싶다. 쉽게 말해 과연 상고시기에 한 유력자가 백성들을 교화로써 10년 세월을 경과했을까 화는 합리적 의문이 든다는 말이다.

단언할 수는 없으나, 단군왕검 시절의 이른바 '화행'은 고고학적 조사에 의해 밝혀진 신석기 시대의 시간대에 조영된 건축물의 유구에서 보게 되는 정황이 일단의 실마리를 느끼게 한다는 소견이다. 관련 보고서를 보면 신석기시기에 조영된 주거지를 보면 건축물의 재사용이나 확장의 경우들이 확인되었다. 그러한 정황은 가장 일상적인 주거 행위에 있어 간헐적인 건축물 개선 작업이 있었고, 그러한 과정에서 경험이 많고 건장하며 능숙한 작업자는 상대적으로 지원요청순위에서 우선시되었을 터이다. 그런데 상대적으로 건장하지 못하고 능숙한 기술역량도 지니지 못한 어린 청소년들은 앞선 기술력을 체득한 인물들에게 나름대로 기술력을 수수 받고자 노력했을 테고 그러한 생활문화와 기술적 물질문회의 전수과정에서 좀 더 수용적이고 부수적인 태도를 갖출 필요가 있었을 터이고 그런 까닭에 청소년층은 기성세대와 비교적 부드러운 융화와 조화를 도모했을 것으로 여겨진다.

그러면 부루 단군의 시절에 있었다는 효행의 권장과 보편화 추구는 어떻게 이해할 것인가? 이 부분 역시 쉽게 단언할 내용은 아니지만, 혹심한 홍수가 일어나고 일단의 세력에 의한 분쟁이 있었다는 전승기록의 내용은 동일한 세력권 안에 있던 구성원들에게 단결력과 통합성이 요구되었을 터이다. 특별히 언급하자면 단군왕검 시기에 알유에 의한 군사적 충돌과 남이의 반란을 겪었음은 ≪청학집≫ 등의 조선 중기 자료에 의해 확인되는 사항이다. 또한 이웃한 우(禹)의 영역과의 관계 설정을 위해 즉위하기 전의 부루(왕자)가 원거리 외교행에 올랐다는 기록 등은 부왕의 지시에 철저한 유력가문 소생자의 행동이 효행적 품행으로 드러났던 점을 알게 한다.

상고 관련 전승기록을 모두 믿을 수는 없겠으나, 필자는 단군왕검시절에 화행으로 인한 임금이란 유력자와 백성 사이에 별 무리가 없는 다스림이 펼쳐졌고, 부루 단군의 시절에 효행이 권장되고 그 보편화가 구현되었다는 기록 내용도 크게 문제될 소지가 있다는 우려는 하지 않아도 되지 않겠는가하는 소견을 느낀다. 이제 그에 관한 소략한 검토에 따른 의미를 살피고자 한다.

## 2. 동북아 선사시기 인간관계의
## 기본 모형에 관한 고민

### 1) 선사시기 개인의 거동양상에 관한 고민

고고학적 조사에 따르면 일찍이 안면도 고남리의 패총에서 인골이 확인되어 그 주목되는 바가 적지 않았다. 해당 인골은 신석기 후기에 해당하는 데, 한반도의 신석기 사회가 흔히 이야기되는 이른바 '가족' 등으로 지칭될 수 있는 기본적 집단의 구성에 의외로 쉽지 않은 애로가 있었을 개연성을 느끼게 하고 있다. 달리 말하자면 한반도 신석기시대의 생업적 공간에서 적지 않은 불상사들이 있었고, 그에 따라 가족 등의 기본 인적 집단의 구성이 사실상 흔하게 이루어질 수 있던 보편적인 현상이 되기가 쉽지 않았을 것이라는 추론을 이끌게 한다. 안면도 고남리에서 확인된 대퇴부 인골을 두고 동위원소 분석을 통한 검토를 실행한 해당 연구자는 ❶신석기 후기로 시기가 바뀌면서 남해안 지역과 일본의 죠몽시대 관련 유적에서 육상자원의 비중이 늘어나는 변화를 보이는데 신석기 시대후기의 고남리 지역 출토 인골의 당사자도 당시 생업경제 및 식생활에서 일어난 전반적인 변화과정을 겪었고, 그러한 변화의 추이가 해당 인골에 그대로 반영되었을 가능성이 있다는 점. ❷해당 인골이 내륙에서 이주해 왔으나 고남리에서 머문 기간은 길지 않았을 가능성이 있다는 점. ❸해당 인골의 주인공은 생업활동을 위해 계절적으로 고남리 일대를 방문했으나, 고남리 패총의 형성과 무관하게 사후 패총의 주변에 묻혔다가 교란 등에 의해 고남리 패총 안으로 반입되었을 가능성이 있다는 점 등을 언급했다.[2]

필자는 안면도의 고남리 패총에서 드러난 인골자료의 특성을 유의하여 선사시기에 개인은 기본적으로 집단이 아닌 '개별생업인'으로 부족한 생업자원을 획득하고자 새로운 점유공간을 찾아 나섰을 가능성이 적지않다고 생각한다. 물론 단 1점의 인골 자료를 통해 신석기시대의 인적 단위를 헤아리는 것이 무리가 될 수는 있다. 그러므로 잠정적으로나마 '개별 생업인'을 기본 모델의 하나로 삼아 논의의 과정에는 활용할 수 있겠다는 소견이다. 한 가지 덧붙일 점은 기본 모델로 삼고자 하는 개별생업인의 성별은 남성이나 여성 어느 쪽도 존재했을 있다는 가설을 제시하고자 한다. 그 같은 가설이 설득력을 지닌다면 선사시기에 일정한 가족 또는 가정을 일구어 한 사회단위로 존재하는 소집단은 의외로 그리 많지 않았을 가능성이 제기된다.

---

2) 제시된 세 가지 가능한 경우에서 ❸ 부분은 해당 인골의 당사자 자신의 뜻과는 무관하게 맞이하게 된 모종의 불상사를 회피하지 못하고 죽음에 이르렀으며, 그의 사체 역시 연고자의 입회 여부와 관련 없이 유실되었을 개연성이 느껴진다. 또한 ❷의 부분을 생각해본다면, 해당 인골의 주인공은 타지에서 고남리로 접근 또는 방문한 입장이고, 고남리에 적응하지 못했을 개연성을 추론케 한다. 거론된 내용을 바탕으로 신석기 시대인들의 일부는 생업경제 영역의 새로운 모색을 위해 집단이 아닌 단독(개인)으로 기존의 생계공간이 아닌 제3의 지역으로 이동, 방문하였고, 그에 따라서 일부의 경우에 부적응의 상황을 맞이하기도 했다는 추론을 이끌어내고 있다. 安德任, 2011, 「同位元素分析을 이용한 新石器時代의 食生活과 貝塚遺蹟의 占有季節性 研究」 『동방학』21권 0호.

그림 2 중국 광서 남녕시(南寧市) 나북저(那北咀) 패구(貝丘)유적에서 조사된 신석기 시대
'사망 당시 고도의 당했을 것'으로 추정되는 인골 유해 출토 양상(국립문화재 연구
소, 2016, 《중국고고학 동향》9월호 자료임을 밝힘)

## 2) 선사시기 둘 이상 결합된 경우의 거동양상에 관한 고민

고고학적 조사결과에 따르면 한반도 동북지역인 초도 유적에서
두 남녀의 인골이 확인되었는데, 해당 시기는 신석기 시대와 청동기
시대 등 선사시기에 생업활동을 펼친 사람들의 구체적 실상을 전하
고 있다. 이 초도 유적의 두 남녀 가운데 남성은 20세 전후의 청년
골격으로 판정됐고, 여성은 60~70세의 노인으로 판정됐다. 그런데
건강한 20세 청년의 인골적 특성은 6,70세 전후의 여성에 비해 노
동의 흔적이 별달리 확인되지 않고 있다는 소견기록이 이채롭다. 여
성노인은 치아의 마모 상태를 통해 "좌측 대구치를 일상적으로 굳
은 물질을 끊는데 사용한 것"[3]으로 판명되었는데, 보고자는 늙을
때까지 어부의 가정에서 어망망을 깁는데 일생을 종사한 여성으로

---

3) 최명학, 「라진 초도 원시 유적 출토인골 감정 보고」 《유적발굴보고》(Ⅰ·Ⅱ), 고고학 및 민속
학연구소. pp.2~5.(圖書出版 民族文化 영인자료임. 본고에서 참고한 대개의 북한측 고고연구관
련 영인자료는 부산에 소재하고 있는 '民族文化' 출판사의 호의와 지원이 있었기에 가능하였던
것임을 밝히며 감사함을 느낀다.)

추론하고 있다. 20세 전후의 청년보다 더욱 강한 노동 강도를 감내
하며 생활했던 선사시기4) 여성의 존재를 통해 나이와 무관한 생업

표 1 선사시기 관련 사회조직의 단계적 변화에 따른 인적단위의 관계(구성:박선식)

| 논자 구분 | 사회의 분절적 계기 구분(선사시기 부분) | | | | | | | | | tribe ⇨ | chiefdom ⇨ |
|---|---|---|---|---|---|---|---|---|---|---|---|
| 엘만 서비스 의 사회 발전단계설 | band ⇨ | | | | | | | | | tribe ⇨ | chiefdom ⇨ |
| Kelley 의 관련 집단 규모의 구분 | 최하 6인 이상 평균 25인, 최대 75인 내지 100인 | | | | | | | | | | |
| | 최하 6인 이상 집단 /평균 25인 집단 /최대 75인 내지 100인 집단 | | | | | | | | | - | - |
| 필자(박선식)의 신석기 사회 인적단위 관계 집적화 과정 구분 및 관련 모델 | 신석기시대 사회내 인적단위의 집적화의 진전에 따른 관계 모델(박선식의 잠정안) | | | | | | | | | | |
| | 생업집단 집적화 과정 구분 및 단계별 사항 | 관계 모델 지칭 용어 | 個別生業人 | 生業同牌 | 生業同組 | 生業同輩 | 生業同隊 | 生業同徒 | 生業同徒 이의 업단위에 한 자연는 후유의 구차로 보함 | 해기대관필의구차로 당간에한자연를후유보함 | 해기대관필의구차로 당간에한자연를후유보함 |
| | | 인원 | 1 | 2인 | 3인 이상 5인 이하 | 6인 이상 12인 이하 | 12인 이상 23인 이하 | 24인 이상 47인 이하 | | | |
| | | 수장 | - | ? | 生業同組領袖 | 生業同輩領袖 | 生業同隊領袖 | 生業同徒領袖 | | | |
| 비 교 | Kelley는 사회집단 최소인원을 6인으로 이해. 울주 반구대 암각화 등에 보이는 선사시기 생업공동 체를 설명하는 수단으로 활용가능성이 느껴짐. | | | | | | | | | | |

그림 3 선사시기 여성의 생업활동을
추론케 하는 마고채지도(석
경 작)

행위가 있었음을 알게 된다. 초도유적의 두 남녀 인골자료를 통해 엿볼 수 있는 점은 젊은 20대 남성에 비해 나이가 많은 6,70대 여성 노인이 상대적으로 높은 노동 강도를 경험했던 삶을 살았다는 내용이다. 그 같은 조사내용은 같은 선사시기를 살더라도 엄연히 다른 노동 강도 속에 그 삶이 달랐다는 사실성을 전하고 있다. 놀랍게도 까마득한 선사시기에 나이와는 반비례하여 젊은 남성이 도리어 노동 강도에 덜 압박을 받았다는 점을 알게 하여 상식을 뛰어넘는 의외감을 떨칠 수가 없다.

필자는 선사시기에 개별생업인(개인)이 다시 둘 이상의 인적결합으로 구성단위를 이룰 경우를 고려하여 임의적으로 인적 결합모델을 구성한 바 있다.(박선식, 2018) 그에 관한 내용은 표3과 같이 요약된다.[5]

그림 4 선사시기 석촉
(石鏃)을 지녔
던 여성의 유
해(吉林의 白
城靶山 유적)

한편 한반도의 중서부 지역인 인천 松山遺蹟의 경우에 주로 여성이 중심이 된 노동관련 소집단의 존재가 추론된

───────────

4) 북한 학계에서는 북한 동북지역의 나진 초도유적을 신석기 유적으로 판단하고, 함께 발굴된 청동유물 등은 휩쓸려 든 유물일 수 있다는 견해를 밝혀 해당 시대를 규정하는데 어려움이 있다.

5) 해당 도표는 이미 관련 논고를 통해 발표된 내용인데, 본 고에서 다시 활용하였음을 밝힌다. 박선식, 2018, <신석기 시대 파주지역 내 接山隣水形 住居群의 초기 존재양상>, ≪파주연구≫(제12호)

논고(박선식, 2018)를 통해 희미한 고찰이 가능하다. 근지구력이 상대적으로 약했던 여성들이 일정하게 노동조직화 되었을 가능성을 느끼게 하는 송산 유적 내 유물출토양상은 당시 일부 여성들이 집단화한 측면을 짐작케 한다. 그런데 길림의 백성 파산(白城 靶山) 유적에서 조사된 여성 인골의 경우를 보면 선사시기의 여성인데 석촉을 지닌 점이 확인된 점은 선사시기의 여성들도 군사적인 갈등과 그 해결의 과정에서 자유롭지 못했을 개연성을 느끼게 한다. 따라서 여성들도 일정한 동성 결합이 유리했을 경우도 상정된다 하겠다. 그런 관점에서 인천 송산 유적에서 엿보게 되는 여성 중심의 생업 소집단의 흔적은 의미가 적지 않다. 또한 그러한 소집단화의 양상을 통해 당시의 '어비 맏내(족장)'는 강압적 통제보다는 상호이해적 소통을 우선시했을 터이다.

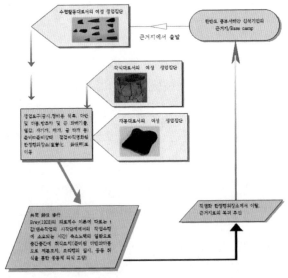

그림 5 인천 송산유적을 통한 여성중심 생업관련 소집단의 일일활동 모식(구성;박선식, 2018)

여성들마저 일정한 소공동체를 구성했다면 그 여성들의 의견은 상대적으로 약하지 않고 일정하게 결집되어 도리어 쉽게 제어하기 어려운 측면이 느껴졌을 수 있기 때문이다.

표 2 송산 유적 출토유물로 추론하는 '끈 꽈배기틀에 관한 順序的 模式圖'
(이 모식 개념은 박선식의 2018 논고 내용을 일부내용을 수정한 것임을 밝힘)

| 끈 꽈배기 과정 모식도 1 (끈 또는 실줄 만들기) | 끈 꽈배기 과정 모식도 2 (원판형 석재에 끈 또는 실끈을 집어 넣기) | 끈 꽈배기 과정 모식도 3 (원판형 석재의 구멍에 넣어진 끈 또는 실줄을 꽈배기 틀에 묶은 뒤 회전시켜 물레처럼 감기) |
|---|---|---|
| | | |
| 추론의 물질문화적 근거: 영종도 송산유적 내 출토 산반주상(算盤珠狀, 주산알 모양) 방추차 | 추론의 물질문화적 근거: 영종도 송산유적 내 출토 원판형 석재 | 추론의 물질문화적 근거: 영종도 송산유적 내 출토 이형토제품 |

뿐더러 해당하는 송산 유적에서 수습된 유물조합들을 통해 단순한 끈이 아닌 거듭 꼬아진 겹줄의 끈을 만드는 데 쓰인 것으로 여겨지는 '끈꽈배기 틀'의 흔적이 추론된 바 있기도 하여 송산의 여

성 중심 생업소집단의 강한 생산성의 단면을 엿볼 수 있는 여지가 제기된 바 있다.(박선식, 2018) 그 같이 상고시기의 생산현장에서 일부의 여성 소집단이 드러낸 강한 노동력 집적의 양상은 당시 그들의 발언권이 비교적 낮거나 약하지 않았을 개연성을 시사해준다.

## 3. 단군왕검 때의 화행 관련 전승기록 검토

≪청학집≫에 보이는 '화행'의 현상은 사실 ≪삼국유사≫의 '왕검조선'조 기사에서도 그 맥락성을 느낄 내용들이 간취되어 흥미롭다. 그에 따르면, 우선 '수의천하(數意天下)'하던 환웅의 마음을 환인이 이미 알고 있었고, 또한 환웅은 '탐구인세(貪求人世)'하고자 하던 자신의 정치적 의도를 깊이하고 있었던 점을 전하고 있다. 그에 따라 아들의 마음을 헤아린(父知子意) 아버지 환인은 ❶ '下視三危太白' 했고 ❷ '授天符印三箇'했고, ❸ '遣往理之'케 했다. 그러한 행위는 앞서 아들인 환웅의 뜻을 헤아리고 이해를 같이한 아버지 환인의 배려가 낳은 결과라고 여겨진다. 여기서 잠간 ≪태백진훈≫ 속 관련 기록을 참고할 필요를 느낀다. ≪태백진훈≫의 '중편' 부분에서 "환인께서 모습을 먼저 나타내셔 덕을 세움이 드넓었고 또한 깊었으니 여러 신령들이 논의하여 웅을 보내(諸神議遣雄) 가르침을 잇게 하여 비로소 천명을 열었다."[6]고 하는 내용이 보이기 때문이다. 분명하게 보이는 '諸神議'라는 원문을 통해 환웅의 강세가 오로지 환인의 독단적 판단과 결정에 따른 조치[7]가 아니었음을

---

6) 桓因出象先 樹德宏且深 諸神議遣雄 承詔始開天. ≪太白眞訓≫, '中篇'
7) 여기서 프로이트의 언급이 대조적으로 참조된다. 말리노프스키는 프로이트가 "다아원이 사용하

알게 되는 대목이 확인되고 있다. 그러한 내용은 환인과 주변의 유력층들이 일정한 화의적 결정과정이라는 절차를 거쳤음을 추론케 하고 있다. 그러한 의사결정과정이 바로 화행의 구체적 모습이었다고 여겨진다.

한편 흥미로운 점은 환인의 배려 속에 새로운 길을 준비한 환웅은 아버지가 준비해준 무리를 ❶ '率徒三千' 하였고 ❷ '降於太白' 했다는 점이다. 아버지인 환인이 준비한 세력을 여하히 원만하게 통솔했다는 점을 짐작하게 되는데 그러한 원만한 통솔상황은 무리 삼천이 환웅에게 저항하거나 반발함이 없었다는 숨은 의미를 느끼

---

고 있는 원시집단의 개념은 물론 토테미즘의 발단을 고려하지 않고 있다. 거기에는 단지 자신이 <모든 여성>을 다 차지하려고 하여 성장하는 아들을 추방해 버리는 사납고 질투심 많은 부가 있을 뿐이다."고 했음을 소개하며 말리노프스키 자신은 다시 "우리가 알고 있듯이, 나이든 모든 여성을 다 차지하게 되어 있으며, 동시에 추방당한 아들들은 근처에 있는 어떤 곳에서 가상적인 사건을 일으킬 준비를 하기 위하여 함께 무리를 이루고 있었다."고 나름의 설명을 덧붙였음이 주목된다. 또한 말리노프스키는 프로이트가 거듭 스스로가 제시한 가설적 과정을 다음과 같이 제시했음을 또 소개하였다. 곧 프로이트는 "어느 날, 추방당한 형제들은 힘을 합하여 부를 살해한 다음, 먹어버렸다 이렇게 하여 그들은 부집에 종지부를 찍었다. 그들은 혼자 힘으로는 불가능하였을 것을 함께 도전하여 성취했다. 아마 새로운 무기를 사용한 것과 같은 문화에 있어서의 어떤 진보가 그들에게 우월감을 불어넣어 주었을 것이다. 물론 이러한 식인적 미개인들은 그들의 희생자를 먹어치웠을 것이다. 이렇게 해서 잡아먹힌 사나운 태초의 부는 또한 틀림없이 형제들 각자에게 선망과 공포의 전형이었을 것이다. 이제 그들은 부를 먹어치움으로써 그와 동일시될 수 있었으며, 각자는 부가 가졌던 힘의 일부를 얻게 되었다. 아마 인류 최초의 축제였을 토템 축제는 이러한 잊을 수 없는 행위를 재현하고 기념하는 것이었으리라."는 내용이다. 프로이트의 견해를 요약하면, 태초의 원시 집단에서 <모든 여성>을 다 차지하려던 사납고 질투심 많은 아버지가 있었고, 그의 어린 아들들은 추방하였으며, 이후 추방당한 어린 아들들에 의한 집단적 음모인 '가상적인 사건'이 준비되었으며, 마침내 아들들은 사전에 획책했던 부친 살해라는 사건을 실행에 옮기고 죽은 부친을 상징하는 토템을 기념하는 축제를 벌였다는 가설로 요약된다. 우리는 프로이트의 원시집단에 관한 '가상적인 사건의 기획과 그 실행 그리고 그 문화적 잔영이라고 그들에게 이해되는 토템축제의 연관성에 관한 견해를 환인과 환웅의 상호 의견 이해와 그에 따른 조화된 협조 그리고 이후 단군왕검의 화행 그리고 그 아들인 부루 단군 시절에 있었다는 효행의 공적 권장과 보편화조치 등과 결부하여 심각한 고민을 하게 된다. 과연 우리 쪽에 전승되어 온 그 숱한 미덕의 스토리는 모두 허구일까? 아니면 프로이트의 공포에 가까운 극렬한 인류학적 가설의 경우가 도리어 타당할 것인가? 하지만 그에 관한 어떤 확증된 자료가 있거나 판단의 근거는 찾아지지 않는다. 다만 프로이트가 학문적 가설로 제시한 극단의 경우가 어쩌면 환인과 환웅의 이전보다 훨씬 앞서 있었을 충격적이고 공포스러운 인간세계 속의 불상사로 인한 아픈 적대적 경험과 상처를 깨닫고서 이루어진 상호 이해와 극단적 파국의 미연방지 프로그램으로서 제시된 미덕의 소산일 가능성을 느낄 뿐이다. 말리노프스키, 韓完相譯, 1982, ≪未開社會의 性과 抑壓・文化의 科學的 理論≫, 三省出版社, 145~146쪽.

게 한다.

그런데 환웅세력은 기존의 세력(熊虎 徒衆)들이 있던 지역의 '신단(神壇)'을 장악했음이 주목되는데, 언급되는 신단은 웅호 세력의 성소였을 개연성이 느껴진다. 환웅세력의 신단 장악 내용을 통해 웅호 세력진입과정에 초기에 중시된 점거 목표가 성소였고, 성소 공간의 확보는 일종의 신앙 거점의 접수행위로 여겨진다.

그림 9 웅녀 관련 석제 여성조형물(중 국지역 내 조 성)

환웅의 신앙거점 장악과 더불어 흥미로운 점은 기존의 웅호세력가운데 일부가 신웅에게 '원화위인(願化爲人)'의 소망을 밝혔고, 그들의 요청에 등장한 신이 신령한 쑥과 마늘을 주었다는 점이다. 해당 내용은 앞서 언급한 환인과 환웅의 화합적 일치성과 같이 또 다른 상호협조의 일면을 드러내고 있다.

그런데 웅녀로 화신하기 전에 존재했던 '일웅(一熊)'이 이후에 '기삼칠일' 등의 금기 조건을 통과하고 마침내 '웅녀'로서 그 의미가 바뀐 뒤에 조성된 분위기는 매우 돌연하다. 웅녀가 '더불어 혼인할 바가 없음(無與爲婚)'의 기이한 상황에 놓였다는 ≪삼국유사≫의 해당 대목은 읽을수록 깊은 의문을 더하게 한다. 어째서 '더불어 혼인할 바가 없음'의 상황이 펼쳐진 것일까?

추론컨대 웅호세력의 일부로 이후에 웅녀로 화신은 여성은 매우 신성한 존재로 변화되었다고 여겨졌기에 동일 세력의 나머지 무리들은 그녀가 감히 범접하기 어려운 존엄한 존재라고 인식했을 개연성이 느껴진다. 따라서 어떠한 이조차도 선뜻 웅녀를 혼인의 대상자로 여길 수 없었던 게 아닐까 싶다. 하지만 이에 관한 그 어떤 관련 자료가 없는 조건에서 더 이상의 상론은 유보코자 한다.

그러한 납득하기 쉽지 않은 상황에서 웅녀는 돌연히 신단하(神壇下)에서 '아이 뱀(잉태)'가 있기를 바라는 기원(呪願有孕)을 드러냈고, 그 기원에 환웅이 응하여 마침내 웅녀가 아이를 갖고 자식을 낳음(孕生子)에 이르렀다는 내용은 잘 알려진 바이지만 역시 깊은 고찰

이 뒤따를 대목이다. 웅녀가 바라는 바는 혼인이 아니었고, 분명히 '아이를 갖고 자식을 낳음'이었기 때문이었다. 해당 원문의 자구만을 고스란히 근거로 한다면 웅녀의 기원은 한 아기를 얻는 데 있었는데 그 분명한 이유는 좀 더 세심한 관련 자료의 비교를 요구한다 하겠다.

그림10 단군부부상(평양)

어떻든 웅녀의 소망과 기원에 환웅은 응대하여 마침내 '짐짓 조화되어 혼인함'(假化而婚)을 이루었다. 결국 웅호세력의 일부 구성원으로 '일웅'의 존재였던 애초의 입장에서 ㉠ '원화위인'의 소망과 ㉡ '아이 뱀(잉태)'이 있기를 바라는 기원(呪願有孕) 등의 거듭된 소망과 기원을 드러낸 웅녀에게 환웅은 그에 따른 적절한 응대와 응답을 구현하여 웅녀가 ㊀온전한 여신을 이루었고, 또 ㊁화혼을 이루고 다시 ㊂ 아이를 갖고 자식을 낳음(孕生子)의 결과를 맞이하였다는 내용으로 요약된다.

우리는 웅녀와 환웅 사이에 이루어진 여러 솜방과 바램의 도출 그리고 그에 상응한 환웅의 대응 과정을 통해 둘 사이가 매우 긴밀한 조화와 협조라는 연속된 상황 속에서 동반자와 같은 일체적 관계성을 드러냈음을 알게 된다.

이후 웅녀가 낳은 소생자인 단군왕검은 다시 산상에서 노닐던 비서갑녀와 만나 부부관계를 이루었다는 내용이 ≪오계일지집≫에서 확인되고 있다. 비서갑녀의 출신배경과 정체성을 밝히는 문제는 역시 부족한 자료의 한계로 쉽지는 않지만, 그녀가 산록림간을 노닐던 여성이었음을 통해 담대한 기백은 물론 수렵과 채집이라는 생업적 활동에도 적극적이었을 개연성은 희미하게 느낄 수 있을 것 같다.

그림 11 단군왕검의 아내이자 부루의 어머니,
비서갑성녀
(박선식 상상도, 2019)

한편 ≪청학집≫에 따르면 단군은 환웅의 성스러운 대업을 이어 10년을 교화로 행하였고 구이는 단군왕검을 천왕으로 모셨다고 전하고 있다.[8] 또 단군왕검과 비서갑녀 두 부부 사이에는 네 아들이 있었다는 내용은 ≪청학집≫등을 비롯한 여러 민간 전승 기록 속에서 확인되는 바다. 특히 ≪청학집≫을 보면, 구이 가운데 한 세력이던 알유가 반란을 일으키자 단군왕검의 한 아들이었던 부여가 그에 토벌작전을 성공적으로 마치었고, 부우는 의약으로 사람들을 살렸으며, 부소는 불을 잘 다루어 맹수를 없앴다고 전하고 있다. 그리고 엄청난 물의 피해가 있게 되는 홍수의 극심한 고난기에는 단군왕검의 네 아들이 구월산에 올라 지형을 살치고 당장리에 도읍을 정하였다는 내용도 보인다. 단군왕검의 네 아들이 서로 협의하여 홍수 피해 상황에서 서로 협조하고 지혜를 모으는 과정이 있었음을 넉넉히 짐작케 하는 대목이다.

우리는 이미 환인의 시기에 환인이 독단적으로 결정하지 않고 의논을 거쳐 환웅의 강세를 통한 '탐구인세'와 '홍익인간'의 구체적 실현이 이루진 과정을 앞서 살펴보았다. 이후 환웅은 무려 삼천에 이르는 대집단을 원만히 영솔하고 웅호세력의 신성 공간인 신단의 장악을 성공시켰음을 잘 알고 있다. 그런데 이후에 환웅이 기존 웅호세력의 일부였던 '일웅'의 여러 기원과 소망을 알고 그에 일일이 화답하듯이 해결하고 이루게 한 점을 동반자와 같은 일체적 관계성의 구현이라고 이해할 수 있었다. 그리고 다시 단군왕검과 비서갑녀의 부부 성혼이 있었고, 단군왕검이 10년간의 화행을 펼친 점은 물론, 단군왕검의 네 아들이 홍수피해로 조성된 극심한 난국상황을

---

8) 檀君繼業 化行十年 九夷共尊之 立爲天王. 趙汝籍 著, ≪靑鶴集≫

화합하여 타개하려는 노력이 있었던 점 등을 살피었다. 그러한 난국타개의 과정에서 맏아들인 부루를 비롯한 네 아들의 행동은 부왕인 단군왕검의 뜻을 존중하고 매우 신실하게 따르던 상경(上敬)적 품행이 크게 작용했다는 추론이 가능하다. 더불어 그러한 상호 조화를 향한 사유와 상경적 미덕(上敬的 美德)이 이후 단군왕검을 이어 즉위한 부루 단군 때에 구현된 효의 보편화 에 적지 않게 바탕을 이루었을 개연성을 넉넉히 느끼게 한다.

결과적으로 환인 이래 부루에 이르기 까지 줄곧 구현된 상고시기 유력세력의 위민적 행위의 중심 의식은 '화행'이라고 요약이 가능한데 그 화행의 핵심에는 애초 환인의 '홍익인간' 의지는 물론 환웅이 생각하였던 '탐구인세'의 세계관이 거의 동일하게 작동되었다고 여겨진다.


## 4. 부루단군 때의 효(孝) 보편화 관련 전승기록 검토

### 1) 관련 기록의 검토와 지도자 부루의 미덕 중시 경향성

근대기의 저작물인 ≪감시만어≫를 보면 단군왕검의 맏아들이었던 부루는 즉위이전인 왕자시절에 국경의 감계(영역 조정의 조치)를 위해 이웃한 우(禹)의 영역에 가는 원거리 외교행의 담당자이기도 했다. 자칫 위험 천만한 원행(遠行)의 장도에 오른 그는 부왕의 의지와 의도를 그대로 실행한 철저한 공무수행자였으며 모범적인 효행인물이었음을 알게 된다. 그런데 부루는 그릇 따위를 만드는데 뛰어난 기술력을 지니기도 했다는 내용도 전하고 있어, 부루가

미덕을 갖춘 인격자이면서도 매우 실용주의적 적극성을 겸하고 있
던 실천적 인물이기도 한 점을 엿보게 한다.

한편 부루는 단군왕검을 뒤이어 즉위하였고, 마침내 효행의 권장
과 그 보편화를 구현한 것으로 이해되는데 그에 관하여 가장 뚜렷
하게 기록된 전승자료로 ≪태백진훈≫은 분명한 내용을 전하고 있
다. 그에 관련된 부분의 내용을 모두 보면 "단군 부루는 현명하여
복을 많게 했다.9) 이웃과 교류함에 도리가 있어, 우(禹)를 가르쳐서
물을 다스렸는데, 우(禹)는 조선(朝鮮)을 사모하여 돌을 깎아 덕을
기렸다.10) 단군 부루는 재화를 갖추어11) 크게 부유하고 백성과 더
불어 함께하며 다스렸다.12) 산업은 임금의 도(道)에 있어 근본으로
굶주리거나 추운 바가 하나도 없었다. 항상된 생산이 있었고 문화
의 치세(文治)였다.(恒은 計로도 쓰인다)13) 이에 스스로 신시제천
(神市祭天)을 정치로 삼았는데 하늘의 신이 아래를 살펴 묵묵히 아
래의 백성을 도와 감미로운 바람과 비를 일게 하여 은혜롭게 전토
(田土)의 곡식이 불어났다.14) 산에 도적이 없고 날로 사방은 평강
하였다. 주곡(主穀)을 부르고 주명(主命)을 불러서 도랑과 봇도랑을
다스렸고, 농상(農桑)을 권장하고, 교화가 일어나게 하고, 빈한하고
곤궁함을 구휼하고, 포로를 풀어 환성은 더욱 드러나게 들렸다.15)

---

9) 嗣皇能理熙穆淸康 檀君扶婁賢而多福. ≪太白眞訓≫, 中篇

10) 交隣有道敎禹治水禹思朝鮮刻石頌德. ≪太白眞訓≫, 中篇

11) 居는 '살다, 앉다, 차지하다' 따위의 뜻을 지닌다. 여기서는 차지하다는 뜻을 '갖추다'로 완곡하
   게 풀이하였다.

12) 檀君扶婁居財大富 與民共之治之. ≪太白眞訓≫, 中篇

13) 産業王道之本一無飢寒 有恒之産乃文之治(恒一作計). ≪太白眞訓≫, 中篇

14) 爰自神市祭天爲政天神下鑑黙佑下民興甘風雨惠滋田穀. ≪太白眞訓≫, 中篇

15) 山無盜賊日康四方乃召主穀乃召主命以治渠洫以勸農桑以興敎化以恤貧窮以釋浮虜聲聞盆彰. ≪太
   白眞訓≫, 中篇

대련(大連)을 부르고 소련(小連)을 불러 효로써 정치를 삼아 도를 다스림이 날로 일어나 남을 사랑하고 세상에 이익이 됐다. 효가 아닌 것을 어찌 권하겠는가. 나라에 충성하고 도를 공경하는데 효가 아닌 것을 어찌 따르겠는가.[16] 신지(神誌)를 부르고 고시(高矢)를 불러 단각(壇閣)을 경영케 하여 전의(典儀)가 엄숙하고 엄숙해졌고 일곱 번에 걸쳐 돌려가며 신을 제사하였으니, 연주하여 풍속을 격동시켰고 노래하여 덕을 찬양케 하였고, 곡물로 언덕이 되고 우물이 되었다. "[17]고 전하고 있음을 확인하게 된다. 부루의 즉위 이후에 대련과 소련을 불러 그들을 중심으로 ❶ 효(孝)로써 정치 구현의 중심 이념으로 삼았고, ❷ 그에 따라 '치도일흥(治道日興)'을 이루었고 ❸ '애인익세(愛人益世)'를 구현했다는 논리로 정리된다. 효를 통해 환인 이래 추구되어 왔던 '홍익인간'과 '탐구인세'의 공익적이고 위민적인 사유와 세계관이 거의 완벽에 가깝게 구현되었음을 추론하게 하는 대목이다. 효라는 미덕의 공식적 보편화가 사실상의 애민적이고 위민적인 이상세계를 구성하게 하였음을 미루어 알 수 있게 하고 있다.

## 2) 무당내력에 반영된 지도자 부루에 대한 그리움

조상을 애틋하게 여기는 마음은 무엇을 향한 것일까? 어쩌면 나를 낳아준 분에 대한 고마움으로부터 비롯된 것일 수 있을 것이다. 우리겨레가 조상을 숭모하는 것을 일상문화로 발현한 것을 뚜렷이 알게 문화는 적지 않다. 몇 가지 가운데 부루단지와 감모여재도를

---

16) 乃召大連乃召小連以孝爲治治道日興愛人益世非孝何勸忠國敬道非孝何從. ≪太白眞訓≫, 中篇
17) 乃召神誌乃召高矢使營壇閣典儀肅肅七回祭神敲以風動歌以讚德穀以邱井. ≪太白眞訓≫, 中篇

눈여겨볼 만하다.

부루단지는 흔히 신주단지라고도 알려져 있는데, ≪무당내력≫이
란 조선후기의 기록을 보면 분명히 '부루단지'라고 기록되었던 점
을 확인하게 된다. 해당 기록을 보면, "당요임금 때 10월3일에 신
이한 분이 태백산(백두산 혹은 묘향산) 박달나무 아래에 내리셨는
데, 이분이 단군이시다. 곧 신이한 가르침을 베풀고 가르쳤다. 맏아
들 부루는 어질고도 복이 많았다. 따라서 백성들은 높이고 믿어 뒷
날 땅을 골라서 단을 고르게 하여 토기에 볏곡식을 가득히 하고서
풀을 엮어 가리었는데 '부루단지 업주가리'라고 불렀다. 매년 10월
에 새롭게 곡식이 익으면 올려 시루떡과 술 그리고 과일로 정성을
다해 기도하였다."18)는 내용을 읽게 된다.

그런데 ≪무당내력≫에 보이는 부루단지에 관한 내용은 깊은 사
색이 필요하기도 하다. 무엇보다
태백산에 내려오신 분을 환웅이라
고 하질 않고 단군이라고 한 점,
그리고 백성들이 단군의 맏아들인
부루를 존경하였기 때문에 부루단
지를 설치했다는 점 때문이다.

그림 12 오늘날까지 이어지는 부루단
지의 한 예

태백산에 내려오신 분을 환웅
이 아닌 단군이라고 한 점은 두 가지를 생각하게 한다. 첫 째는 기
록의 착오로 여길 수 있다는 점이다. 둘 째는 어쩌면 환웅도 사실
단군이라는 칭호로 불리었을 가능성을 제시한다는 점이다. 확언하

---

18) 上元甲子唐堯時 十月三日 神人降于太白山 白頭山或云 妙香山 檀木下是爲檀君乃設神敎而敎之
長子夫婁賢而多福故人民尊信後日擇地等壇土器盛禾穀編草掩之 稱曰夫婁壇地 業主嘉利 每歲十
月新穀旣登以甑餅酒果致誠祈禱. ≪巫黨來歷≫

긴 어렵지만, 본래 환웅께서 내려온 곳이 신단(神壇)이 있는 곳의 나무 아래라고 하고 있는 ≪삼국유사≫의 기록을 견주게 된다. 신단 나무인 신단수(神壇樹) 아래로 내려오신 기록을 통해 어쩌면 환웅도 단군이라고 불리었을 개연성이 느껴지기 때문이다. 그러나 이에 관한 구체적인 자료가 보완되지 않는 한 더 이상의 논의는 유보되어야 할 것 같다.

그런데 부루단지가 부루를 존경한 데서 비롯되었다는 점과 함께 부루를 존경한 이유가 "어질고도 복이 많았"기 때문인 점은 또 다른 의미를 느끼게 한다. 부루단지를 설치한 근본 이유는 어질고도 복을 많이 베푸는 그 어떤 분을 그리워하고 기리기 위함일 수 있기 때문이다. 물론 오늘날까지 이어지는 부루단지의 문화적 흐름은 조상을 받드는 의미로 이해되고 있어 ≪무당내력≫ 속에서 밝히고 있는 내용과 반드시 일치한다고는 할 수 없다. 하지만 부루를 영수로 받아들인 세력의 잔체 구성원들은 단군왕검의 맏아들인 부루를 존경하고 그리워했고 그것이 뒷날 조상을 받드는 상징으로 부루단지의 의미가 다양해졌을 것이라는 추론은 가능하다. 결국 애초에 부루를 존경하고 기리고자 부루단지를 두었다고 하더라도, 뒤에 조상을 받드는 의미로 바뀌었을 측면이 느껴진다. 역시 크게 보아서 옛 어른을 그리워하고 존경한다는 점에서는 다를 바가 없게 된다.

### 3) 부루단군의 치세 속에 빛난 효의 보편화

부루가 어떤 사람이었는지를 보다 분명하게 알게 하는 기록으로 행촌 이암이 남긴 글로 알려진 ≪태백진훈≫은 소중한 내용을 전하고 있다. 이미 앞서 언급했지만 부루는 단군왕검의 뒤를 이은 임금

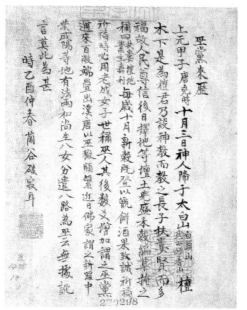

그림 13 부루단지에 관한 내용이 전해지는 조선후기 기
록물 ≪무당내력≫

으로 "이치대로 하여 빛나고 화목하며 맑고 강녕했으니, 단군 부루는 현명하고 복이 많았다."고 소개하고 있다. 단군 부루가 무엇보자 영특한 인물이었음을 언급함이 주목된다. 또한 "이웃과 교류함에 도리가 있어, 우(禹)를 가르쳐서 물을 다스렸는데, 우(禹)는 조선(朝鮮)을 사모하여 돌을 깎아 덕을 기렸다."는 부분을 통해서는 부루가 이웃한 세력들과 긴장과 갈등이 아닌 현조와 소통이라는 정치적 의식으로 일관하였음을 알게 된다. 또한 "단군 부루는 재화를 갖추어 크게 부유하고 백성과 더불어 함께하며 다스렸다. 산업은 임금의 도(道)에 있어 근본이었고, 굶주리거나 추운 바가 하나도 없었다. 항상된 생산이 있었고 문화의 치세(文治)였다. 이에 스스로 신시제천(神市祭天)을 정치로 삼았는데 하늘의 신이 아래를 살펴 묵묵히 아래의 백성을 도와 감미로운 바람과 비를 일게 하여 은혜롭게 전토(田土)의 곡식이 불어났다."는 내용은 부루가 매우 실용주의 정책의 구현자였고, 위민행정의 모범적 실천을 드러낸 인물임을 알게 한다. 따라서 "산에 도적이 없고 날로 사방

은 평강하였다. 주곡(主穀)을 부르고 주명(主命)을 불러서 도랑과 봇도랑을 다스렸고, 농상(農桑)을 권장하고, 교화가 일어나게 하고, 빈한하고 곤궁함을 구휼하고, 포로를 풀어 환성은 더욱 드러나게 들렸다."는 부분은 어쩌면 당연한 애민적 위민적 정치행위의 당연한 결과로도 이해된다 하겠다.

그리고 마침내 "대련을 부르고 소련을 불러 효로써 정치를 삼아 도를 다스림이 날로 일어나 남을 사랑하고 세상에 이익이 됐다. 효가 아닌 것을 어찌 권하겠는가. 나라에 충성하고 도를 공경하는데 효가 아닌 것을 어찌 따르겠는가:"라는 내용은 부루 단군의 모든 정책의 실현과 달성이 가능하였던 중심된 이유가 강압적이고 통제적인 규율의 통치라기보다는 진심으로 백성 전체를 감싸고 감동시키는 인간애적 미덕의 함양과 그 유포에 있었고 그러한 미덕의 확산에 효(孝)의 보편화가 추구되었음을 알게 하고 있다.

뿐더러 부루는 단각이라는 문화시설을 세우고 온 나라 사람들이 참되게 즐기게 했는데 화합 잔치를 개최했다는 의미가 되기도 한다. 해당 내용을 보면 "신지(神誌)를 부르고 고시(高矢)를 불러 단각(壇閣)을 경영케 하여 전의(典儀)가 엄숙하고 엄숙해졌고 일곱 번에 걸쳐 돌려가며 신을 제사하였으니, 연주하여 풍속을 격동시켰고 노래하여 덕을 찬양케 하였고, 곡물로 언덕이 되고 우물이 되었다. 단군(부루)은 말하길 아! 아! 너희 오가야! 하니, 오가는 머리를 조아리고 명을 받들어 말(容器)과 저울대를 모두 일치시켜 저자마당의 값이 둘이 아니었으니 백성은 스스로 속이지 않아 멀거나 가깝거나 편하였다."고 밝히고 있다. 추론컨대 부루 단군은 효의 보편화를 기반으로 하여 모든 백성이 방정한 미덕을 체득케 하면서, 참다운 이상적 문화체험과 향유가 일상적으로 가능한 낙원적 사회의 구현에 혼신을 다한 것으로 이해된다. 그 같은 부루의 치세가 드러낸 여러 특성은 다음의 다이어그램으로 요약된다.

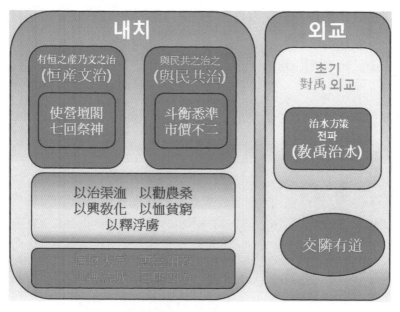

그림 14 부루 단군시절 치세가 지닌 특성 모식(구성:박선식)

한편 부루 단군 당시에는 다음의 노래가 곳곳에 퍼졌다고 하니 매우 주목되는 내용이다.

어아어아 우리 한아버님 신령함은 크신 은덕일세./배달나라 우리들은 백의 백, 천의 천! 잊지를 마세!/어아어아 착한 마음은 큰 활채가 되고 나쁜 마음은 화살맞는 과녁이 된다네./우리들 백의 백, 천의 천 사람들! 모두 큰 활채 시위줄로 한 가지 착한 마음은 화살

곧게 한마음으로 같다네./우리들 백의 백, 천의 천 사람들! 모두 큰
활채이니, 하나된 무리들은 많은 화살로 과녁을 꿰어 깬다네./끓어
오르는 한 가지 착한 마음은 한 덩어리 나쁜 마음에 적중하여 설욕
시킨다네./어아어아 우리들 백의 백, 천의 천 사람들! 모두 큰 활채
이고 굳고 단단한 한 가지 마음이니, 배달나라 광영이여! 백의 백,
천의 천 해에 걸친 크신 은덕이여!/우리들 한아버님 신령함이여 우
리들 한아버님 신령함이여!

　결국 ≪태백진훈≫에 따른다면 부루 단군은 나라 안으로 효의 보
편화 등을 통해 백성 전체의 품행을 미덕으로 이끌었고, 그것이 상
호공경과 이해라는 사회상으로 공고화되기를 소망했고 마침내 위민
적 치세와 문화융성의 실용적 구현을 함께 도모하였다는 점을 느끼
게 된다. 또한 부루 단군은 나라 밖으로 이웃 세력과 우호적인 외
교를 펼침으로 근본적으로 무력적 갈등이나 긴장을 회피하는 대외
전략을 펼쳤던 상고시기의 지도자였음을 헤아리게 된다.

### 4) 부루단지와 구련문 그리고 타래문으로 읽는
### 상징적 관계성

　부루단지를 풀로 엮어 가리었다는 ≪무당내력≫의 기록내용은
동북아시아의 선사시기에 확인되는 구련문 시문토기의 존재를 함께
검토하도록 한다. 구련문은 갈구리가 서로 얽혀 있는 것 같아서 붙
여진 이름인데, 이 구련문은 이후에 한반도의 중서부 지역에서 발
견되는 타래문과 너무 닮아 있어 흥미롭다. 구련문은 저 멀리 중국
의 적봉 지역에서 확인되는 이른바 홍산문화시기의 토기문양이기도

하고, 우리의 서북한 지역인 압록강 아래인 정주와 평양의 남경유적에서도 확인된 문양이다. 그런데 우리의 구련문은 이중 거치문+구련문이라는 무늬의 결합상태를 보이는데, 놀랍게 우리의 무늬 결합상태와 거의 같은 양태를 보이는 구련문이 아무르강의 수추섬에서도 조사되어 몹시 흥

그림 15 평양 남경유적 출토 구련문 시문토기

미롭다.

한편 구련문이 이중의 줄이 서로 뒤바뀌며 꼬아진 점은 마치 ≪무당내력≫에서 부루단지를 언급하면서 "풀로 엮어 가리었다"는 부분을 연상시켜 주목된다. 어쩌면 구련문은 금줄과도 같은 경외의 마음을 담은 무늬일 수도 있다는 생각을 불러낸다.

그림 16 암사동 유적에서 확인된 타래문양이
시문된 시루형 토기

그런데 더욱 흥미로운 점은 구련문의 직선형태가 다소 부드러운 곡석형태로 바뀐 것으로 추정되는 타래문의 존재양상이다. 서북한지역의 아래 지역에서 타래문이 발견되었고, 한강의 암사동 유적에서는 지름이 무려 50센티미터가 넘는 대형의 시루형 토기에 이중의 굵고 큰 타래문이 화려하게 새겨져 발견되었기 때문이다. 구체적인 고찰이 필요하지만 대형의 시루형 토기는 아마도 선사시기를 함께 살던 사람들이 다 함께 모여 즐거운 식사시간을 함께 했던 정황을 너무 쉽게 추정케 한다. 마치 무루단지에 햇곡식을 가득히 담아 행복한 세상을 염원하던 부루단지의 상징성과 다르지 않게 말이다.

## 5. 고찰

이제껏 소략하게 관련 사항을 거론했는데 별도로 고찰을 달리할 피료가 몇 가지를 특기하고자 한다. 우선 부루단군 시절에 효행을 권정하고 정치의 중핵적 요체로 삼았다는 관련 내용에 결부하여 도덕경의 일부 사항을 논의하고자 한다.

≪도덕경≫의 제 '18장'에 보이는 "큰 도가 사그라지자 인과 의라는 것이 있게 되었고, 지혜가 들어나자 커다란 거짓이 있게 되었으며, 여섯 겨레가 화목치 않으니 효성이니 자애니 하는 게 있게 되었고, 나라가 어둡고 어지러워지니 충성스러운 신하가 있게 되었다."[19]는 내용도 크게 참고가 된다. 특히 '여섯 겨레가 화목치 않으니 효성이니 자애니 하는 게 있게 되었'다는 견해는 깊은 울림을

---

19) 大道廢, 有仁義, 智慧出, 有大僞, 六親不和, 有孝慈, 國家昏亂, 有忠臣. ≪道德經≫

주고 있다. 그런데 역설이게도 여섯 겨레가 화목하였다면 효성이니 자애니 하는 게 없게 되었다는 논리가 가능할 것 같다는 느낌을 지니게 된다.

《도덕경》의 원저자가 진짜 노자인지 여부를 떠나 글 속에서 보게되는 효성과 자애의 발현 동기가 '여섯 겨레가 화목치 않으니 효성이니 자애니 하는 게 있게 되었'다는 견해가 그리 틀리지는 않는 듯하다. 왜냐하면 '여섯 겨레가 화목치 않'게 된다면 서로 간에 누구는 존경하고 누구는 적대시하는 인척간의 갈등현상이 이러나고, 그에 따라 서로 우호적인 겨레붙이 안에서는 지극한 효성과 자래가 강조되었을 법하기 때문이다. 사실상 동아시아 세계에서는 '충효일본'이라는 논리가 존재해 왔음을 견주어본다면 어떤 시공간 안에서 강조되던 효의 논리는 거의 충성의 논리와 그 맥락을 함께 하여온 점을 이해하게 된다. 이를테면 덕수이씨 집안의 어떤 사람이 집안 어른을 공경하고 효도를 다할 경우, 그를 두고 집안에서 효자이니 나라에 대해서는 충성을 다하는 충신열사가 되라고 당부하는 게 당연한 귀결로 이어지는 맥란인 것이다. 그런데 그 덕수이씨 사람이 도요토미히데요시의 집안 후손사람에게 친절하고 극진할 수 있을까? 또한 일본 그 자체를 존중하는 마음을 가질 수가 있을까? 효도가 충성이라는 거대 담론과 그 맥락성을 함께 지닌 점을 생각하면 《도덕경》의 글 속에서 보게 되는 효성과 자애의 발현 동기가 '여섯 겨레가 화목치 않으니 효성이니 자애니 하는 게 있게 되었다'는 논리는 타당성을 전하고 있다. 일정한 세력 사이에 반목과 갈등이 심화되면 소속된 겨레붙이 안에서 강력한 효도나 충성심 그리고 공동체 수호 내지 강화를 위한 응집력이 발현될 터이다. 그 발현된 정신상의 가치와 미덕은 역시 효도와 충성이 심화된 것이 아니고 무엇일까 싶다.

결국 ≪도덕경≫의 내용에 바탕을 둔다면, 여러 인척 내 세력들의 불화가 커지면서 도리어 일부 소집단으로 축소된 소공동체 인척집단 내의 결합강도가 심화되고 그에 따른 자체의 공동체 수호에 순기능으로 작동되는 효도와 충성은 자연스럽게 심화될 수 있었음을 추론하게 된다.

그런데 그러한 논리적 의미는 프로이트가 인류학적으로 가공하여 제시한 가설적 경우와 크게 다르지 않아 주목하게 된다. 프로이트는 태초의 원시 집단에서 <모든 여성>을 다 차지하려던 사납고 질투심 많은 아버지가 있었고, 그의 어린 아들들은 추방당하였으며, 이후 추방당한 어린 아들들에 의한 집단적 음모인 '가상적인 사건(곧 부친 살해)'이 준비되었으며, 마침내 아들들은 사전에 획책했던 부친 살해라는 사건을 실행에 옮기고 이어 죽은 부친을 상징하는 토템을 기념하는 축제를 벌였다는 가설을 제시했다.

우리는 프로이트의 원시집단에 관한 '가상적인 사건'의 기획과 그 실행 그리고 그 문화적 잔영이라고 이해되는 토템축제의 연관성에 관한 견해를 환인과 환웅의 상호 의견 이해와 그에 따른 조화된 협조 그리고 이후 단군왕검의 화행 그리고 그 아들인 부루 단군 시절에 있었다는 효행의 공적 권장과 보편화조치 등과 결부하여 심각한 고민을 하게 된다. 과연 우리 쪽에 전승되어 온 그 숱한 미덕의 스토리는 모두 허구일까? 아니면 프로이트의 공포에 가까운 극렬한 인류학적 가설의 경우가 도리어 타당한 것인가? 하지만 그에 관한 어떤 확증된 자료가 있거나 판단의 근거는 찾아지지 않는다. 다만 프로이트가 학문적 가설로 제시한 극단의 경우가 어쩌면 환인과 환웅의 이전보다 훨씬 앞서 있었을 충격적이고 공포스러운 인간세계 속의 불상사로 인한 아픈 적대적 경험과 상처를 깨닫고서 이루어진 상호 이해와 극단적 파국의 미연방지 프로그램으로서 제시된 미덕의 소산일 가능성을 느낄 뿐이다.

한편으로 여기서 필자는 사람이 근본적으로 추구하는 삶의 희망이나 소망의 정체에 관해 고민해 봄직하다. 사람은 살아가면서 도대체 무엇을 가장 소중하게 여기는 것일까? 그에 관한 가장 적확하고 합리적인 해답은 과연 찾아낼 수 있을지 모르겠다. 그러나 어렴풋이 생각할 수 있는 점은 사람들이 대개의 경우에 괴로움보다는 즐겁고 기쁜 쪽을 소망하고 또 희망한다는 일반적 경향성이다. 내몽고의 양산 지역에 지금까지 전해지는 암화 가운데서 마치 춤을 추는 듯한 모습의 인물형

그림 17 巫師
(내몽고 陽山 岩畵)

상을 찾아낼 수 있다. 관련 연구자들은 대체로 그 인물을 무사(巫師)로 지칭하는 경우를 보게 된다. 과연 무사(곧 박수나 무녀)가 적절한지는 알 수 없으나 해당 인물을 보면 머리의 양쪽 아랫부분은 마치 늘어진 듯 하여 그것이 머리카락인지 머리 장식물인지 분명치 못하다. 그런데 이 인물의 왼쪽 손에 무슨 도구인지 알 수 없는 물품이 쥐어 있고, 허리 부분에는 마치 펼쳐진 듯이 좌우로 나부끼듯 하는 갈라진 갈기 같은 게 보인다. 그리고 두 다리는 벌려 있는데

춤을 추는 듯하다. 필자는 이 인물의 형상이적어도 심적 상태가 자유롭다는 점을 느낀다. 그런데 한 손에 쥐고 있는 물품의 정체가 몹시 궁금하다. 하지만 알기가 쉽지 않은데 그의 허리부분에 마치 양쪽으로 흐트러진 듯한 갈기의 모습에서 희미한 추론의 여지를 느낀다. 그것은 신농 등과 같은 중국의 전설적 인물들이나 한국의 단군왕검의 초상화에서 보게 되는 갈라진 깃과 같은 옷이나 도롱이 같은 풀 옷 등을 보게 될 경우의 이미지와 비슷한 일종의 분산된 결이다. 분산된 결이 무슨 의미인지 규정할 수는 없지만 신농 그리고 단군왕검 등과 같은 집단의 중심에 선 인물상과 같은 옷매무새를 갖춘 것을 느끼게 된다. 그렇다면 이 암화의 주인공은 일종의 집단 내 우두머리는 아닐까 싶다. 그런데 이 인물은 어째서 즐거운 듯이 자유스러운 걸까? 집단의 중심인물들은 자신을 믿고 따르는 사람들(徒衆)에게 즐거움의 희망이요, 희망스러운 즐거운 상징일 필요는 없었을까?

필자는 선사시기에 단군왕검이나 부루단군과 같은 지도자는 양산의 암화에서 보게 되는 즐거움을 전하고 그 자신이 또한 희망을 느끼게 하는 즐거운 상징의 인물이 되고자 한 측면은 없었을까 고민해본다. 그것은 이미 환웅의 단계에서부터 확인되는 '탐구인세'와 '홍익인간'이라는 당시의 시대적 아젠다 였을 어휘에서도 느낄 수 있다는 소견이다. 진정으로 남을 위해 좋은 일을 도모하고 강력하게 실천력을 발휘하려는 지도자의 길은 백성들에게 즐거움을 주고자 노력도 해야겠지만, 그 자신이 희망을 상징하는 존재였던 것은 아닌가 하는 생각을 하게 된다. 적어도 단군왕검이나 부루 단군은 양산의 암화에서 보게 되는 즐거운 지도자였고 백성을 위해 움직이는 그 자체를 즐긴 인물들이 아니었을지 깊은 검토가 필요하다는 생각이다.


## 6. 끝맺으며

필자는 본고에서 상고시기에 연관된 일부의 전승기록에서 화행과 효행의 보편화가 언급된 자료를 바탕으로 그 의미를 살펴보았다. 재론하거니와 조선 중기 조여적의 소작으로 전해지는 ≪청학집≫에는 단군왕검이 화행으로 백성과 10년 세월을 보냈다고 전한다. 화행은 일방적 통치가 아닌 교화행위로 여겨진다. 또한 고려 말 행촌 이암의 소작으로 전해지는 ≪태백진훈≫을 보면 당시 단군이던 부루는 소련과 대련을 불러 "효로써 정치를 삼아 도를 다스림이 날로 일어나 남을 사랑하고 세상에 이익이 되었다."고 하여 효행의 정치적 구현이 펼쳐졌음을 전하고 있다.

단군왕검시절의 '화행'과 그 이후 부루 단군 시절의 '효행'에 관련한 전승기록은 일면 작위적인 윤색의 여지가 있었을 의심을 유도하기도 한다. 하지만 거꾸로 해당 전승기록을 고스란히 그대로 수용하여 정녕 그러한 미덕과 관념이 존재했다면 어째서 그랬을까 하는 합리적 고찰도 필요해 보인다.

한국의 조선중기와 근대기에 각각 출현한 전승기록들에서 각기 발견되는 '화행'과 '효행'의 미덕과 관념을 합리적으로 이해하는 데는 많은 고민이 요구된다. 그런데 신석기 후기를 전후한 고고학적 조사 정황을 참고할 필요를 느낀다. 한반도의 중서부 지역인 인천 송산유적의 경우에 주로 여성이 중심이 된 노동관련 소집단의 존재가 추론된 논고(박선식, 2018)를 통해 희미한 고찰이 가능하다. 근지구력이 상대적으로 약했던 여성들이 일정하게 노동조직화 되었을 가능성을 느끼게 하는 송산 유적 내 유물출토양상은 당시 일부 여성들이 집단화한 측면을 짐작케 한다. 그러한 소집단화의 양상을 통해 당시의 '어비 맏내(족장)'는 강압적 통제보다는 상호이해적 소통을 우선시했을 터이다. 여성들마저 일정한 소공동체를 구성했다면 그 여성들의 의견은 상대적으로 약하지 않고 일정하게 결집되어 도리어 쉽게 제어하기 어려운 측면이 느껴졌을 수 있기 때문이다. 더욱이 해당하는 송산 유적에서 수습된 유물조합들을 통해 단순한 끈이 아닌 거듭 꼬아진 겹줄의 끈을 만드는 데 쓰 인 것으로 여겨지는 '끈꽈배기 틀'의 흔적이 추론된 바 있기도 하여 송산의 여성 중심 생업소집단의 강한 생산성의 단면을 엿볼 수 있는 여지까지 제기된 바 있다.(박선식, 2018) 그 같이 상고시기의 생산현장에서 일부의 여성 소집단이 드러낸 강한 노동력 집적의 양상은 당시 그들의 발언권이 비교적 낮거나 약하지 않았을 개연성을 시사해준다.

한편 조선조의 ≪청학집≫에 언급된 '화행'이 선사시기의 생활문화상 일상 정서와 무관치 않았을 개연성을 이끌게 한다. 또한 상호이해의 사회적 분위기는 당연히 아랫사람들로 하여금 대항하거나 분쟁을 조장하기보다는 경험 많은 중장년 이상의 기성세대에게 도리어 소통적이고 합리적인 대인관계가 실질적인 유리함을 느끼게 했을 가능성도 추론된다. 한 예로 일부의 신석기 후기 주거지 조사 상황을 참고할 만하다. 당시에 일부 건축물을 조영하는데 경우에 따라 중간에 건축물의 변화들이 있었던 점이 확인되는데, 선사시기

당시에 상대적으로 취약한 기술력을 지닌 청소년층은 경험 많고 노련한 기성 장년층으로부터 기술의 전수를 위해서라도 우호적이고도 비적대적일 경우가 유리할 수 있음을 깨달았을 개연성이 느껴진다. 따라서 결국 ≪태백진훈≫속에서 소개되고 있는 소련과 대련 등에 의한 효의 보편화 추구라는 고상한 미덕의 확산 조치 사례는 신석기시대 후기를 전후한 실제의 생활문화와 물질문화의 수수과정에서 부자 간 또는 노유 간에 형성된 일종의 합리적 인간관에 따른 자연스러운 상경하애적 사회현상이었을 가능성이 추론된다. 또한 ≪태백진훈≫에 전하는 기록만을 바탕으로 살펴보자면 상고시기 부루 단군은 나라 안으로 효의 보편화 등을 통해 백성 전체의 품행을 미덕으로 이끌었고, 그것이 상호공경과 이해라는 사회상으로 공고화되기를 소망했고 마침내 위민적 치세와 문화융성의 실용적 구현을 함께 도모하였다는 점을 느끼게 된다. 또한 부루 단군은 나라 밖으로 이웃 세력과 우호적인 외교를 펼침으로 근본적으로 무력적 갈등이나 긴장을 회피하는 대외전략을 펼쳤던 상고시기의 지도자였음을 아울러 헤아리게 된다.

한편 ≪도덕경≫에 보이는 '육친불화(六親不和) 유자효(有慈孝)'의 내용도 다시 한 번 거론코자 한다. 해당 내용은 육친간의 화목이 이루어지지 않으면 자애와 효성이 있게 된다는 의미인데, 앞서 언급한 단군왕검 시절의 '화행'과 부루 단군 시절의 '효'의 보편화 사례에 언뜻 연결이 되질 않는다. 하지만 단군왕검 시절에 화행이 펼쳐지기에 앞서 일정한 갈등의 국면이 있었을 테고, 부루 단군 시절에 효행이 권장되기에 앞서 역시 일정한 부자간 또는 노유 간에 다소의 불협화음이 빚어졌을 개연성은 넉넉히 상정이 가능하다. 화행과 효의 보편화에 앞서 어쩌면 크고 작은 갈등과 충돌이 유력층과 비유력층 간에 그리고 부자간 또는 노유 간에 적지 않았을 개연성은 넉넉히 짐작되는 바이다.

여기서 다시 프로이트의 가설도 다시 참고하게 된다. 프로이트는 일찍이 '부친살해'라는 가공의 경우를 제시하며 이른바 아들들에 의해 공모된 음모와 그 음모의 과정에서 토템의식이 드러났다는 인류학적 가설을 발표한 바 있다. 흥미로운 점은 프로이트가 제시한 '부친살해'의 가설적 경우가 도덕경에서 보이는 '육친불화'와 정확하게 그 맥락이 통하는 점이다. 따라서 단군왕검시절과 부루단군 시절에 드러났다는 이른바 화행과 효행이라는 미덕은 프로이트가 가설로 제시한 극렬한 공포적 상황 따위를 미연에 방지코자 공적으로 제시된 화해의 유도 프로그램이자 관련 메카니즘의 소프트웨어였을 개연성을 느끼게 된다. 다시 말해 상고시기의 '어비만내(족장)' 사회에 발현된 화행과 효행이라는 미덕은 당시에 각기 존재했을 생업 소집단간의 적대적 태도를 변화시키고 전체 사회의 안정과 평화적 유지라는 목적성으로 어쩔 수 없이 수용되었던 측면이 느껴진다. 아마도 당시에 공공평화를 소망하며 갈등회피를 위한 소통의 메카니즘을 작동케 하는 의미를 반영하였던 것으로 이해가 가능해진다.

제3장

# 조선후기 성산지의
# 편찬과 효자, 열녀

**박 주**

(대구가톨릭대학교 교수)

# 1. 글의 시작

주지하듯이 조선 후기에는 사족과 수령을 중심으로 한 사찬읍지 (私撰邑誌)들이 각 지방에서 편찬되었다. 특히 경상도 지방에서 사 찬읍지의 편찬이 활발하여 함안, 안동, 의성, 창녕, 진주, 상주, 선 산, 단성, 함양, 경주, 청도, 성주, 동래, 울산, 문경 등에서 사찬읍 지가 편찬되었는데,『성산지(星山誌)』(성주, 1677년, 現傳)는 그 가 운데 하나이다.

『성산지』는 경상도 성주의 사찬읍지로서 그 내용이 아주 상세하 고 풍부하여 조선 후기 성주 지역의 향촌사회를 이해하는데 중요한 자료가 된다. 특히 임진왜란과 병자호란을 겪은 이후 당시의 사족 들은 삼강윤리를 더욱 강조함으로써 실추된 양반의 권위를 회복하 고 양란 이전 사족중심의 유교사회질서를 재건하고자 했던 것이다.

필자는 그동안 경상도 지역에서 편찬된 사찬읍지에 나타난 효자, 효녀, 효부, 열녀들의 사례에 대하여 검토를 해오고 있다.[1] 이번에

---

1) 박 주,『조선시대의 효와 여성』, 국학자료원, 2000. ;『조선시대의 여성과 유교문화』, 국학자 료원, 2008. ;「조선 중기 단성지역의 효자, 열녀 -『단성지』를 중심으로-」,『한국사학보』13, 2002. ;「『동래부지』의 편찬과 효자, 열녀」,『조선사연구』16, 2007. ;「조선 중기『밀양지』의 편찬과 효자, 열녀」,『조선사연구』17, 2008.「조선시대 경산지역의 효자, 열녀」,『조선사연구』

필자는 이러한 작업의 일환으로 우선『성산지』의 편찬과 내용에 대하여 살펴보고 이어서『성산지』에 나와있는 효자, 효녀, 효부, 열녀들을 상세히 검토함으로써 유교윤리의 교화적 성격을 고찰하고자 한다.

본고에서는『성산지』2) 이외에『조선왕조실록』,『신증동국여지승람』,『여지도서』,3)『경상도읍지』,4)『성주군읍지』(奎10837)5) 등의 자료를 참고하였다.


## 2. 『성산지』의 편찬과 내용

먼저 성주의 연혁을 살펴보면 성주는 본래 신라의 본피현(本彼縣)이었다. 경덕왕 때 신안(新安)으로 고쳐 성산군에 소속시켰다가 뒤에 벽진군(碧珍郡)으로 고쳤다. 고려 태조 때 경산부(京山府)로 고치고 경종 때 광평군(廣平郡)으로 강등시켰다. 성종 때 대주도단련사(岱州都團練使)로 고치고, 현종 때 단련사를 폐지하여 다시 경산부로 만들었다. 충렬왕 때 흥안도호부(興安都護府)로 승격시켰다가 뒤에 지금의 이름인 성주로 고쳐 목으로 만들었으며, 충선왕 때 경산부로 강등시켰다. 조선에서도 그대로 따랐다. 조선 태종 때 임금의 태(胎)를 고을의 조곡산(祖谷山)에 모셔두고 목(牧)으로 승격시켰다. 광해군 6년(1614)에 고을사람 이창록(李昌祿)이 대역죄를

20, 2011. ;「조선시대 창녕지역의 효자, 효녀, 열녀」,『한국사상과 문화』67, 2013

2) 본고에서는『조선시대 사찬읍지』20 경상도5 성산지, 한국인문과학원, 1989를 이용하였다.

3) 본고에서는 전주대학교 고전국역총서『여지도서』39 경상도 Ⅳ, 디자인흐름, 2009를 이용하였다.

4) 여기에서는 아세아문화사에서 간행한 한국지리지총서『경상도읍지』1책을 이용하였다.

5)『성주군읍지』(奎10837)는 1899년(광무 3)에 전국읍지편찬사업의 일환으로 편찬되었다.

지었기 때문에 신안현으로 강등시켰다. 인조 때 다시 목으로 승격시켰다가 인조 9년(1631)에 고을사람 박흔(朴訢)이 처형되었기 때문에 성산현으로 강등시켰다. 인조 18년(1640)에 기한이 차서 다시 호칭이 복원되었다. 인조 22년(1644)에 또 이권(李綣)의 역모사건으로 인해 성산현으로 강등시켰다. 효종 4년(1653)에 기한이 차서 다시 호칭이 복원되었다. 영조 12년(1736)에 관아의 종과 여종 및 고을의 장교가 목사(牧使)를 독살했기 때문에 성산현으로 강등시켰다가 영조 21년(1745)에 기한이 차서 다시 목으로 승격시켰다.6)

이상과 같은 건치연혁을 볼 때 성주지역은 본래 본피현이었으나 고려 충렬왕 때 지금의 이름인 성주가 되었음을 알 수 있다.

성주지역은 예로부터 유향(儒鄕)으로 잘 알려져 있다. 이 지역은 일찍이 회연서원(檜淵書院)을 거점으로 하는 한강(寒崗) 정구(鄭逑, 1543- 1620)7)와 그 문도들이 활동하였던 곳이다. 또한 문중으로는 성산 이씨, 야성 송씨, 성산 여씨, 의성 김씨와 청주 정씨 등 재지사족들이 반촌을 형성하고 있는 지역이다.8) 성주의 토성(土姓)은 사족(士族)이거나 이족(吏族)이거나 족세가 강하였다.9)

『星山誌』(또는 京山誌)는 성주군의 읍지이다. 이 읍지는 동강 김우옹(金宇顒, 1540-1620)10), 서천부원군 정곤수(鄭崐壽, 1538-1602)11)

---

6)『국역 신증동국여지승람』권28 성주목 건치연혁, 민족문화추진위원회, 1982, 76쪽; 변주승,『국역 여지도서』34, 경상도Ⅳ 성주목 건치연혁, 디자인흐름, 2009, 108쪽;『경상도읍지』성주목 읍지 건치연혁 189쪽;『성주군읍지』(奎10837) 건치연혁 참조

7) 정구는 정곤수의 아우이며 호는 한강(寒崗)이다. 김굉필의 외증손이다. 벼슬이 대사헌에 이르렀다. 영의정에 추증되었으며 시호는 문목(文穆)이다. 정구는 읍지 편찬에 남다른 관심을 기울여 강릉, 창녕, 동복, 통천, 충주, 안동, 평양, 함안 등 지역에서도 읍지를 편찬하여 10 여종을 남겼다. 김항수,「한강 정구의 학문과 ≪歷代紀年≫」,『한국학보』45, 1986 참조

8) 권영배,「성주지역의 3.1운동과 파리장서운동」,『계명사학』23집, 2012. 11, 268쪽

9) 김무진,「조선전기 성주향촌사회의 구조와 지배층동향」,『한국학논집』18, 계명대학교, 1991, 26쪽

등에 의해 처음 편찬이 시도되었으나 한강 정구(鄭逑)가 수령으로 부임하면서 본격화되었다. 그러나 정구의 재임기간 동안에 성산지는 완성되지 못하였다. 그 후 인조 13년(1635)에 장현광(張顯光)이 향로(鄕老) 김주(金輳), 여찬(呂燦) 등에게 편찬을 의뢰하였으나 역시 완성하지 못하였다. 그 후 현종 9년(1668)에 이원정(李元禎, 1622-1680)[12])에 의해서 재편찬이 시도되어 숙종 3년(1677)에야 비로소 편찬이 완성되어 간행하였다. 순조 32년(1832, 壬辰本)에 지방 사람들에 의해서 증보되었으나 간행되지는 못했다. 1933년에는 군수 조경하(趙鏡夏)가 중심이 되어 재편찬이 시작되어 1936년에 간행하였다.[13])

17세기에는 임진왜란을 경과하면서 무너진 사회질서의 복구와 안정을 위하여 읍지편찬이 이루어졌다.[14])『성산지』는 항목에서 볼 수 있듯이 충·효·열 등 교화적 성격을 강조한 읍지임을 알 수 있다.

『성산지』는 서문과 34개의 항목으로 구성되어 있다. 34개의 항목은 다음과 같다.

---

10) 『국역 여지도서』 인물조 153~ 154쪽에 의하면 김우옹은 김희삼(金希參)의 아들이며 호는 동강(東岡)이다. 벼슬이 이조참판에 이르렀다. 이조판서에 추증되었으며 시호는 문정(文貞)이다. 부친 김희삼은 호가 七峯이며 벼슬이 玉堂에 이르렀으며 이조판서에 추증되었다.

11) 『국역 여지도서』 인물조 154쪽에 의하면 정곤수는 서천군 정총(鄭摠)의 후손이며 호는 백곡(栢谷)이다. 벼슬이 좌참성에 이르렀으며 영의정 서천부원군에 추증되었다. 시호는 충익(忠翼)이다.

12) 이원정(李元禎)의 본관은 광주(廣州). 자는 사징(士徵), 호는 귀암(歸巖). 아버지는 이도장(李道長)이다. 정구(鄭逑)의 문인이며, 조부 윤우(潤雨)에게도 수학하였다. 1660년(현종 1) 사은사의 서장관으로 청나라에 다녀와 이듬해 동래부사가 되었다. 1670년 청나라에 사은부사로 다녀왔으며, 1673년 도승지, 1677년 대사간·형조판서를 지냈다. 1680년 이조판서로 있을 때에 경신대출척으로 초산에 유배가던 도중에 불려와 장살당하였다. 9년 뒤인 1689년 신원되었고, 영의정에 추증되었다. 신원된 뒤에도 여러 차례 정국의 변화에 따라 추탈되기도 하였다. 저서로는 『귀암문집』이 있으며, 편저에는 『京山志』가 있다. 시호는 문익이다.

13) 이태진, 『조선시대 사찬읍지』 경상도편 해제, 한국인문과학원, 1989, 4쪽 참조

14) 양보경, 「조선시대 읍지의 성격과 지리적 인식에 관한 연구」, 서울대 대학원 박사학위논문, 1987

境界道里 建置沿革 姓氏 風俗 山川 土産 面洞 戶口 土地 城郭 公
廨 樓亭 驛院 校院 祠廟 寺刹 塚墓 碑銘 古蹟 叢談 題詠 官案 人
物 儒望 學行 名望 文科 武科 生進 蔭仕 官職 忠 孝 烈

<표 1> 성주지역 지리지의 항목비교

| | 『신증동국여지승람』 성주목(1531) | 『성산지』(1677) | 『여지도서』 성주목 (1757~1765) | 『경상도읍지』 성주목읍지 (1832) |
|---|---|---|---|---|
| 자연환경 | 산천 형승 | 산천 | 산천 형승 | 산천 형승 |
| 행정 | 건치연혁 군명 속현 관원 | 경계도리 건치연혁 면동 관안 공해 | 방리 도로 건치연혁 속현 군명 성지 관직 公廨 | 건치연혁 군명 관직 방리 도로 |
| 경제 | 토산 창고 | 토산 호구 토지 | 창고 제언 물산 목장 한전 수전 진공 糶糴 전세 대동 균세 봉름 | 호구 전부 창고 제언 장시 목장 토산 진공 봉름 |
| 군사 | 성곽 봉수 역원 | 성곽 역원 | 봉수 역원 교량 關阨 진보 군병 | 군액 성지 군기 關阨 진보 봉수 교량 역원 |
| 사회.문화 | 성씨 궁실 누정 학교 사묘 불우 고적 인물 명환 우거 효자 열녀 제영 | 성씨 풍속 누정 교원 사묘 사찰 총묘 비명 고적 총담 인물 유망 학행 명망 문과 무과 생진 음사 관직 충 효 열 제영 | 궁실 성씨 학교 풍속 누정 고적 인물 효자 충신 열녀 제영 우거 사찰 단묘 명환 | 성씨 풍속 학교 단묘 총묘 불우 공해 누정 고적 환적 과거 인물 제영 비판 책판 |
| 항목수 | 24 | 34 | 43 | 39 |

    <표 1>에서 항목의 수를 비교할 때『여지도서』의 항목수가 가장
많다. 좀 더 구체적으로 살펴보면 경제, 군사 부분에서는『성산지』
가『여지도서』와『경상도읍지』보다 항목수가 적으나 사회, 문화부
분에서는 항목수가 더 많다. 즉 비명(碑銘), 총담(叢談), 유망(儒望),
학행, 명망(名望), 문과, 무과, 생진, 음사(蔭仕), 관직 등이 더 신설
되어 있기 때문이다. 따라서『성산지』의 경우 다른 지리지에 비해
사회, 문화부분에서 내용이 더 상세하고 풍부함을 알 수 있다.

<표 2> 성주지역 지리지의 수록 인물 비교

| | 『신증동국여지승람』 성주목(1531) | 『성산지』(1677) | 『여지도서』 성주목 (1757~1765) | 『경상도읍지』 성주목읍지 (1832) |
|---|---|---|---|---|
| 인물 | 고려10, 본조10 | 고려62,본조151 | 고려11, 본조22 | 고려15,본조55 |
| 효자 효녀 효부 | 본조 효자 8 | 본조 효자 117 효녀 2, 효부 3 | 본조효자17, 효녀2 | 본조효자20,효녀 2, 효부1 |
| 열녀 | 고려 2, 본조 2 | 고려 1,본조 77 | 고려 2,본조 11 | 고려 2,본조 23 |
| 계 | 32 | 413 | 66 | 118 |

위의 <표 2>를 볼 때 『성산지』에 실린 인물로는 고려 인물 62명, 본조 인물 151명으로 모두 213명이 수록되어 있다. 그리고 효자 117명, 효녀 2명, 효부 3명, 열녀 78명이 수록되어있어 다른 지리지에 비해 『성산지』에 가장 많은 인물이 수록되었음을 알 수 있다.

## 3. 성주지역의 효자, 효녀, 효부

### 1) 사례분석

『신증동국여지승람』 성주목 효자조에는 8명의 효자 사례가 나와 있다. 『여지도서』에는 효자 17명, 효녀 2명, 『경상도읍지』에는 효자 20명, 효녀 2명, 효부 1명 사례가 수록되어있다. 『성산지』 성주군 효자조에는 117명의 효자와 효녀 2명, 효부 3명의 사례가 수록되어 있다. 따라서 『성산지』에 조선시대 효자, 효부의 사례가 가장 많이 수록되어있음을 알 수 있다. 먼저 효자 행적을 유형별로 나누어 보면, 부모 사후 여묘를 3년 내지 6년, 9년까지 한 경우, 부모 사후 불교의식을 따르지 않고 『주자가례』에 따라 상제를 행한 경우, 부모가 병이 들었을 때 단지(斷指), 할고(割股), 상분(嘗糞), 연종(吮腫), 시약(施藥), 득어(得魚), 득육(得肉) 등의 다양한 효행을 한 경우, 부모상에 추복(追服)한 경우, 효자의 지극한 효성에 하늘이 감응한 경우, 국상을 당하여 소식한 경우, 임진왜란 때 부모를 구하거나 공양한 경우, 호환(虎患)으로부터 아버지를 구한 경우, 형제간에 우애가 지극한 경우, 도적의 침입에 부모를 구하고 대신 죽은 경우, 여묘할 때 호랑이가 호위한 경우 등이 있다.15) 여기에서 부모 사후 여묘를 지낸 유형이 가장 많은 비중을 차지하였다.

효자들은 부모 사후 불교의식을 따르지 않고 『주자가례』에 따라 상제를 행하거나 여묘살이를 3년하였다. 여묘살이를 6년, 9년까지 한 효자도 있었다. 여묘살이를 할 때 3년동안 죽만 먹은 경우, 조석전, 삭망전을 드린 경우, 여묘하면서 집에 한번도 가지 않은 경우, 성묘를 비바람과 추위, 더위에도 그만두지 않은 경우, 상복과 허리띠를 벗지않은 경우, 호랑이가 효자 곁에서 지킨 경우 등의 다양한 효행이 이루어졌다.

몇가지 사례를 들면 김자강(金自强))과 代言 김승득(金承得), 김신환(金信還) 등은 부모상을 당하여 불교의식을 따르지 않고 한결같이 『주자가례』에 따라 상제를 행하고 3년동안 여묘살이를 하였다.

부모 사후 여묘를 3년 내지 6년, 9년한 경우로는 김문상(金文尙), 김자강, 박구(朴矩), 김승득, 김방계(金邦啓), 김신환, 이식(李植), 성풍세(成豊世), 여창주(呂昌周), 서승운(徐勝雲), 이만경(李萬慶), 성서(成瑞) 등을 들 수 있다. 김방계는 연이어 부모의 상을 당하고 또

---

15) 효행사례의 경우 서로 중복되어 나타나는 경우가 적지않다. 이런 경우 각각의 유형에 모두 포함시켰다.

조부상을 당해서 모두 9년동안 여묘살이를 하면서 한번도 집에 가지 않았다. 이에 정려하였다. 도총제 박구는 공조참의(정3품) 박규(朴規)의 아우이다. 어머니의 상을 당하여 3년동안 여묘살이를 하면서 한번도 집에 가지 않았다. 이에 명종조에 정려하고 예조판서(정2품)를 증직하였다. 김문상은 판서(정2품) 洙16)의 아들이다. 부모의 상을 당하여 전후로 모두 6년동안 여묘살이를 하였다. 이에 세종 10년(1428)에 정려하였다.

먼저 세상을 떠난 아버지를 위해 다시 상복을 입은 추복사례가 2건(김자강, 여사현)보인다. 김자강은 김승득의 아들이다. 어려서 아버지를 여의고 어머니를 봉양함에 부족함이 없었다. 어머니가 세상을 떠나 장례를 치르는데 불교의식을 따르지 않고 한결같이 『주자가례』에 따랐다. 장사를 지낼 때 아버지 무덤을 옮겨 합장하고 3년을 여묘살이를 하는데 신발을 신고 여막 밖으로 나간 적이 없었다. 3년상을 마치고 돌아가신 아버지를 위하여 다시 3년 동안 여묘살이를 하려고 하니 아내의 친정 가족들이 그를 끌고 길을 나서며 이어 그 여막을 불태워 버렸다. 자강이 뒤돌아 연기를 보고 하늘을 부르짖으며 땅을 두들겼다. 처갓집 식구를 힘껏 떠밀치고 다시 돌아가 무덤 아래에 엎드려서 3일 동안 일어나지 않았다. 처갓집 식구들이 그의 효성에 감동하여 다시 여막을 지어 주었다. 자강은 처음처럼 다시 3년 동안 여묘살이를 하였다. 여사현(呂師賢)은 유복자로서 편모를 지극한 효성으로 공양하였다. 나이 13세에 아버지를 위해 추복하였고, 어머니가 병들었을 때는 단지효행하였다.

---

16) 『국역 신증동국여지승람』 권29 선산도호부 인물조를 보면 김수는 김훤술(金萱述)의 후손이며 집현전 직제학을 역임하였고, 여러 차례 승진하여 개성윤에 이르렀다. 도은 이숭인과 벗이 되어 잘 사귀었다. 호는 松亭이다.

부모가 병이 들었을 때 행한 효행사례를 보면 단지, 할고, 상분, 연종, 시약, 득어, 득육 등의 다양한 효행사례가 보인다. 이 가운데 단지의 효행사례가 가장 많았다.

먼저 단지효행의 사례를 몇 가지 들면, 여중화(呂中和)는 지평(持平) 희임(希臨)[17]의 후손이다. 부모가 병에 걸리자 단지효행하여 정려하였다. 사노 노문업(魯文業)은 13세 때 어머니가 병에 걸리자 단지출혈하여 어머니가 하루를 더 살도록 했다. 이에 복호(復戶)하였다. 순천인 박신손은 호가 모헌(慕軒)이며 판윤(정2품) 박가권의 손자이다. 아버지가 객사에 있을 때 병이 들었는데 신손이 단지주혈하여 소생하였다. 그러나 세상을 떠나자 3년동안 여묘살이를 하였다. 이에 주부(主簿)에 임명되었다. 박광인(朴光仁)은 효자 박시귀의 아들이다. 어머니의 병에 단지효행을 하여 어머니가 소생하였다. 어머니가 병에 걸려 꿩고기탕을 생각하였는데 꿩이 스스로 들어왔다. 이에 정려하였다.

단지보다 더 어려운 효행으로 넓적다리의 살을 베어 약으로 쓰는 할고 효행이 있다. 할고효행의 사례가 적지않게 보인다. 면양인 복종선, 감찰 박안련(朴安連), 곽기견(郭基堅), 벽진인 이만응(李萬膺), 이관진(李寬鎭, 李達雲 현손), 이원구(李源九, 李廷賢 후손), 성산인 배문순(裵文淳) 등의 사례가 그것이다.

곽기견은 효자 곽현문의 증손이다. 나이 10세가 안되어서부터 사람들이 '효동'이라 칭하고 이름을 부르지않았다. 아버지가 기이한 병에 걸렸는데 좋은 약이 있다고 들으면 반드시 구해 드렸다. 나중

---

17) 『국역 여지도서』 성주목 인물조 153쪽에 보면 여희림은 전서 여극회(呂克誨)의 후손이다. 학문과 덕행으로 기묘년 현량과에 추천을 받아 음직으로 지평에 임명되었다.

에는 다리살을 베어 드리니 병에 차도가 있었다. 헌종 13년(1847)에 정려를 명하고 동몽교관(童蒙敎官)을 증직하였다.

환자의 대변을 맛보아 병의 경중을 살피는 상분의 사례가 적지 않은데, 이 경우 단지효행을 함께 한 경우가 많다. 이이전(李爾銓), 곽현문(郭玄聞), 박시귀(朴蓍龜, 효자 감찰 朴安連 후손), 장사경(張思敬), 박해필(朴海弼, 박팽년의 후손), 여동재(呂東栽). 여동해(呂東楷). 여동보 3형제, 김성익(金聲益) 등이 그들이다. 현풍인 곽현문은 어버이 병에 상분하였으며 밤새도록 하늘에 빌었다. 그리고 단지를 세차례하였다. 이에 헌종 13년(1847)에 정려하고 동몽교관을 증직하였다. 김성익은 김치수(金致粹)의 후손이다. 그는 어버이 병에 상분과 단지효행을 하였다. 그리고 나이 60세 때 어린아이처럼 옷을 입고 춤추어 어버이를 기쁘게 하였다. 세상사람들이 오늘의 효자 노래자(老萊子)[18]라고 칭하였다.

학생 김윤도(金潤道)는 김여흡(金汝翕)의 후손이다. 아버지가 병에 걸리자 하늘에 빌어 대신하기를 원하였다. 또 단지하여 피를 드렸다. 의원이 어머니병에는 비둘기가 좋다고 하니 갑자기 날던 비둘기 한 마리가 스스로 집에 떨어졌다. 비둘기를 구워서 드리니 어머니의 병이 나았다. 이에 정려하였다. 송병순(宋秉珣)이 정려 비문을 지었다. 신경휴(申景休)는 신해(申澥)의 후손이다. 어머니의 병이 위독해지자 손가락을 잘게 부수어 수혈하여 마침내 조금 나았다. 어느 날 밤중에 호랑이가 나타나 이웃의 돼지를 물어갔는데 어디로 갔는지 알 수가 없었다. 다음날 아침에 보니 돼지가 경휴의

---

18) 효자 老萊子가 나이 70세 때 색동옷을 입고 어린아이처럼 춤추어 어버이를 기쁘게 한 고사가 있다.

집 울타리 근처에 있었는데 털하나 상하지 않았고 다만 머리가 물려서 피가 나있었다. 곁의 사람이 병에 쓸 것을 권하여 그 피를 어머니께 드리니 과연 효험이 있었다. 향인과 선비는 성효가 감동한 바라 하여 관청에 글을 올렸다.

여서규(呂瑞奎)는 호가 명천이고 여희림의 후손이다. 그는 계모 조씨를 모셨는데 계모가 병이 나자 단지하였고 또 설순의 정성이 있었다. 향사림의 포창시가 있었고, 정종석(鄭宗錫)의 찬(撰)이 있었다. 이종렬(李種烈)은 이지화(李之華)의 후손이다. 어머니가 병석에서 어탕을 원하므로 얼음을 깨고 물고기를 잡았다. 또 오소리 고기를 원하여 종렬은 서리를 밟고 들에 나아가 구해 끓여드리니 어머니의 병이 거의 회복되었다. 묘가 20여리 떨어져 있었는데 그는 3년동안 매일 가서 곡하였고 그 후에는 매월 초하루와 보름에 성묘하였다. 이웃에서 모두 감탄하였다. 석조영(石祖榮)은 석종(石琮)의 후손이다, 나이 17세 때 어버이가 병에 걸렸다. 집이 가난하여 의술의 도움을 받을 수 없었다. 의원 집에 가서 울면서 영약을 구걸하니 의인이 어린나이에 성효로서 구호에 감동하였다. 곧이어 부친상을 당하니 슬퍼함이 성인같았다. 부모상에 조석으로 성묘하니 나무꾼들이 성효에 감동하여 여막을 만들어 주었다. 지금은 '여묘곡(廬墓谷)'이라 일컬었다,

환자의 종기를 빨아 독을 빼는 吮腫의 사례가 가끔 보인다. 이춘맹(李春孟), 이의표(李儀標), 송인하(宋寅夏), 정원택(鄭元澤, 鄭種 후손), 윤태호(尹泰虎, 尹仁鏡 후손), 박해필(朴海弼), 여동재. 여동해. 여동보 3형제 등의 사례가 그것이다. 박해필은 박팽년의 후손이다. 어머니가 병이 들었을 때 상분하였다. 아버지가 60세가 되어

치질로 고통을 겪게 되었으나 백약이 효험 없었다. 10년 동안 입으로 종기를 빨아 마침내 치질이 나았다. 사람들이 효감이라 칭찬하였다. 도백(道伯)으로부터 포상이 있었다.

한편 효자의 지극한 효성으로 하늘이 감동한 사례가 상당히 많이 보인다.

지극한 효성에 하늘이 감응한 경우로 홍계현(洪繼玄), 박시순(朴始淳), 여창주(呂昌周), 이진채(李晉彩), 이원룡(李元龍), 여동재(呂東栽). 동해(東楷). 동보 3형제, 이우식(李寓植), 여낙규(呂洛奎), 류세번(柳世藩), 도명화(都命華), 김경순(金坰順), 서필원(徐弼元), 이지명(李志明), 임석규(林錫圭) 등의 사례를 들 수 있다. 홍계현은 남양인으로 김맹성(金孟性)[19]의 외손이다. 어머니의 병에 산양을 맛보고자 했으나 얻지 못했는데, 갑자기 날아가던 꿩이 스스로 들어왔다. 모친상에 3년동안 상복을 벗지않고 몸소 제찬을 준비하여 그 정결을 다했다. 하루는 제사상에 올린 과일이 쥐로 인해 더럽혀지자 계현은 밤새도록 무릎 꿇고 앉아 반성하며 자신의 잘못을 꾸짖었다. 새벽이 되었을 때 두 마리의 쥐가 상 밑에 쓰러져 죽어있자 사람들은 모두 하늘을 감동시킨 그의 효성에 감탄하였다. 천곡서원(川谷書院)의 향현사에 그의 위패를 모셨다. 박시순은 효자 주부(主簿) 박신손의 후손이다. 부모를 지극한 효성으로 섬겼다. 어느 날 날아가던 꿩이 부엌으로 스스로 들어오고, 겨울철에 새싹이 나오는 기이한 일이 벌어졌다. 이에 지평을 증직하였다. 여창주는 어려서부터 부모를 지극한 효성으로 섬겼다. 아버지의 병에 울며 물고기

---

19) 『국역 여지도서』 성주목 인물조에 보면 김맹성은 김수의 후손이다. 과거에 급제하여 벼슬이 이조정랑에 이르렀다.

를 구하였는데, 갑자기 1척이나 되는 잉어가 얼음속에서 뛰어오르는 기이한 일이 벌어졌다. 그리하여 잉어를 공양하여 효험을 얻었다. 부친상을 당하자 여묘 3년하였다. 영조 때 지평(정5품)에 증직하였다. 이진채는 이흥문(李興門)20)의 후손이다. 어버이가 병이 났는데 추운겨울에 살아있는 물고기를 찾으니 진채가 돌로 얼음을 깨뜨리자 물고기가 뛰어나왔다. 또 성묘하고 돌아오는데 해가 져서 급히 돌아올 때 호랑이가 보호하였다. 길가 거주하는 사람들이 냇물을 건너기 위험하다고 하여 외나무 다리를 만들었는데 사람들이 '효자다리'라고 일컬었다. 이원룡(李元龍)은 호가 운헌(雲軒)이며 이중화(李重華_의 후손이다. 일찍이 어버이가 병에 걸렸는데 의원이 말하기를 산삼이 아니면 불가하다하였다. 이에 원룡이 곧 수도산으로 들어가 산삼 두 뿌리를 구했다. 어버이의 병이 드디어 나았다. 이우식은 호가 송정(松亭)이며 서21)의 현손이다. 그는 아버지가 병이 들어 쏘가리를 생각하자 때는 추운 겨울이었으나 얼음을 깨고 쏘가리를 잡아드렸다. 어머니병에는 단지효를 행하였으며 나중에 세상을 떠나자 여묘살이 3년을 하였다. 여낙규는 여효주(呂孝周)의 후손이다. 그는 어머니병에 손가락을 깨물어 피를 드리는 단지효행을 하였다. 어머니를 위해 물고기를 구하고자 했으나 때는 가물고 물이 말랐는데 갑자기 잉어 두 마리가 뛰어나왔다. 사람들이 효자 왕상(王祥)22)에 비유하였다. 류세번은 류관(柳寬)의 후손이다. 아버

---

20) 『성주군읍지』(奎10837) 인물조에 의하면 이흥문은 고려조 蕃의 아들이다. 벼슬은 대사헌에 이르렀다. 곧은 절개로서 제주도안무사가 되었다.

21) 『경상도읍지』성주목읍지 인물조와 『성주군읍지』(奎10837) 인물조에 의하면 이서는 호가 東湖이며 弘宇의 아들이다. 한강에게 사사받았으며 황산찰방에 제수되었으나 광해조 때 관직을 포기하고 돌아왔다.

22) 서진시대 왕상이 어려서부터 효성이 지극하여 그의 계모가 생선을 먹고 싶어하였을 때 얼음 위에 누워 얼음이 녹는 것을 기다려 얼음을 깨고 잉어 두 마리를 얻은 고사를 말한다.

지가 비둘기 구운 것을 생각했을 때 마침 눈비가 내리자 비둘기 한 마리가 스스로 집에 들어왔다. 또 노루고기를 생각하니 노루 한 마리가 숲에 엎드려있었다. 사람들이 효성에 감동한 바라 하였다. 그리하여 마을이름을 '효자동'이라 일컬었다. 도명화는 성산인이다. 그는 부모의 병에 단지효행을 하여 소생케하였다. 그리고 부모가 세상을 떠나자 여묘살이 3년을 하였는데, 묘에서 멀리까지 가서 샘물을 길어왔다. 호랑이가 묘곁에 와서 지키면서 발로 땅을 움켜 파니까 묘 아래에서 샘물이 저절로 솟아나왔다가 여막을 철거하니 즉시 말라버렸다. 김경순은 어머니의 병이 심하자 밤마다 이마를 조아리고 북두칠성에 나를 대신하게 해달라고 빌었다. 꿈에 신인이 일러 말하기를 '너의 정성이 지극하니까 내가 영약(靈藥)을 주겠다' 하였는데, 잠에서 깨어보니 과연 약 세알이 있어 즉시 어머니께 드리니 병이 나았다. 서필원은 달성인이다. 그는 5세 때 아버지가 세상을 떠나자 애통해하며 어육을 가까이하지 않았다. 어머니가 밤에 씀바귀 채소를 생각하였는데 밤에 불을 켜고 눈을 쓸다가 한 움큼의 채소를 얻어 공양하였다. 어머니에게 종기가 있었는데 한 노인이 나타나 말하기를 "잉어 쓸개를 바르면 곧 나을 것이다"고 하니 과연 효험이 있었다. 임석규는 평택인이다. 그는 나이 겨우 9세 때 아버지가 병에 걸리자 3개월동안 시탕하기를 성인과 같이 하였다. 6월 더위에도 한 번도 옷을 벗지 않았다. 아버지가 홍시를 원하므로 석규는 뜰앞 홍시나무 밑에서 울었다. 하루는 밤중에 홍시 3개가 나무 밑에 떨어졌다. 당시 사람들이 그 나무를 '효자 감나무'라고 했다. 최병수(崔秉洙)는 호가 운초(雲樵)이며 최천강(崔天綱)의 후손이다. 어머니의 병이 위독하였는데 의원이 말하기를 "살아있는 영지뿌리가 아니면 낫기 어렵다"고 하였다. 마침 겨울이라 영축산 (靈畜山)에서 맹아를 구별할 수 없었다. 7일간 기도하였으나 얻을 수 없어 장차 돌아가려는데 문득 넘어졌다. 넘어져서 보니 영지잎 이 무성하였다. 드디어 큰 뿌리 1개를 가지고 돌아와 달여서 어머 니께 올리니 어머니의 병이 곧 나았다. 사람들이 효감이라 하였다. 장석신(張錫藎)이 비갈(碑碣)을 찬하였다.

도적의 침입에 부모를 구하고 대신 죽은 경우가 있다. 정차주(鄭 次周)는 한밤중에 도적의 무리들이 집으로 갑자기 쳐들어오자 밖으 로 피신하여 화를 면했는데 졸지에 부모가 가신 곳을 잃어버렸다. 차주는 부모가 도적들에게 붙잡힌 것으로 의심하고 칼날을 무릅쓰 고 곧장 나아가 먼저 어머니를 모시고 밖으로 피신했다. 다시 아버 지를 모시고 탈출하다가 도적들에게 살해당했다. 이에 정려하였다.

형제간에 우애가 지극한 경우로 사노 개돌형제를 들 수 있다. 사 노 개돌(介乭)은 아우 개복(介卜)과 함께 산에 올라가 나무를 하였 는데, 갑자기 큰 호랑이가 나타나 형 개돌을 잡아먹으려고 하자 아 우 개복이 낫을 휘둘러 호랑이와 싸웠다. 이에 호랑이가 형을 버리 고 개복을 잡아먹었다. 개돌은 호랑이를 쳐서 아우의 시신을 빼앗 아 돌아왔다. 영조 12년(1736)에 복호하였으며 사람들이 그 우애를 칭찬하였다.

국상을 당하여 3년간 소식한 경우가 있다. 서승운(徐勝雲)은 어 려서부터 부모 섬기기를 지극한 효성으로 하였다. 부모상을 당하자 3년 동안 여묘살이를 하는데 모든 행동이 자연스럽게 예의에 맞았 다. 조석으로 부모의 무덤을 보살피는 일을 늙을 때 까지 그만두지 않았다. 숙종 국상에도 3년 동안 맛있는 반찬을 멀리하고 거친 밥만 먹었다. 이에 복호하였다. 강선귀(姜選龜)는 일찍 아버지를 여의고 어머니를 효로서 섬겼다. 모친상을 당하자 여묘 3년을 하였다. 그리고 숙종, 경종 국상 때 집에 단(壇)을 설치하고 배곡하기를 3년 하였다. 이에 송라찰방(松羅察訪)에 제수되었다.

여묘할 때 호랑이가 호위한 경우는 이만경과 성서의 사례를 들 수 있다. 이만경(李萬慶)은 청주인으로 증참의 정탁(廷鐸)의 아들이다. 천성이 어질고 효성스러웠다. 15세에 아버지의 상을 만나 혼자 된 노모를 모셨다. 노모의 병이 심해지자 밤낮으로 울면서 기도하였다. 노모가 102세까지 사셨다. 여묘할 때 점이 하나 있는 호랑이가 호위하였다. 도신(道臣) 수의(繡衣)가 아뢰어 제직(除職)하였다. 성서(成瑞)는 창녕인으로 현감 삼귀(三龜)의 손자이다. 어려서부터 어버이에게 효를 하였다. 어버이가 일찍이 생선을 좋아하자 얼음 속에서 생선을 구하여 항상 봉양하였다. 사람들이 칭찬하기를 성효자라 하였다. 어버이가 죽자 호랑이와 함께 여묘하였다. 이에 정려되었다.

호환(虎患)으로부터 아버지를 구한 경우로 김진순(金振順)의 사례를 들 수 있다. 김진순은 김해인이다. 어느 날 큰호랑이가 나타나 아버지를 물고 담을 넘어 달아났다. 진순이 울면서 뒤를 따라 가며 호랑이에게 말하기를, "아버지 대신 나를 잡아먹고 나의 아버지를 해치지마라"하니 호랑이가 버리고 갔다. 이에 관청에서 米肉을 상으로 내려주었다.

임진왜란 때 부모를 구하거나 공양한 경우가 있다. 성풍세, 도세옹(都世雍, 均의 증손, 衡[23])의 아우), 박환(朴渙, 潤卿의 증손), 이약

---

23) 『국역 여지도서』 인물조에 의하면 도형은 진사 도맹녕(都孟寧)의 아들이다. 기묘년(1519) 현량

여(李若汝, 良의 후손), 이계상(李戒相)의 경우가 그것이다. 박환은 호가 石川이며 박윤경24)의 증손이다. 임진왜란을 만나자 어머니를 모시고 도고산(道古山) 동굴로 피난하였다. 호랑이가 감히 해치지 않은 까닭에 화를 면하였다. 이에 효행으로 천거하여 가선대부(嘉善大夫)를 제수하고 정려하였다.

한편 효녀 1건과 효부 3명의 사례가 보인다.

효녀 박씨자매(朴娘 兄弟)는 문헌공 원형(元亨)의 후손이며 수하(壽河)의 딸이다. 수하가 다른 사람과 산소 문제로 송사가 벌어졌는데 감영(營門)에서 곤장을 맞고 죽었다. 언니가 아버지의 죽음이 비명횡사라고 말하고는 상대편 소송당사자의 할아버지 무덤을 손수 파고서 그 사람이 오기를 기다렸다가 아버지의 원수를 갚으려고 했는데 도리어 흉기에 해를 당하였다. 동생이 북을 두드려 억울함을 호소하니 나라에서 특별히 어사를 파견해 사실을 철저히 밝히도록 했다. 언니의 시신을 조사해보니 죽은 지 이미 1년이 지났는데도 얼굴이 마치 살아있는 듯 했다. 이 일이 나라에 알려져 언니에게는 정려를 명하고 동생에게는 복호를 명하였다.

한편 효부의 사례를 살펴보면, 효부 김씨는 일선인으로 사인 김광윤(金光潤)의 처이다. 효양을 지극히 하였다. 마침 양식이 떨어졌을 때 날아가던 꿩이 저절로 채소밭에 들어왔으며, 1척이나 되는 잉어가 말라버린 우물속에서 뛰어 나왔다. 우물 위에 돌을 세워 '鯉出井'이라 새겼다. 효부 권씨는 안동인으로 최련(崔鍊)의 처이다. 시아버지가 학질에 걸려 점점 위독해지자 권씨가 하늘에 빌었다.

---

과에 급제하여 벼슬이 좌랑에 이르렀다. 호는 행정(杏亭)이다.

24)『성주군읍지』(奎10837) 인물조에 의하면 박윤경은 진사 세연(世延)의 아들이다. 벼슬이 대사간 부제학에 이르렀다.

꿈에 신인이 나타나 말하기를 인육이 가장 좋다고 하였다. 다음 날 새벽에 날아가던 비둘기가 부엌 안으로 들어왔다. 권씨는 할고하여 비둘기고기와 섞어 드리니 시아버지의 병이 곧 나았다. 효부 오씨는 조규승(曺奎承)의 처이다. 시아버지가 학질에 걸린지 여러 해 되었는데 인육이 효험이 있다는 말을 듣고 자신의 양다리살을 베어 드리니 시아버지의 병이 곧 차도가 있었다. 어사와 예조판서 모두 찬탄하였다. 후에 급복(給復)의 포상이 주어졌다. 효자의 처로서 효부인 사례가 적지않게 보인다. 예를 들면 효자 이종하(李宗夏)의 처 최씨, 효자 박경하(朴景夏)의 처 신씨, 효자 송인하(宋寅夏)의 처 이씨, 효자 윤태호(尹泰虎)의 처 정씨가 그들이다.

이상에서 조선시대 성주지역 효행자들의 사례를 정리해보면, 부모 사후에 여묘를 한 경우가 가장 많았다. 그 다음으로 지극한 효성에 하늘이 감응한 경우로 물고기, 잉어, 쏘가리, 꿩, 메추라기, 노루, 비둘기, 산삼, 약수, 영지버섯, 홍시, 설순(雪筍), 오리, 씀바귀, 오소리, 샘물 등을 얻은 효감사례가 적지 않았음이 주목된다. 그리고 부모가 병들었을 때 단지 뿐 아니라 단지와 상분을 함께한 효행이 적지 않게 보여 주목된다.

효자들의 거주지와 가계배경이 상세하였다. 즉 사족의 경우 자(字), 호(號), 본관, 某의 자, 某의 손자, 某의 증손, 某의 현손, 某의 외손, 某의 후손 등으로 가계배경이 자세히 밝혀져 있다. 효자가문에서 효자가 계속 나오고 있음을 알 수 있다. 예컨대 효자 곽현문의 증손 효자 곽기현, 효자 박안련의 후손 효자 박시귀, 효자 박시귀의 아들 효자 박광인, 효자 박신손의 후손 박시순 등이 그들이다.

## 2) 신분과 포상내용

효자들의 신분을 살펴보면, 신분이 밝혀진 효자들의 경우 대부분 사족이 차지하고 있다. 즉 판서(정2품)의 자, 공조참의(정3품)의 자, 대언(정3품), 판윤(정2품)의 손자, 감찰(정6품), 집의(정3품)의 후손, 군자정지중추(정2품), 대호군, 증지평(정5품), 증동몽교관(종9품), 송라찰방(종6품) 등이 보인다. 군인신분으로 수군, 천민신분으로는 사노 2명이 보인다. 그 밖에 某의 후손이라는 것과 호가 밝혀진 경우가 대부분으로 벼슬하지 않은 선비인 士人의 신분이 많았음을 알 수 있다.

포상내용을 보면 정문 또는 정려 18명, 증직 3명, 제수 3명, 사물(賜物) 2명, 제수와 정려 1명, 복호 4명, 정려와 증직 4명, 포상불명 87명 등이다. 증직으로 지평(정5품), 동몽교관이 주어졌음을 알 수 있다.


## 4. 성주지역의 열녀

### 1) 사례분석

『신증동국여지승람』 성주목 열녀조에는 4명(고려 열녀 2명, 조선 열녀 2명)의 열녀 사례가 실려있다. 『여지도서』에는 13명, 『경상도읍지』에는 25명의 열녀 사례가 수록되어 있다. 『성산지』에는 열녀 77명이나 실려 있다.

이들의 열행을 유형별로 나누어 보면, 남편 사후 목매어 죽은 경우, 남편 사후 굶어죽은 경우, 남편 사후 독주 또는 독약을 마시고 죽은 경우, 남편 사후 종신수절한 경우, 남편이 호랑이한테 물려가 자 생명을 걸고 구하거나 시신을 빼앗아 돌아온 경우, 남편이 병들 었을 때 단지, 할고, 상분, 연종한 경우, 전쟁 때 절개를 지키기위해 자결하거나 살해된 경우 등이 있다. 여기에서 남편 사후 목매어 죽 은 경우가 가장 많은 비중을 차지하고 있다. 그 다음이 전쟁 때 절 개를 지키려다 죽은 경우이다.

먼저 남편 사후 목매어 죽은 사례를 보면, 정씨는 학생 정잠(鄭 埁)의 딸이며 士人 박이응(朴以凝)의 처이다. 시집간 지 3년 만에 남편이 죽었다. 주야로 애통해하며 젖먹이 아이 양육에 힘썼으나 아이 마저 죽자 곧바로 남편의 신주 아래로 가서 스스로 목매어 죽 었다. 이에 정려하였다. 곽씨는 포산인으로 인수(麟壽)의 딸이며 士 人 이홍휴(李鴻休)의 처이다. 남편이 병에 걸려 죽자 장사 지내는 날 몰래 빈소에 들어가 허리띠로 스스로 목매어 죽었다. 이에 정려 하였다. 盧氏는 광주인(光州人)으로 경일(慶一)의 딸이며 士人 이안 세(李安世)의 처이다. 문장에 능하고 여사풍이 있었다. 7세 때 아버 지의 종기를 빨아 치료하였다. 남편 병에 구료하기를 정성을 다했 으나 죽자 친정으로 돌아가 허리띠로 목을 매어 자살하였다. 의대 사이에 시아버지께 올리는 절명사가 있었다. 영조 48년(1772)에 정 려 급복하였다.

남편 사후 굶어죽은 경우로는 박씨와 이씨를 들 수 있다. 士人 박시평(朴始平)의 처 박씨는 남편이 세상을 떠나자 미음을 전폐한 지 7일만에 자진하였다. 이에 정려하였다. 이견(李堅)의 처 이씨는 결혼한 지 얼마 안되어 남편이 중병에 걸려 7, 8개월 동안 몹시 앓 았는데 이씨가 밤낮으로 병간호를 하였다. 남편이 죽자 곳간으로 나가서 눈을 감고 드러누워 물 한 모금 입에 넣지 않은 지 8일만에 죽었다. 이에 정려하였다.

남편 사후 독주 또는 독약을 마시고 죽은 경우로 정씨와 하씨, 박씨, 여씨를 들 수 있다. 정씨는 진주인으로 선비 박수원(朴壽遠)의 처이다. 시집간 지 얼마 안되어 남편이 병으로 죽자 주야로 슬퍼하여 자살하고자 하였다. 3년 후 두 아들 마저 병으로 모두 요절하였다. 이에 남몰래 침실로 들어가 독이 든 술을 마시고 죽었다. 이에 정려하고 복호하였다. 장홍구(張洪矩)의 처 순천인 박씨는 남편 빈소에 약을 가지고 들어가 옷상자속에 감추었다. 남편을 따라 죽고자 했으나 시부모와 아이가 있어 차마 죽지를 못하였다. 그러나 그 후에 시부모가 돌아가시고 아이가 요절하자 준비한 약을 먹고 순절하였다. 허씨는 분성의 선비 허륜(許綸)의 딸이며 선비 이도증(李道曾)의 처이다 남편이 죽자 3년 뒤에 자진했다. 이에 정려하였다.

다산 정약용은 그의 열부론에서 남편이 죽자 아내가 남편을 따라서 죽는 것은 성정이 좁은 것 뿐이라고 비판하였다.[25]

남편 사후 종신수절한 경우로 박씨를 들 수 있다. 부사(종3품) 송광정(宋光廷)의 처이며 영천 참판(종2품) 종룡(從龍)의 딸인 박씨는 장엄 제숙하고 규범이 있었다. 일찍 남편상을 당하여 어육을 먹지 않고 40년간 종신 수절하였다. 書員 김계하(金戒河)의 처 문덕은 남편이 물에 빠져 죽자 곡읍을 끊지 않고 3년상을 마쳤다. 부모가 개가시키려 하자 곧 머리를 깎고 시부모의 집으로 가서 15년이 넘도록 마늘·파·술·고기를 먹지 않았다. 일찍이 사람들과 더불

---

25) 정약용, 『다산논총』, 을유문화사, 1972, 119-127쪽

어 웃고 이야기하지 않았다. 이에 정려하였다. 천녀 막덕(莫德)은
어려서 경성인에게 시집을 가서 신혼 후 이별하여 다시 보지 못하
였는데, 남편이 서울에서 죽자 매우 슬퍼하였다. 또한 강폭한 자를
염려하여 밤에 반드시 패도를 가지고 잤다. 목사 노경린이 친히 그
묘에 제사하였다.

남편이 호랑이한테 물려가자 생명을 걸고 구하거나 시신을 빼앗
아 돌아온 경우로는 눌덕과 도랑, 이랑을 들 수 있다. 눌덕(訥德)은
남편 정수(鄭守)가 호랑이에게 잡혔는데 눌덕이 칼을 가지고 호랑
이를 쳐서 남편이 벗어났다. 이에 정려하였다. 도랑(都娘)은 남편
박상남(朴尙男)이 호랑이에게 물려가자 娘은 남편의 발을 붙잡고
호랑이를 따라 산에 올라가 남편 시신을 빼앗아 돌아왔다. 이에 정
려하였다.

전쟁(임진왜란, 정축난)때 절개를 지키기 위해 자결하거나 살해
된 경우로는 이종택의 처 박씨, 송발의 처 이씨, 곽희수의 처 이씨,
도성유의 처 김씨, 이심옥의 처 곽씨, 정유묵의 처 박씨, 홍현복의
딸 배씨 등을 들 수 있다.

참판 박팽년의 증손녀이며 참봉(종9품) 이종택(李宗澤)의 처인 박
씨는 임진왜란이 일어나자 배다른 여동생 후영(厚英)과 함께 대구
하산강(霞山江)가에 숨었다. 어느 날 왜적에게 들키자 박씨는 여동
생 후영의 손을 잡고 강물에 몸을 던져 스스로 목숨을 끊었다. 이에
정려하였다. 대사헌(종2품) 홍문의 6세손이며 만호 송발(宋潑)의 처
인 이씨는 18세에 임진왜란을 만나 적을 꾸짖고 굴하지 않았다. 적
이 활을 가지고 겁탈하려 했으나 마침내 굴하지 않고 죽었다. 이에
정려하였다. 수문장 곽희수(郭希壽)의 처 이씨는 정유재란 때 남편

이 陣에 나가고 왜적이 갑자기 이르자 시부모와 함께 붙잡혔다. 왜적이 먼저 시부모를 죽이고 이어서 칼을 휘두르며 이씨를 겁탈하려고 하였다. 이씨는 굴하지 않고 왜적을 꾸짖다가 살해되었다. 이에 정려하였다. 홍문정자(정9품) 홍현복(洪玄福)의 딸 배씨는 북산리 도덕동에 거주하였는데 왜적한테 잡혀가다 신사동 우물가에 이르렀다. 우물가에서 손가락을 깨물어 피로서 우물의 돌에 표시를 하고서 우물속으로 몸을 던져 죽었다. 사람들이 감동하여 그 우물을 '裵氏井'이라 하였다. 동지(종2품) 숭업(崇業)의 딸이며 통사랑(정8품) 정유묵(鄭惟黙)의 처 박씨는 정축난(인조 15년, 1637)때 강화도로 피난을 가다가 적군과 마주치자 자결하였다. 이에 정려하였다.

남편이 병들었을 때 단지 또는 할고, 상분한 경우가 많이 보인다. 그 가운데 단지 사례가 가장 많이 보인다. 예컨대 이극명(李克明)의 처 송씨(恩津人, 宋勛錫 후손), 류타춘(柳乇春)의 처 徐氏, 이건호(李建浩)의 처 姜氏, 설무성(薛武成)의 처 김씨, 이준희(李峻熙)의 처 서씨, 김정두(金定斗)의 처 이씨, 이정화(李貞和)의 처 都氏의 사례를 들 수 있다. 남편이 병들었을 때 다리살을 베는 割股 공양을 한 경우가 있다. 김종택의 처 조씨, 권정호(權正浩)의 처 정씨, 여경회(呂景會)의 처 박씨, 이안한(李安漢)의 처 劉氏가 그들이다.

曹氏는 문정공 김우옹(金宇顒)의 후손인 종택의 처이다. 남편의 병에 혹자가 시신의 물이 양약이라 하였다. 조씨는 그것을 얻을 수 없다고 여기고, 살아있는 사람의 피를 오히려 대신할 수 있다고 생각하여 자신의 다리를 찔러 피를 내어 남편에게 속여서 마시게 하니 남편의 병이 조금 나았다. 또 다리살을 베어 공양을 하였다. 드디어 남편의 병이 나았고, 조씨의 다리 또한 회복되었다. 정조 때 정려하였다.

상분한 사례로는 이건희(李乾熙)의 처 박씨(박팽년 후손)가 있다.

## 2) 신분과 포상내용

열녀의 가계배경과 신분, 거주지가 분명하였다. 열녀의 신분을 살펴보면 양반의 처로서 문정공 김우옹 후손의 처, 참판(종2품)의 증손녀, 부사(종3품)의 처, 만호(종4품)의 처, 판관(종5품)의 첩, 직집현전(정6품)의 처, 현감(종6품)의 딸, 통사랑(정8품)의 처, 홍문정자(정9품)의 딸, 수문장(종6품~종9품)의 처, 권관(종9품)의 처, 권관의 딸, 참봉(종9품)의 처, 학생의 처, 학생의 딸, 士人의 처가 보인다. 중인의 처로 서원의 처 1명이 보이고, 군인의 처로서 정병의 처 1명이 보인다. 천민으로는 천녀, 사비, 기생이 보이고 첩이 보인다. 따라서 士人의 처가 가장 많은 비중을 차지하고 있음을 알 수 있다. 포상의 대상이 되는 신분은 양반의 처로부터 천민에 이르기까지 사회신분의 귀천, 고하를 막론하고 포상되었으나 열녀로 포상된 신분의 대부분은 사족의 처였음을 알 수 있다.

포상내용을 보면 정려, 정문만이 보일 뿐으로 26건(약 34%)에 불과하다.


## 5. 끝맺으며

지금까지 『성산지』의 편찬내용과 성주지역의 효자, 효녀 효부 그리고 열녀에 대하여 살펴보았다. 이제 그 내용을 요약함으로써 맺

음말에 대신하고자 한다.

『성산지』는 경상도 성주의 사찬읍지로서 동강 김우옹과 서천부원군 정곤수 등에 의해 처음 편찬이 시도되었다. 그리고 한강 정구가 수령으로 부임하면서 본격화되었으나 완성되지 못하였다. 그 후 현종 9년(1668)에 한강 정구의 제자 이원정에 의해서 재편찬이 시도되어 숙종 3년(1677)에야 바로소 편찬이 완성되어 간행하였다. 『성산지』는 충, 효, 열 등 교화적 성격을 강조한 읍지임을 알 수 있으며 그 서술내용이 아주 자세하고 풍부하다

『성산지』에 나와있는 조선시대 성주지역의 효자들의 사례유형을 보면, 부모 사후 여묘한 경우가 가장 많았다. 그 다음으로 단지 효행과 하늘이 효성 지극함에 감응한 경우이다. 특히 효감으로 물고기, 잉어, 쏘가리, 꿩, 메추라기, 노루, 비둘기, 산삼, 약수, 영지버섯, 홍시, 설순, 오리, 오소리, 샘물 등을 얻는 효감동천(孝感動天)의 다양한 사례가 주목된다.

효자들의 거주지와 가계배경이 분명하였다. 그리고 효자 가문에서 효자가 계속 나왔음을 알 수 있다. 효녀에 대한 기록은 1건에 불과하나 효부에 대한 기록은 7건으로 효부가 효녀보다 훨씬 많이 보여 주목된다.

효자들의 신분을 살펴보면 대부분 사족이 차지하고 있다. 그 밖에 수군과 사노가 보인다. 포상내용으로는 정문, 정려, 증직, 제수(除授), 사물(賜物), 제수와 정려, 복호, 정려와 증직 등이 보인다. 증직으로는 지평(정5품), 동몽교관이 주어졌음을 알 수 있다.

한편 성주지역의 열녀 사례들을 정리해 보면, 남편 사후 목매어 따라 죽은 경우가 가장 많았다. 그 다음으로 전쟁 때 절개를 지키

기 위해 자결하거나 살해된 경우이다. 신분이 밝혀진 열녀의 신분으로는 사족의 처로서 문정공 김우옹 후손의 처, 참판의 증손녀, 부사의 처, 만호의 처, 판관의 첩, 직집현전의 처, 현감의 여, 통사랑의 처, 홍문정자의 여, 수문장의 처, 권관의 처, 권관의 여, 참봉의 처, 학생의 처, 학생의 여, 사인人의 처가 보인다. 중인의 처로서 서원의 처 1명이 보이고, 군인의 처로서 정병의 처 1명이 보인다. 천민으로는 천녀, 사비, 기생이 보이고 첩이 있다. 따라서 士人의 처가 가장 많은 비중을 차지하고 있음을 알 수 있다. 포상내용으로는 정려, 정문 만이 보일 뿐이다.

  요컨대 『성산지』를 통하여 볼 때 성주지역은 재지사족의 영향력이 큰 지역으로 다른 지역에 비해 효자, 열녀사례가 매우 다양하고 풍부한 특성을 갖고 있었음을 알 수 있다.

제4장

# 효행설화에서 호랑이의
# 트릭스터적 상징

### 김 기 호
(영남대학교 교수)

# 1. 글의 시작

효행설화는 '효의 주체인 주인공이 어려운 환경에서 부모님을 지극한 정성으로 잘 섬기는 것에 관한 이야기'이다. 이 때 주인공은 대체로 효자 혹은 효부이다. 효자는 부모를 잘 섬기는 아들이다. 그리고 효부는 '지극한 정성과 헌신적인 봉사로 시부모를 공경하고 몸가짐을 가지런히 하여 시부모의 뜻을 받드는 며느리'이다. 효행설화는 이른 시기의 기록인 『삼국사기』의 향덕과 성각, 그리고 지은의 이야기에서, 『삼국유사』의 손순의 이야기에서 그 모습을 확인 가능하다. 효행설화는 기록된 자료뿐만 아니라 구비전승 이야기 중에서도 뚜렷한 유형을 이루며 전승되고 있다.

구비전승 되는 효행 설화 중에는 호랑이가 등장하는 이야기가 있어 주목을 끈다. 호랑이가 등장하는 효행설화를 그레마스의 행위소 모델에 따라 분절하며, 주체(subject)는 효자 혹은 효부이다. 대상(object)은 효이다. 조력자(adjuvant)는 호랑이이다. 반대자(opposant)는 시묘살이와 관련한 짐승들이기는 하지만 대체로 환경과 관련한 인간의 운명적 조건이 된다. 발신자(Destinateur)는 부재(absence)하는 것으로 보이지만 추단을 하면 천명(天命)이라 할 수 있다. 수신자(Destinataire)는 주체인 효자 혹은 효부이기도 하지만 효자 혹은 효부가 속한 공동체의 구성원들일 수 있다. 6개의 행위항들의 상호관계 중 발신자(천명)→주체(효자 혹은 효부)→수신자(효자 혹은 효부)의 관계는 정보의 흐름을 나타낸다. 주체(효자 혹은 효부)→대상(효)의 관계는 욕망의 관계이다. 조력자(호랑이)←반대자(운명)의 관계는 도움을 주는 자와 방해를 하는 자로 대립의 관계이다.

호랑이가 등장하는 효행설화가 특징적인 것은 조력자인 호랑이에게 부여된 역할과 정체성이 예사롭지 않기 때문이다. 예사롭지 않다는 것은 첫째 이야기의 주인공은 효자와 효부임에도 불구하여 이야기의 사건을 주도하는 인물이 호랑이이기 때문이다. 둘째 호랑이가 주도하는 사건은 역전의 결과를 낳는다는 점이다. 혼란에서 질서로 결핍에서 충족으로 사건이 역전되기 때문이다. 셋째 호랑이를 구성하는 정체성은 이중적이다. 왜냐하면 호랑이는 신도 인간도 아닌 경계의 정체성을 띠면서 신의 입장에서 보면 신의 사자가 되고 인간의 입장에서 보면 인간을 돕는 구원자이기 때문이다. 넷째 호랑이의 역할과 정체성이 보인 독특함(unique)은 그 자체가 매우 창의적이다. 왜냐하면 효자 혹은 효부가 그렇지 않으면 얻을 수 없는 새로운 대상으로서 효를 획득하기 때문이다.

호랑이의 관점에서 효행설화를 분석한다는 것은 먼저 효행설화에서 호랑이의 정체가 무엇인지를 이해하는 작업이 된다. 둘째 호랑이의 역할이 사실은 단순한 원조가 아니라 대단히 창조적인 행위임을 이해하는 일이 된다. 마지막으로 호랑이의 정체와 창조적 역할을 이해하는 작업은 효자 혹은 효행 설화가 궁극적으로 지향하는 것이 무엇인지를 이해하는 데 도움이 된다는 것을 의미한다. 이러한 분석 작업을 위해서 이어지는 장에서는 먼저 호랑이가 등장하는 효행설화를 대상으로 한 효행설화의 구조를 분석한다. 그리고 이어지는 장에서는 효행 설화의 웃음미학과 주제를 살핀다. 마지막으로는 호랑이 등장 효행설화에서 완전원만[wholeness]한 효행의 개념을 생성하기 위한 호랑이의 매개자로서의 창조적 역할과 그것의 상징성을 밝히기로 한다.

## 2. 효자 · 효부의 호랑이 이야기 구조

호랑이 이야기들 중에는 호랑이가 무욕의 존재로 출현해서 선의의 트릭을 부려 주인공의 효행을 만천하에 드러내는 이야기들이 있다. 여기에 속하는 이야기들은 크게 두 유형으로 나뉜다. 하나는 주인공이 효자인 경우의 이야기이다. 다른 하나는 주인공이 효부인 경우의 이야기이다. 본 장에서는 효자 혹은 효부가 효행을 하는 이야기이면서 효자 혹은 효부의 효행을 만천하에 드러내기 위해 호랑이가 트릭을 부리는 이야기를 대상으로 한다. 이들 이야기들을 대상으로 하여 개별 서사구조를 분석하고 이를 기반으로 이들 개별 구조를 수렴하는 일반구조를 밝히고자 한다.

먼저 호랑이가 그렇지 않으면 묻히고 말았을 효를 드러내는 이야기들 중 효자의 이야기를 대상으로 분석한다. 효자는 기본적으로 부모를 잘 섬기는 아들이다. 이야기에서 호랑이가 효자를 만날 때, 호랑이는 효자를 보호하는 역할을 한다. 대체로 삼 년 시묘를 사는 상주를 다른 짐승들로부터 지켜주는 일을 한다. 그리고 난 다음 호랑이는 상주의 효를 세상에 알리기 위해 교묘한 트릭을 쓴다. 그리고 마침내 상주의 효를 세상에 알린다. 이러한 유형에 속하는 효자 이야기들의 개별 구조를 수렴하는 일반구조는 다음과 같다.

Ⅰ. 호랑이가 위험에 처한 효자를 돕고자 한다.(L. 결여)
Ⅱ. 호랑이가 시묘를 사는 효자를 지켜준다.(H. 도움)
Ⅲ. 호랑이가 효자의 효를 세상에 알리기 위해 함정에 들어간다.(T. 트릭)
Ⅳ. 호랑이가 효자의 효를 세상에 알리고 상을 받게 한다.(LL. 충족)

일반구조를 정의를 중심으로 표현하면 '결여(L)-도움(H)-트릭(T)-충족(LL)'으로 나타낼 수 있다. 이 일반구조는 개별 이야기들의 구조들을 통해 도출된 것이다. 15개의 이야기들을 대상으로 분석한 개별 구조들을 제시하면 표1과 같다.

표1. 호랑이와 효자 이야기군의 개별 구조

| 연번 | 작 품 명 | Ⅰ<br>L | Ⅱ<br>H | Ⅲ<br>T | Ⅳ<br>LL | 출전 |
|---|---|---|---|---|---|---|
| 01 | 나귀목에 방울달기 | ○ | ○ | ○ | ○ | 유증선(1971) |
| 02 | 효자와 호랑이 이야기 | ○ | ○ | ○ | ○ | 김광순(1982) |
| 03 | 효자와 호랑이 | ○ | ○ | ○ | ○ | 임석재(2) |
| 04 | 박란계와 호랑이 | ○ | ○ | ○ | ○ | 임석재(6) |
| 05 | 시묘살이와 호랑이 | ○ | ○ | ○ | ○ | 임석재(9) |
| 06 | 시묘살이 하는 사람과 호랑이 | ○ | ○ | ○ | ○ | 임석재(10) |
| 07 | 시묘살이 도와준 호랑이 | ○ | ○ | ○ | ○ | 대계(2-1) |
| 08 | 호랑이를 구한 엄효자 | ○ | ○ | ○ | ○ | 대계(2-8) |
| 09 | 호랑이 친구 구해준 엄효자 | ○ | ○ | ○ | ○ | 대계(2-9) |
| 10 | 구가네 호랑이 | ○ | ○ | ○ | ○ | 대계(5-2) |
| 11 | 시묘와 호랑이 | ○ | ○ | ○ | ○ | 대계(6-1) |

| 12 | 호랑이와 함께 시묘산 보성 오씨 | ○ | ○ | ○ | ○ | 대계(6-10) |
| 13 | 호랑이 등을 탄 효자 | ○ | ○ | ○ | ○ | 대계(6-10) |
| 14 | 서가장 신효자와 호랑이 | ○ | ○ | ○ | ○ | 대계(8-7) |
| 15 | 효자와 호랑이 | ○ | ○ | ○ | ○ | 대계(8-11) |
| 계 | | 15 | 15 | 15 | 15 | |

표1의 연번은 각 개별 이야기의 번호를 나타낸다. 각 개별 이야기의 번호를 중심으로 하여 가로로 제시된 것은 작품명, 그 작품의 순차적 구조, 그 작품의 출전이다. 여기서 각 작품의 구조를 보면 15개의 이야기 모두가 '결여(L)-도움(H)-트릭(T)-충족(LL)'으로 구조화 되어 있음을 알 수 있다. 개별 이야기의 구조와 일반구조가 서로 일치한다. 이러한 사실은 호랑이 등장의 효자 이야기의 순차적 구조가 화자들의 심층 의식 속에 안정화 되어 있다는 것을 의미한다. 화자의 의식 속에 호랑이가 등장하는 효행설화의 구조가 안정화되어 있다는 것은 화자의 창조적 변이성을 강하게 제약하고 지배한다는 것을 의미한다. 이처럼 화자의 창조적 변이 가능성에 대한 일반구조의 강한 제약은 호랑이가 등장하는 효자 이야기의 풍부한 변이를 막는 결과를 낳았다.

다음으로 호랑이가 효를 드러내는 이야기들 중 효부(孝婦)의 이야기가 또한 대표적이다. 효부는 '지극한 정성과 헌신적인 봉사로 시부모를 공경하고 몸가짐을 가지런히 하여 시부모의 뜻을 받드는 며느리'이다. 호랑이는 효부의 효행을 세상에 알리기 위한 방법으로 스스로 함정에 들어간다. 그리고 이러한 행위를 통해서 세상 사람들이 며느리의 효행을 알 수 있도록 만든다. 이 유형에 속하는 효부 이야기들의 개별 구조를 수렴하는 일반구조를 제시하면 다음과 같다.

Ⅰ. 호랑이가 위기에 처한 효부를 돕고자 한다.(L. 결여)

Ⅱ. 호랑이가 효부를 이동시켜준다.(H. 도움)

Ⅲ. 호랑이가 효부의 효를 세상에 알리기 위해 함정에 들어간
다.(T. 트릭)

Ⅳ. 호랑이가 효부의 효를 세상에 알린다.(LL. 충족)


일반구조를 정의를 중심으로 표현하면 '결여(L)-도움(H)-트릭(T)-
충족(LL)'으로 나타낼 수 있다. 이 일반구조는 개별 이야기들의 구
조들을 통해 도출된 것이다. 14개의 이야기들을 대상으로 분석한
개별 구조들을 제시하면 표2와 같다.


표2. 호랑이와 효부 이야기군의 개별 구조

| 연번 | 작품 명 | Ⅰ<br>L | Ⅱ<br>H | Ⅲ<br>T | Ⅳ<br>LL | 출전 |
|---|---|---|---|---|---|---|
| 16 | 열녀 임씨를 도운 호랑이 | ○ | ○ | ○ | ○ | 김정호(1987) |
| 17 | 호랑이가 도와준 수절 과부 | ○ | ○ | ○ | ○ | 대계(3-2) |
| 18 | 호랑이도 감동한 효부 | ○ | ○ | ○ | ○ | 대계(4-1) |
| 19 | 열녀와 호랑이 | ○ | ○ | ○ | ○ | 대계(4-3) |
| 20 | 호랑이와 열녀 | ○ | ○ | ○ | ○ | 대계(5-4) |
| 21 | 호랑이와 열녀 | ○ | ○ | ○ | ○ | 대계(5-4) |
| 22 | 효부와 호랑이 | ○ | ○ | × | ○ | 대계(6-3) |
| 23 | 호랑이가 도와준 효부 | ○ | ○ | ○ | ○ | 대계(6-5) |
| 24 | 열녀를 도와준 호랑이 | ○ | ○ | ○ | ○ | 대계(6-12) |
| 25 | 효성 많은 며느리와 호랑이 | ○ | ○ | ○ | ○ | 대계(7-6) |
| 26 | 호랑이도 감동한 며느리의 효성 | ○ | ○ | ○ | ○ | 대계(7-8) |
| 27 | 효부와 호랑이 | ○ | ○ | ○ | ○ | 대계(7-16) |
| 28 | 효부 며느리와 …… | ○ | ○ | ○ | ○ | 대계(7-18) |
| 29 | 열녀와 호랑이 | ○ | ○ | ○ | ○ | 대계(9-1) |
| 계 | | 14 | 14 | 13 | 14 | |

표2의 연번은 각 개별 이야기의 고유 번호를 나타낸다. 각 개별

이야기의 번호를 중심으로 하여 가로로 제시된 것은 작품명, 그 작품의 순차적 구조, 그 작품의 출전이다. 한편 이야기 구조에서 세로축은 동일한 의미의 모티핌이 되는 은유의 축이다. 말하자면 서로 대체 가능한 개념들의 축이다. 가로축은 상호 순차적·계기적 관계에 따라 연결되는 환유의 축이다. 환유의 축에서는 모티핌 사이에 상호 대체가 불가능하다. 여기서 각 작품의 구조를 보면 14개의 이야기 모두가 '결여(L)-도움(H)-트릭(T)-충족(LL)'으로 구조화 되어 있음을 확인할 수 있다. 다만 연번 22번 <효부와 호랑이> 이야기의 트릭(T) 모티핌만이 생략되어 있을 뿐이다. '호랑이와 효자' 이야기에서와 마찬가지로 개별 이야기의 구조와 일반구조가 서로 상당한 수준에서 일치한다. 이러한 사실 또한 '호랑이와 효부' 이야기의 일반구조가 화자들의 의식 속에 안정화 되어 있다는 것을 의미한다. 이러한 구조의 안정화는 화자의 창조적 변이성을 강하게 제약하기 때문에 나타난 결과이다.

호랑이를 통해 주인공의 효행을 서사화한 혹은 사건화한 이야기들은 이와 같이 동일하게 호랑이의 성공한 트릭의 구조로 나타난다. 이 구조를 정의 중심으로 표현하면 '결여(L)-도움(H)-트릭(T)-충족(LL)'으로 나타난다. 이 구조를 통해 심층 구조에서 표층 구조로 산출되는 사건 표상화의 두 가지 원리를 확인할 수 있다. 하나는 트릭을 통한 지적이고 물리적인 경쟁의 원리이다. 이 원리를 통해 트릭은 반복적으로 구조화된다. 다른 하나는 트릭을 통해 승리를 가름하는 원리이다. 이 원리를 통해 초기의 결여는 충족된다. 위의 경쟁의 원리와 승패 가름의 원리를 통해 구조화된 이야기들은 이와 같이 하나의 유형으로 갈무리 된다. 따라서 구조의 관점에서 볼 때 호랑이 등장 효행 이야기의 보편구조는 '결여(L)-도움(H)-트릭(T)-충족(LL)'이며, 이 구조의 주요한 작용 원리는 트릭을 통한 경쟁원리와 승패가름의 원리이라고 말을 할 수 있다.


## 3. 진지한 웃음과 호랑이의 매개화

호랑이가 등장하는 효행 이야기가 유발하는 것 가운데 가장 이해하기 어려운 행태가 진지한 웃음이다. 이것은 상호 모순된 어법이다. 진지와 웃음은 함께 공존할 수 없는 감정이다. 그러나 이 유형의 이야기는 이 두 감정을 공존하게 한다. 본 장에서는 이같이 모순적인 웃음의 감정을 유발하는 과정에 대해서 알아보고자 한다.

먼저 일반구조인 '결여(L)-도움(H)-트릭(T)-충족(LL)'로부터 논의를 출발하기로 한다. 결여(L)에서는 호랑이가 등장하여야만 하는 어떤 해결 불가능한 상황이 설정되어 있다. 가령 신의 명을 수행해야 한다든지, 귀한 사람이 위험에 처한다든지, 공동체의 선이 위기에 처한다든지, 불의가 정의를 제어한다든지 하는 경우이다. 이러한 상황 설정은 대단히 진지한 감정을 불러일으킨다.

트릭(T)에서는 불가능을 가능케 하는 호랑이의 행위에 대해 이야기한다. 그리고 이러한 기적은 경이로움과 함께 때로는 신성함을 불러일으킨다. 소명의 수행에서 신을 속이는 것, 죽을 수밖에 없는 사람을 위기에서 구하는 것, 위기에 처한 공동체 선을 회복하는 것, 패배할 수밖에 없어 보이던 정의를 구원하는 것 등은 일상의 삶의 논리로서는 불가능하다. 그러나 일상의 논리를 초월한 논리만이 이들을 가능하게 한다. 호랑이는 이러한 초논리를 연출할 수 있고 연출하고 있다. 그리고 이러한 행위가 진지함과 경이로움을 불러일으킨다.

호랑이가 연출하는 초논리는 트릭이다. 그는 트릭을 통해 불가능을 가능하게 한다. 신을 속이기 위해, 사람을 살리기 위해, 공동체 선을 위해, 불의의 제거를 위해 트릭을 쓴다. 이처럼 불가능을 가능하게 하는 초논리로서 트릭은 변신과 변장, 술책과 같은 것을 사용함으로써 오히려 코믹한 장면을 연출한다. 그리고 이러한 장면은 오락적 반응을 위해 이성의 균형을 잃게 한다. 그리고 이것으로 인해 웃음이 발생한다. 따라서 트릭에서는 진지한 웃음이 유발된다. 이것은 모순된 감정의 표현으로써 호랑이가 등장하는 효행설화가 산출하는 가장 받아들이기 어려운 감정이다. 이 유형에 속하는 구조들의 변이는 모두 이러한 감정을 산출하는 데 집중하는 듯하다. 왜냐하면 일반구조인 '결여(L)-도움(H)-트릭(T)-충족(LL)'의 변이들이 대부분 트릭(T) 모티핌에서 나타나고 있기 때문이다.

충족(LL)에서는 초기 결여에서 발생했던 긴장감이 해소된다. 아울러 모든 결과가 충족된다. 이것은 행복한 희극적 결말이다. 따라서 감정의 선 또한 경이로움과 행복감이 교차하면서 끝을 맺는다.

트릭을 중심으로 한 구조의 웃음 유발과 그 성격에 대해서 알아보기로 한다. 먼저 호랑이와 효자가 등장하는 이야기들의 웃음에 대해 살펴본다. 이 유형의 일반구조를 다시 한 번 제시하면 다음과 같다.

Ⅰ. 호랑이가 위험에 처한 효자를 돕고자 한다.(L. 결여)
Ⅱ. 호랑이가 시묘를 사는 효자를 지켜준다.(H. 도움)

Ⅲ. 호랑이가 효자의 효를 세상에 알리기 위해 함정에 들어간다.(T. 트릭)

Ⅳ. 호랑이가 효자의 효를 세상에 알리고 상을 받게 한다.(LL. 충족)

결여(L)는 시묘살이를 하는 효자가 밤 짐승들에게 노출되고, 따라서 그러한 위험으로부터 효자를 보호하기 위해 호랑이가 등장하는 내용으로 되어 있다. 이러한 '결여'의 상황이 명시적으로 나타나는 것도 있고 그렇지 않은 것도 있다. 여기서 어떤 경우든 이야기의 맥락 속에 결여(L)의 상황은 명백히 암시되어 있다. 여기서 중요한 점은 호랑이가 처음부터 효의 고귀한 가치를 인식하고 있다는 점이다. 그렇기 때문에 이어지는 내용에서 호랑이가 효자를 돕고 지지할 것이라는 기대를 가지게 한다.

도움(H)은 이러한 기대가 일차적으로 실현되는 부분이다. 호랑이가 효자를 위해 밤새 옆에 있어주어 위험한 밤 짐승들의 접근을 막는다. 또는 효자가 이동할 때 그를 태우고 다닌다. 이런 행위를 시묘살이가 끝날 때까지 한다. 그러나 도움(H)의 행위 속에는 어떠한 트릭도 나타나지 않는다. 이 경우 호랑이는 신성한 원조자의 형상으로 그려진다. 따라서 도움(H)만으로는 호랑이가 등장한다 해도 트릭스터에 관한 이야기라기에는 부족한 점이 있다. 왜냐하면 도움(H)의 행위 속에는 트릭스터로서의 자질이 확인되지 않기 때문이다.

트릭(T)은 호랑이가 효자를 돕고 지지할 것이라는 기대가 이차적으로 실현되는 부분이다. 그러나 그것의 실현 양상은 앞서의 기대 실현 양상과는 아주 다른 모습을 보여준다. 호랑이는 트릭스터다운 자질을 유감없이 발휘한다. 그것은 효자의 효를 세상에 알리기 위해 고의로 사람들이 파놓은 함정에 빠지는 행위를 통해 보여준다. 그가 함정에 빠진 후 사건은 다음과 같이 전개된다. 다음 자료는 <시묘와 호랑이>이다.26)

1. 상주의 꿈에 호랑이가 나타나서 함정에 빠졌으므로 구해 달라고 한다.
2. 그가 함정에 도착하자 사냥꾼들이 호랑이를 잡기 위해 총에 불을 붙이고 있다.
3. 그가 사람들에게 자기 호랑이라고 잡지 못하게 한다.
4. 사람들이 그에게 그것을 증명해 보라고 한다.
5. 그가 호랑이에게 다가가자 호랑이가 눈물을 흘리며 혓바닥으로 그를 핥는다.
6. 그가 호랑이를 데리고 밖으로 나온다.

이 내용에서 호랑이는 함정에 빠진 상주의 꿈에 나타나 구해 달라고 한다. 상주가 나타나자 애정의 표시를 해서 상주로 하여금 그를 구할 수 있는 상황을 만든다. 그러나 트릭스터로서 호랑이의 행위를 이해하기 위해서는 이면에 숨어 있는 그의 의도를 읽어내야 한다. 그것은 효자의 효를 세상에 알리는 것이다. 호랑이가 이것을 구체화하기 위해 각본을 짰다면 스스로 함정에 빠져서 많은 사람들이 모인 가운데 상주가 극적으로 나타나도록 시간을 정하고, 마지막으로 상주가 나타나면 애정표시의 연기를 한다는 정도였을 것이

---

26) 『한국구비문학대계』 6-1, 609-611쪽.

다. 실제로 호랑이는 각본에 따라 하듯이 이러한 행동을 한다.

충족(LL)은 호랑이 행위의 결과로서 효자가 나라로부터 표창을 받는 내용이다. 지극히 행복한 희극적 결말이다. 이 결말을 통해 트릭(T)에서 보인 행위의 의도가 무엇이었는지 새삼 확인할 수 있다. 그것은 효자의 효를 세상에 알리고 인정을 받도록 하는 것이다.

이제 트릭(T)이 조성하는 감정 선에 대해 알아보기로 한다. 여기서 호랑이는 상주의 꿈에 나타나 구해 달라 한다. 다소의 어려움은 있었지만 결국 구조를 받는다. 이러한 사건의 진행에는 다분히 긴장감의 조성과 그것의 해소라는 감정 선이 형성된다. 그러나 트릭스터로서 호랑이의 행위를 이해한다면, 이 사건은 긴장이 아닌 즐거움을 제공하고 있다는 것을 알 수 있다. 호랑이가 함정에 빠진다. 상주에게 현몽을 해 구해 달라고 한다. 상주를 보고 많은 사람들 앞에서 눈물을 흘린다. 이 모두는 그의 트릭이기 때문이다. 이것은 사실을 가장한 거짓이고 호랑이 자신을 제외한 모든 사람을 향해 걸었던 트릭이다. 그의 트릭이 사람들을 보기 좋게 속여 넘길 때 그것은 코믹한 장면을 연출한다. 그리고 그 의도가 선하기 때문에 웃음을 제공한다. 그러나 그의 성격이 처음부터 신성성을 띠고 있었고 문제 또한 심각하기 때문에 이 웃음은 경이와 감탄의 성격을 띤 진지한 것이 된다.

의도가 선한 트릭을 통한 웃음은 '호랑이와 효부' 이야기들에서도 발견된다. 자료 <열녀와 호랑이>를 제시한다.[27]

7. 그녀가 꿈에 포수들에 의해 죽게 된 호랑이를 보았다.

---

27) 『한국구비문학대계』 4-3, 535-541쪽.

8. 그녀가 산신령을 살려야 된다고 하면서 꿈에 본 장소로 찾아갔다.

9. 그녀가 그곳에 가서 산신령은 내 산신령이므로 잡아가서는 안 된다고 소리를 쳤다.

10. 그녀가 호랑이가 있는 함정 속으로 뛰어 들어 가서 호랑이를 얼싸 안았다.

11. 포수들이 상금을 탈 수 없게 되자 군수한테 사정을 알리는 파발을 띄웠다.

12. 군수가 여자에게 호랑이를 데리고 군수가 있는 곳으로 오라고 했다.

13. 그녀가 호랑이를 타고 군수가 있는 곳으로 갔다.

14. 군수가 호랑이를 살려 보내고 열녀라고 인정했다.

15. 군수가 열녀는 손이 귀한 집안에서 나온다고 하면서 열녀비를 세웠다.

16. 열녀비가 있던 그 자리가 지금은 황폐하게 되었다고 한다.


이것 또한 사실을 가장한 거짓이고 호랑이 자신을 제외한 모든 사람을 향해 걸었던 트릭이다. 그가 함정에 빠지고 열녀를 향해 함정 안에서 깊은 애정을 나타내 보이고, 모든 사람이 지켜보는 앞에서 열녀를 태우고 나타난다. 이 모든 행위는 그의 의도를 실현하기 위한 선의의 트릭이며, 이러한 기상천외한 트릭이 사실을 가장한 거짓임을 간파한 자에게는 웃음을 제공한다. 그러나 이 웃음은 당면한 문제의 성격 때문에 진지한 것이 될 수밖에 없다.

구조를 통하여 웃음의 유발과 그 성격에 대해 알아보았다. 그리고 구조에서 웃음의 유발은 트릭(T)을 통해 이루어지고 있음을 확인했다. 그리고 트릭(T)이 유발하는 웃음은 진지하면서도 유쾌한 성격을 띠고 있음도 확인하였다.

트릭(T)의 구조가 진지한 웃음의 오락을 제공하는 것뿐만 아니라 트릭스터와 관련한 또 다른 주제의 의도를 실현시키고 있다고 본다. 따라서 트릭(T) 구조에 내포된 웃음의 의도를 분석함으로써 트릭의 구조가 실현하고 있는 주제적 의미를 구명할 필요가 있다.

이들 주제가 대상으로 삼는 것은 운명과 가치, 그리고 때로는 정의에 대한 매개이다. 먼저 운명의 매개에 대한 호랑이의 역할을 살펴본다. 해당 자료는 <어머니를 해치려는 호랑이를 물리친 아들>이다.28)

17. 성은 고 씨이고 이름은 소코리라는 사람이 어려서부터 새총을 쏘는 연습만 했다.

18. 그가 나이 스물이 되자 새총과 총을 장만해서 여기저기 다니면서 사냥을 했다.

19. 그가 어느 날 저물어 잘 곳을 찾던 중 예쁜 아가씨가 혼자 사는 초가집에 들렀다.

20. 처녀가 그를 위해서 알 수 없는 많은 뿌리를 장만해서 밥을 해 주었다.

21. 그는 다음날 일어나 아침밥을 얻어먹지 않으려고 일부러 일찍 집을 나섰다.

22. 그 집이 순식간에 사라졌다.

23. 호랑이들이 높은 고갯마루의 중간에 모여서 춤을 추면서 놀고

---

28) 『한국구비문학대계』 5-3, 410-415쪽.

있었다.

24. 그가 그 장면을 보다가 그들을 좀 더 자세히 관찰을 했다.

25. 사람 소리를 내는 어떤 존재가 호랑이들에게 가서 먹어야 할 것을 지시했다.

26. 그 존재가 마지막으로 어느 호랑이에게 소쿠리 어머니를 꾀어 오게 했다.

27. 그가 그 명을 받은 호랑이의 뒤를 쫓아갔다.

28. 그 임무를 띤 호랑이가 재주를 넘어서 중으로 변신을 했다.

29. 중이 송낙을 쓰고 장삼을 입고 바랑을 지고 목탁을 들고 지팡이를 짚고 길을 갔다.

30. 그가 총을 메고 중의 뒤를 따라가서 잘 대접해 드릴 테니 그냥 돌아가라고 했다.

31. 중이 눈물을 흘리면서 내가 여기 온 것은 내 뜻이 아니라고 했다.

32. 중이 자기가 여기에 온 것은 산신의 명령을 쫓아서 온 것이라고 했다.

33. 중이 도로 돌아가겠으니 걱정하지 말라고 그에게 말했다.

34. 그가 중에게 개를 한 마리 대접했다.

35. 중이 돌아가면서 요기는 잘 하겠으나 산신님께 할 말이 없어졌다고 했다.

36. 그의 어머니가 그 시간에 죽을 운명으로 병이 들어 누웠다.

37. 아들 덕택에 호식될 팔자를 모면했다.


이 이야기의 주된 내용은 아들의 효심으로 어머니가 호식당할 운명을 모면한 것이다. 그리고 이 내용의 교훈은 아들의 효심이라 볼 수 있다. 이렇게 보면 이 이야기는 매우 뚜렷하게 드러나는 교훈적 이야기라 하겠다. 그러나 트릭스터 이야기로서 이것이 형상화하고 있는 주제적 의미는 그리 단순하지가 않다.

7의 내용은 호랑이들이 고갯마루의 중간에 모여서 춤을 추고 있다고 했다. 그리고 9에서는 사람 소리를 내는 어떤 존재의 목소리가 있다고 했다. 16에서 호랑이 입으로 밝혔듯이 그 존재의 명명은 산신이다. 이들 내용은 호랑이가 신의 세계에 속한다는 것을 의미한다. 9에서 산신이 춤을 추고 있는 호랑이들에게 차례로 무엇인가 먹어야 할 것을 지시한다. 이것은 호랑이가 산신의 하위 존재이자 그의 심부름꾼임을 의미한다. 10에서 산신이 문제의 호랑이에게 소쿠리 어머니를 꾀어 오게 한다. 이것은 소쿠리 어머니의 운명은 이미 산신에 의해 정해져 있었고, 호랑이는 산신의 뜻을 받들어 실행하는 자임을 나타낸다. 달리 말하면 신의 사자(使者)이다.

12와 13에서 호랑이는 중으로 변신하여 중의 복장을 한다. 그는 이제 인간의 세계에 속한다. 그는 인간의 세계에서 인간의 입장을 대변한다. 15와 16에서 그는 신과 인간의 중간에서 고뇌하는 모습을 보여준다. 그러나 결국 그는 인간의 세계에서 인간의 입장을 지지한다. 17의 내용이 그것이다. 그는 이제 확고하게 인간을 위한 존재가 된다. 하지만 19에서는 여전히 자신의 존재가 인간이 아님을 의식하고 번민하는 모습을 반복해서 보여준다. 하지만 끝내는 인간의 세계에서 인간을 지지한다. 그 결과 신의 명령을 거역하고 신의 뜻에 따른 인간 운명의 결정을 수행하지 않는다.

그는 신의 사자이면서 동시에 인간을 위해 일을 하는 반신·반인의 존재로서의 모습을 보여준다. 신의 사자로서 그가 신의 소명을 받고 신과 인간의 교량 역할을 한다면, 인간을 위한 존재로서 그는 인간의 의지를 존중하고, 신의 뜻을 저버린다. 이것은 그가 중간자·매개자로서의 이중적 성격을 지닌 존재임을 뜻한다. 이러한 이중적 성격은 신과 인간의 수직적 관계에 있어 중간을 잇는 즉, 두 대립된 항을 잇는 매개자의 역할을 한다. 이 매개자에 의해서만이 인간은 신과 수직적 관계를 맺을 수 있다.

16에서 호랑이는 자기가 인간의 세계에 온 것은 산신의 명령 때문이라고 하면서 신의 뜻을 수행한다. 17에서는 그냥 돌아가겠으니 걱정하지 말라고 해서 인간의 뜻을 따르고 있다. 이처럼 그는 신의 뜻과 인간의 뜻을 동시에 수행함으로써 중간자로서 양쪽을 매개하는 역할을 한다. 이처럼 호랑이를 통해 효를 사건화 한 이야기의 구조가 실현하고 있는 하나의 주된 주제적 의도는 트릭스터의 이러한 매개의 역할에 있다고 본다. 그리고 그가 이러한 매개의 역할을 위해 사용하는 방법이 트릭이다.

한편 가치와 관련해서도 호랑이는 매개의 역할을 한다. 이와 관련한 대표적인 이야기로 <시묘살이와 호랑이> 이야기를 살핀다.[29]

38. 돈지라는 곳에 사는 사람이 부친이 돌아가시자 천막을 치고 시묘를 살았다.
39. 호랑이가 시묘살이 첫날부터 마지막 날까지 밤이면 와서 그를 지켜주었다.
40. 상주는 시묘살이 마지막 날 밤에 호랑이가 나타나 살려달라고 하는 꿈을 꾸었다.

---

29) 임석재, 『한국구전설화』 9, 평민사, 1990, 117쪽.

41. 상주는 배를 타고 호랑이가 일러준 장소로 갔다.

42. 호랑이가 함정에 빠져 있고 사냥꾼이 총을 막 쏘려 하고 있었다.

43. 상주는 뛰어가서 총을 쏘는 것을 막고는 자기의 호랑이니 돌려 달라고 했다.

44. 사람들이 증명하라고 하자 상주는 함정 속으로 들어갈 수 있게 해 달라고 했다.

45. 호랑이는 상주를 보고 눈물을 흘리면서 혓바닥으로 상주를 핥 았다.

46. 호랑이는 상주를 따라 함정에서 나왔다.

47. 호랑이는 상주와 함께 가다가 산 중 좁은 계곡에서 사라졌다.

48. 진도에서는 그 사람을 효자라 해서 모두 다 안다고 했다.


이 이야기는 지극한 효심을 지닌 사람을 호랑이가 도와주었다는 것을 주된 내용으로 하고 있다. 그리고 이 내용을 통해 어떤 관념적 교훈을 이야기하자면 그것은 효성이 지극하면 호랑이도 도와준다는 효심에 관한 것이다. 그러나 트릭스터의 이야기로 관점을 달리해서 본다면 그리 간단하지가 않다.

1은 부친이 돌아가시고 아들이 삼 년 시묘를 산다고 했다. 삼 년 시묘는 현재의 효이며 현재의 효는 이전의 효를 전제로 한다. 부친이 살아 계실 때의 효는 가장 이상적인 효이었으므로 가장 충만한 효의 정신을 의미한다. 그리고 충만한 효의 정신은 부친이 돌아가신 현재에도 삼 년 시묘로 지속된다. 그러나 현재의 충만한 효의 정신이 환경에 의해 위기 상황에 빠진다. 왜냐하면 시묘를 하는 효자가 사나운 산짐승에 노출되어 있기 때문이다. 이러한 위기의 전이 과정에 호랑이가 나타난다. 2의 내용은 호랑이가 3년 동안 한 번도 거르지 않고 효자를 지켜주었다고 한다. 이것은 정상에서 위기를 거쳐 다시 정상으로 전이되는 과정에서 호랑이가 이 과정을 가능하게 했음을 의미한다. 이처럼 이쪽에서 저쪽으로 전이 과정을 가능하게 하는 것을 매개라 할 때 호랑이는 이러한 매개의 역할을 수행하고 있다.

3부터 10까지에서 호랑이는 보다 고차원적인 매개의 역할을 수행하고 있다. 3에서 10까지의 행위의 결과는 진도에서 그 사람을 효자라고 부르는 것이다. 호랑이는 숨겨진 효를 어떠한 역할을 통해 드러난 효로 만들고자 한다. 이것은 한 개인의 효를 사회의 효로 확대하고자 하는 의도이다. 삼 년 시묘의 효는 가장 충만한 효의 정신이라 할 수 있다. 그러나 이 효는 숨겨진 효이자 개인의 효이다. 숨겨진 효를 드러난 효로 개인의 효를 사회의 효로 전이시키기 위해서는 반드시 전이의 과정과 전이의 주체가 있어야 한다. 여기에서는 호랑이가 이 역할을 담당한다. 그리고 이러한 역할의 수행을 위해 그는 두 끝을 매개하는 논리인 트릭이라는 방법을 쓴다. 이 방법은 달리 말하면 매개의 논리인 것이다.

그는 의도적으로 함정에 빠진다. 그리고 상주의 꿈에 나타나 그를 함정으로 불러들인다. 그리고 그는 많은 사람들이 보는 앞에서 고의로 눈물을 흘린다. 이러한 행위는 사실을 가장한 트릭이다. 그는 이 트릭을 전이의 논리로 삼아 개인의 효를 사회의 효로 전이시키는 데 성공한다. 이렇게 보면 그는 트릭이라는 전이의 논리를 자유자재로 구사하는 매개자임에 틀림없다.

지금까지 진지한 웃음이 트릭스터의 행위에 대해 어떠한 주제적 의도를 내포하고 있는지 살펴보았다. 이상의 논의를 통해 볼 때 이러한 웃음이 가치, 정의, 운명에 대한 트릭스터 호랑이의 매개 역할을 겨냥하고 있다는 점을 확인할 수 있었다.

본 장에서는 유형에 따른 트릭스터 호랑이 이야기의 웃음과 주제를 살펴보았다. 그러나 이들이 인간에 대한 것인지 동물에 대한 것인지 묻는 것은 의미가 없다고 본다. 이것은 인간 내면에 대한 것이기 때문이다. 이와 관련해서 M. Franz는 '동물은 인간의 심리적 요소의 투사를 싣고 나르는 자'라고 했다.[30] 그의 말은 호랑이는 인간의 내면을 상징한다는 것이다. 이것을 근거로 삼을 때 트릭스터 호랑이에서 유발되는 웃음은 인간 내면에 대한 웃음이며, 이것의 주제는 인간 내면에 대한 주제이다. 그리고 그것은 인간 내면에 대한 계몽이자 통찰이라 할 수 있다.


## 4. 아동발달의 관점에서 본 호랑이의 상징

호랑이와 효자의 이야기, 호랑이와 효부의 이야기 등의 한 주제인 트릭스터의 가치, 정의, 운명 등에 대한 매개화는 청년기를 앞둔 아동들이 그들의 내면적·사회적·우주론적 모순을 풀기 위해 고뇌한 인식론적 산물이 아닌가 한다. 인간 정신은 하나의 개념을 인식하는 바로 그 순간 그것의 대립항을 허용한다. 가령 인간이라는 개념항을 인식하는 순간 이것의 대립항으로서 신의 개념을, 개인이라는 개념항을 인식하는 순간 이것의 대립항으로서 사회의 개념을,

---

30) Marie-Louise von Franz, *An introduction to the psychology of fairy tales*, Univ. of Dallas Irving, 1978, p.24.

선이라는 개념항을 인식하는 순간 이것의 대립항으로서 불선(不善)의 개념을 허용한다. 그렇기 때문에 인간의 정신은 하나의 개념으로부터 출발해서 그것의 대립항을 설정하는 쪽으로 나아간다. 이것은 인간 사유의 출발점이기도 하다. 인간에서 인간과 신, 개인에서 개인과 사회, 선에서 선과 불선으로 사유한다. 이것은 인간 정신의 보편 작용이다. 가령 성은 속을, 삶은 죽음을, 문화는 자연을, 질서는 혼란을, 풍요는 불모를 허용한다.

대립항을 통한 사유는 인간 정신 작용의 출발점이지 전체를 의미하는 것은 아니다. 왜냐하면 대립항을 허용하는 순간부터 인간 정신은 내면적 · 사회적 · 우주론적 모순에 직면하기 때문이다. 따라서 사유는 두 대립항의 모순 관계를 풀려는 고뇌에 찬 시도를 한다. 모순 관계를 푼다는 것은 개인적 · 사회적 · 우주적 모순 관계인 성과 속, 생과 죽음, 문화와 자연, 질서와 혼란, 풍요와 불모, 남과 여, 선과 불선의 모순 관계를 변증법적으로 새로운 차원으로 지양해 나가는 것을 의미한다. 인간은 이러한 고뇌에 찬 시도를 통해 내면과 사회, 그리고 우주에 대해서 합리적으로 그리고 과학적으로 해명하고 그것을 이해하려고 노력한다.

C. Lévi-Strauss가 「신화의 구조」[31]에서 해명하려 하고 보여주려고 한 점도 바로 이러한 모순을 풀어나가는 인간 정신의 심층 구조이다. 그가 본 신화는 인간의 정신 영역에서 직면하게 되는 다층의 모순을 풀기 위한 논리적 모델을 제공하는 것이다. 그는 제1수준이자 수직축으로서 가역적 시간의 영역과, 제2수준이자 수평축으로서 불가역적 시간의 영역을 토대로 한 제3수준의 신화구조를 밝히고

---

31) Claude Levi-Strauss, *Structural Anthropology*, Penguin Uni. Book, 1972.

있다. 그리고 그는 이 밝혀진 구조를 통해 그러한 모순을 풀어나가는 인간 정신의 심층 구조를 보여주려고 했다. 이러한 시도의 첫 대상이 외디푸스 신화였다. 그는 외디푸스 신화의 구조를 밝히고, 이 구조의 의의는 인간 기원의 모순을 풀어주는 논리적 도구를 제공하는 데 있다고 했다. 이것이 인간 기원의 모순과 관련하여 논리적 해명이 될 수 있는 것은 외디푸스 신화가 일원(一元) 기원과 이원(二元) 기원의 이항 대립 사이의 교량적 역할을 하고 있기 때문이라는 것이 그의 주장이다.

외디푸스 신화 분석의 결과가 우리에게 제공해 주는 새로운 통찰은 이항 대립의 심층 구조를 우리에게 보여주었다는 데서 그치지 않는다. 그것은 이항 대립의 모순 관계를 풀어 가는 인간 정신의 사유과정과 그러한 모순 관계를 풀어 가는 핵심 논리로 교량적 역할을 보여 준다. 교량이란 중간이다. 그리고 교량적 역할이란 양 끝을 연결해서 하나가 되도록 매개하는 것이다. 따라서 그가 외디푸스 신화 분석에서 말한 그것의 교량적 역할은 달리 표현하면 매개 역할이 된다. 사실 그가 말한 '모순을 풀기 위한 논리적 모델'이란 매개의 논리를 말하는 것이다.

그는 이 매개의 논리를 「신화의 구조」에서 가장 비중 있게 다루고 있다. 그의 이러한 논의를 트릭스터 호랑이의 매개 역할에 대한 해명의 근거로 삼기 위해 보다 더 자세히 살펴보고자 한다. 인간 정신, 혹은 '신화적 사고가 어떤 대립 의식에서 출발해서 그의 점차적 매개에로 진행해 간다.'고 본 그가 그러한 매개의 역할을 하는 존재에 관심을 기울이는 것은 어찌 보면 당연하다. 그리고 이것은 「신화의 구조」에서 가장 비중 있게 다루어지는 부분이기도 하다. 왜냐하면 이를 통해 신화 구조의 상동성(相同性)을 구명하려는 의도가 있기 때문이다.

코요테(이 짐승은 죽은 고기를 즐겨 먹는다)가 초식 동물과 포식 동물의 중간이라고 하는 것은 하늘과 땅 사이의 안개와 같은 것이며 전쟁과 농경 사이의 머리 가죽 같은 것이고(머리 가죽은 전쟁의 수확물이다.) 야생 식물과 재배 식물 사이의 깜부기와 같으며 (깜부기는 재배 식물 위에서 생육하나 야생 식물에 가깝다) "자연"과 "문화" 사이의 의복과 같고 사람이 사는 동네와 황무지 사이의 쓰레기와 같으며 부뚜막(땅바닥에 있다)과 지붕(하늘을 상징한다) 사이의 재와 같다. 매개자의 이러한 연쇄는 그렇게 표현될 수 있다면-일련의 논리적 분절을 나타내는 것이며 아메리카 신화의 많은 문제를 해결하게 한다. 어째서 이슬의 신은 또 짐승들의 주인일 수 있는가. 어째서 풍부한 의류를 보유하고 있는 신이 흔히 남성 신데렐라일 수 있는가. 왜 머리가죽이 이슬을 생기게 하는가. 왜 짐승들의 모신이 맥무자와 결부되는 것인가 등등이다. 그러나 또 우리는 이 방법에 의해 감각적 경험의 소여를 조직하기 위한 일방적 방식에 도달할 수 있을지 없을지를 문제 삼을 수가 있다. 깜부기의 프랑스어 nielle, 라틴어 nebula, 또 유럽에서 쓰레기(헌구두)나 또는 검댕이(굴뚝 청소인에게 입맞추는 의식과 비교해 보라)에 돌려지는 재수덩이의 역할을 상술한 여러 예와 비교해 보면 좋을 것이다. 이 두 사람의 인물은 파루스적(양성의 매개자)이며 이슬과 야수들의 주인, 호화스런 옷의 소유자 그리고 사회적 매개자(고귀한 자와 천한 자, 가진 자와 가난한 자의 혼사)이다.[32]

그는 이러한 매개자 즉, 코요테, 안개, 머리 가죽, 깜부기, 의복, 쓰레기, 재 등을 통해 신화적 사고가 어떻게 대립을 풀고 새로운 차원으로 지양해 나가는지를 설명하고 있다. 결국 매개자가 양항의 양의성을 갖추고 양항의 중간에 서서 양항을 매개함으로써 이것이 가능하게 된다는 것이다.

---

32) Claude Levi-Strauss, *Structural Anthropology*, Penguin Uni. Book, 1972, pp.225-226.

이러한 매개항은 양립항 중 한 쪽과의 작용에 의해 지양된 새로운 항을 허용하고 이 새로운 항은 또 그것의 대립항을 허용하며, 이 새로운 차원에서 새롭게 생긴 두 대립항의 모순은 또 새로운 매개항을 허용한다. 그 결과 앞서의 세 개 한 조는 새로운 세 개 한 조에 의해 대체 된다. 또 여기서 매개항은 새로운 양 항 중 한쪽과의 작용에 의해 새로운 차원의 한 항을 허용한다. 이렇게 해서 대립하는 두 항과 매개항은 끊임없이 반복 산출된다고 본다. 그래서 그는 「신화의 구조」에서 논의를 시작하기 전 표제어로서 다음과 같은 내용을 싣고 있다.

> 신화적 세계는 만들어지자마자 파괴되지 않으면 안 되고, 그의 파편에 새로운 세계가 태어나는가 싶다.[33]

이것은 신화 구조의 변환성과 자기 조절성을 염두에 두고 한 말이다. 정적인 두 대립항은 역동적인 힘을 지닌 매개항에 의해 상호작용하게 되고 새로운 차원으로 지양된다. 그 결과 양항 대립 구조는 새로운 대립 구조로 변화된다. 이것이 구조의 변환성이다. 그러나 이러한 변화 또한 매개 변수에 따른 변화로서 끊임없이 구조는 반복된다. 이것이 바로 구조의 자기 조절성이다. 신화의 파괴와 새로운 것의 산출은 바로 이러한 변환과 자기 조절성을 말한다.

C. Lévi-Strauss가 말한 매개 변수의 변화 과정에는 본 연구의 주인공인 트릭스터도 한 자리를 차지한다.

"잿더미 어린이"나 신데렐라와 마찬가지로 트릭스터도 또한 매개

---

33) Claude Levi-Strauss, *Structural Anthropology*, Penguin Uni. Book, 1972, p.206.

자이고 이 기능으로 하여 그가 그것을 극복하는 것을 직분으로 하고 있는 이원성을 무엇인가의 모양으로 보유한다는 것으로 설명된다. 트릭스터에서 볼 수 있는 애매한 양의적 성격은 거기에서 유래한 것이다. …… 주니족 출현 신화의 모든 다양성을 비교하면 각각이 대립과 상관에 따라 선행하는 것으로부터 귀결되는 다음과 같이 정서 가능한 일련의 매개 기능을 추출할 수 있다.

구세주>디오스쿠로이>트릭스터>양성의 구비자>두 친형제>부부>
할머니와 손자녀>사항군(四項群)>삼항군[34]

그는 이러한 일련의 매개항의 전개 과정 중 세 번째로 트릭스터에게 한 자리를 주고 있다. 그러나 그의 야심은 이러한 신화적 사고의 전지구적 상동성의 공식을 밝히는 데 있었기 때문에 트릭스터에 대해서는 더 이상 논의를 진척시키지 않았다. 그러나 신화 속에서 모순을 푸는 논리적 모델로서 매개항의 존재를 밝힘으로써 그는 신화적 사고의 논리와 실증적 사고의 기초를 이루는 논리는 동일하게 엄밀한 것이며 근본적으로 서로 다르지 않다는 주장을 할 수 있게 된다.

C. Lévi-Strauss의 이러한 통찰을 가장 잘 이어받은 사람으로 평가 받는 E. Leach는 구세주의 매개 역할을 밝히면서 C. Lévi-Strauss의 생각을 구체화시켰다고 볼 수 있는데, 그것은 『성서의 구조 인류학』을 통해 모습을 드러낸다.[35] 그는 여기서 성서의 유형화된 구조의 순열과 변형을 설명하면서 대립과 상관에 따른 일련의 매개 인물(매개 변수)과 그들의 기능을 설명한다. 그러나 그는 논의의 범위를 성서로만 한정하였을 뿐 매개 인물로서 트릭스터에 대해

---

34) Claude Levi-Strauss, *Structural Anthropology*, Penguin Uni. Book, 1972, p.226.
35) 에드먼드 리치, 신인철 역, 『성서의 구조 인류학』, 한길사, 1996.

서는 언급하지 않았다. 대신 그는 그의 책 속에 A. Aycock의 논문
을 실었는데 이 논문 속에 트릭스터에 대한 언급이 있다. A.
Aycock의 트릭스터에 대한 여기서의 논의는 다소 피상적이다. 그
것으로 인해 때로는 이해의 부족을 드러내기도 하지만 다음의 내용
은 새롭다.

> 북미와 남미의 신화에 나오는 트릭스터들이 막대기로 항문을 찌
> 르는 고통을 당하는 것과 같이, 프로메테우스는 그의 내장(그것은
> 매일 갱신된다)을 탐닉하는 독수리의 행위를 견뎌내야 한다. 달리
> 표현하면 트릭스터의 성흔은 그가 인간 사회에 죽음과 창조를 가
> 져오기 위해 지불하는 희생인 것이다. 이 장르에 카인과 예수의
> 성흔을 포함시키는 것은 무리한 억지가 될까?[36]

그는 성흔을 논거로 삼아 매개항으로서 트릭스터를 이해함과 아
울러 조심스럽게 카인과 예수를 트릭스터와 연결시키고 있다. E.
Leach가 말한 것처럼 '구조주의 분석 방법이 이것이 옳고 저것이
그르다는 식의 해결책이 아니다.'는 점을 받아들인다면 그리고 C.
Lévi-Strauss의 논의를 근거로 삼는다면, A. Aycock의 주장 또한
트릭스터에 대한 새로운 통찰을 제공해 준다고 하겠다.

지금까지의 논의를 근거로 삼을 때 효자 혹은 효부 이야기에 등
장하는 호랑이는 매개자·중간자·양성자이다. 그리고 인간의 정신
세계에서 직면하게 되는 모순적 관계를 풀기 위해 고안된 논리적
모델이기도 하다. 그러나 C. Lévi-Strausssk, E. Leach, 그리고 A.
Aycock같은 연구자들은 트릭스터의 매개성을 밝히기는 하였으나,
구체적으로 트릭스터 이야기를 분석하고 이를 통해 트릭스터의 매

---

36) 에드먼드 리치, 신인철 역, 『성서의 구조 인류학』, 한길사, 1996, p.346.

개 역할을 밝히는 데까지는 나아가지 못했다. 그래서 이어지는 논의에서는 모순적 관계를 풀기 위한 모델로서 효자 혹은 효부 이야기에 등장하는 호랑이의 매개 역할과 그러한 매개 역할 수행을 위한 논리에 관해서 살펴보고자 한다. 설명을 위해 E. Leach가 『성서의 구조 인류학』에서 제시한 틀을 원용한다.

다음의 그림은 <열녀를 도와준 호랑이>37) 이야기의 구조도이다. 이 구조도를 통하여 효자 혹은 효부 이야기에 등장하는 매개자 호랑이의 역할이 무엇인지를 밝히고자 한다.


+        ±        -

속(현실)    속/성    성(이상)

비효    비효/효    효


제1국면 사회   호랑이 ― 효부
  ①호랑이는 효부와 연결된다.
  ②호랑이는 효부를 돕는다.
  ③호랑이는 효가 사회로부터 인정을 받도록 트릭을 쓴다(트릭)


제2국면 사회   ―   호랑이  효부
  ①호랑이는 사회와 연결된다.
  ②호랑이는 사회를 돕는다.
  ③호랑이는 사회의 효를 위해 트릭을 쓴다.(트릭)

---

37) 『구비문학대계』 6-12.

제3국면 사회 ─ 연결 ─ 효부

호랑이는 사회가 그녀를 위해 열녀문을 세우게 한다.


주거 공간　경계지점 금강산

그림1. 트릭스터 호랑이의 매개 구조

그림1은 트릭스터 호랑이의 매개 구조이다. 효에 대한 비효(非孝)의 이항 대립, 효부에 대한 사회의 이항 대립, 이상에 대한 현실의 이항 대립 사이의 모순 관계를 풀기 위한 매개 과정을 그림1은 나타낸다. 사회·문화적 맥락에 있어서 효는 인간의 가장 순수한 본성의 발현이자 사회 윤리의 최고 덕목으로 인식된다. 인간 정신이 이것을 효의 개념으로 받아들이는 순간 효는 이것의 대립항으로서 비효(非孝)의 개념을 허용한다. 이 이야기의 순차적 맥락은 두 대립항의 은유항을 이야기한다. 효의 은유항으로 효부를, 비효의 은유항으로 효부의 친정으로 상징되는 사회를 이야기한다. 효부는 혼례를 올린 지 얼마 되지 않아 남편이 죽고, 홀로 된 앞을 못 보는 늙은 시아버지를 모시게 된다. 효부는 개가하지 않고 지극한 정성으로 시아버지를 모신다. 효부는 효의 은유항이다. 효부의 친정에서는 딸의 처지를 차마 그대로 둘 수 없어 그녀의 효를 부정하고 그녀를 개가시키려는 음모를 꾸민다. 딸로 하여금 홀로 된 앞을 못 보는 늙은 시아버지를 버리게 한다. 친정은 비효의 은유항이다. 그리고 효와 효부는 또한 이상의 은유항이다. 그리고 비효와 사회는 현실의 은유항이다. 이러한 은유적 수직축의 대립은 사회적 모순 관계를 나타낸다.

그림1의 국면1, 국면2, 그리고 국면3은 이러한 사회적 모순 관계를 푸는 과정을 나타낸다. 여기서도 호랑이는 매개의 주체이며, 대립하는 두 항을 두 항으로 존재하게 하면서도 하나의 전체성을 이루게 한다. 제1국면은 트릭스터 호랑이와 효부의 관계를, 제2국면은 트릭스터 호랑이와 사회의 관계를 나타낸다. 제3국면은 사회와 호랑이와 효부와의 관계를 나타낸다. 호랑이는 제1국면, 제2국면, 그리고 제3국면을 통하여 순차적으로 매개 역할을 수행한다. 마지막 단계인 제3국면에서 호랑이는 효부와 사회와의 관계가 이루어지도록 한다. 이 국면을 통하여 대립 관계에 있던 양 항은 하나가 된다. 효와 비효, 효부와 사회, 그리고 이상과 현실은 이제 둘이면서 하나의 전체성으로 수렴된다. 사회적 모순에 대한 해결이다. 이들 각각 3개 한 조의, 효/호랑이/비효, 효부/호랑이/사회, 이상/호랑이/현실 등은 대립항의 한쪽 곧, 효나 비효, 효부나 사회, 이상이나 현실 중 한 항과 매개항 곧 호랑이와의 상관관계에 의해서 새로운 개념항과 그것에서 나온 대립항과 매개항을 잉태한다.

그러나 트릭스터 호랑이가 어떻게 매개를 성취하는가에 대한 해명이 남아 있다. 이것은 그의 행위를 해명함으로써 이루어질 수 있다. 호랑이는 인간과 신, 개인과 사회를 매개하는 과정에서 끊임없이 트릭(T)을 쓴다. 그리고 그가 부리는 트릭(T)은 양 항에 대한 역전을 초래한다. 트릭(T)은 곧 역전의 논리를 실현하고 있다.

트릭(T)이라는 역의 논리는 그림1에서 확인된다. 호랑이는 트릭(T)을 통해 효부를 속이고 또 어느새 사회 구성원들을 속인다. 제1국면에서 호랑이는 고의로 함정에 빠진 다음 자신이 위험에 처했다고 하면서 그녀의 꿈에 나타나 자신을 당장 구하러 올 것을 요구한다. 이것은 불가역 변화를 가역 변화로 인식시키는 조작이다. 그가 부인의 꿈에 나타나 자신이 위험에 처했다고 하고 빨리 자신을 구해 줄 것을 요청하는 것은 불가역 변화를 가역 변화로 인식시키기 위한 외부 조건이다. 제2국면에서 호랑이는 이제 역으로 사회 구성원들을 상대로 트릭(T)을 쓴다. 그는 의도적으로 많은 사람들이 자신이 빠져 있는 함정으로 모이게 한 다음 효부 앞에서 눈물을 흘리고 애정 표시를 한다. 이것 또한 불가역 변화를 가역 변화로 인식시키는 조작이다. 그가 짐승을 잡기 위해 파 놓은 함정 속으로 들어간 것은 불가역 변화를 가역 변화로 인식시키기 위한 외부 조건이다. 이러한 역의 트릭(T)을 통해 사회 구성원들을 속이고 열녀문을 세우게 한다. 여기서도 호랑이는 양 항의 중간에 서서 트릭(T)이라는 역전의 논리를 조작해서 상황을 역전시킨다.

이와 같이 호랑이는 트릭(T)이라는 역전의 논리 조작을 통해 상황을 역전시킨다. 그리고 우주론적·사회적 모순 관계를 푸는 매개 역할을 수행한다. 이것은 가역성의 원리를 이용한 논리 조작의 확장이다. 이러한 가역성의 확장에 대해서 J. Piaget는 『아동 심리학』에서 다음과 같이 밝히고 있다.

> 여기서 조정이란 것은 여기서 고찰한 바 있는 양식에 직접 의존하는 것이고 지금부터의 발달은 모두(사고이든, 또는 협조에 고유한 균형화와 같은 도덕적 상보성이든 간에), 조정에서 가역성 및 가역성의 부단한 확장으로 이끄는 계속적 진보인 것이다. 가역성에 관해서 말한다면, 그것은 하나의 완전한, 즉 모든 변환이 그 역 내지 상보변환에 대응할 수 있도록 완전히 균형화 되어진 수정의 체계인 것이다.[38]

---

38) 쟝·삐아제, 베르벨 이넬데, 이재은 역, 『아동 심리학』, 160쪽.

그는 15-18세의 청년기 이전 단계에서부터 전개되는 논리 조작에 대해 가역성의 부단한 확장이라 쓰고 있다. 7-9세의 연령에 이르러서 가역성의 논리를 발달시키기 시작한 아이들이 청년기 전단계 및 그 이후에도 가역의 논리를 계속 확대시켜 나간다고 본 것이다. 그의 이러한 생각은 트릭이 단순한 가역성을 이용한 논리조작에서 우주론적·사회적·심리적 모순 관계를 푸는 매개의 논리 조작으로 향상되어 나갔다고 보는 본 연구의 논지를 지지한다. 그리고 매개의 논리 조작이란 청년기 전단계의 어린이 성장 심리를 반영하는 것임을 시사한다.

## 5. 끝맺으며

현전 구비전승 효행설화 중에는 호랑이가 등장하는 효행설화가 있다. 호랑이가 등장하는 효행설화에서 주인공은 효자 혹은 효부이다. 당연히 효자 혹은 효부가 얻고자 하는 대상은 완전무결한 수준의 효이다. 효자 혹은 효부의 앞에 놓은 장애물은 구체적으로 짐승들이 될 수도 있지만 대체로는 운명적 환경이다. 한편 효자 혹은 효부를 도와주는 원조자는 호랑이이다. 호랑이는 자연스럽게 적대자와 대립의 관계가 된다. 이처럼 호랑이가 등장하는 효행설화의 행위항은 주체로서 효자 혹은 효부, 대상으로서 효, 적대자로서 운명, 원조자로서 호랑이이다.

효행설화이기 때문에 행위항 중 주체인 효자 혹은 효부가 주동적이고 역동적인 역할을 할 것이라 예상된다. 그러나 호랑이가 등장하는 효행설화에서 만큼은 주동적이고 역동적인 행위자는 원조자인 호랑이이다. 사실 주체인 효자 혹은 효부가 순수하고도 높은 수준의 효행을 행한다는 조건만 충족되면 그 외 모든 사건의 기획은 호랑이가 한다. 이처럼 호랑이가 주동적 인물로서 역할을 한다는 면에서 호랑이 등장 효행설화를 이해하기 위한 관점의 하나로 호랑이의 관점을 취했다. 논의의 결과를 요약하면 다음과 같다.

첫째 호랑이가 등장하는 효행설화는 효자가 주체가 되는 효행설화와 효부가 주체가 되는 효행설화 두 가지 유형으로 묶인다는 것을 확인할 수 있었다. 이 두 유형에 포함되는 설화들의 개별구조와 이를 수렴하는 일반구조를 분석하고 밝혔다. 그 결과 호랑이 등장 효행설화의 일반구조가 '결여(L)-도움(H)-트릭(T)-충족(LL)'임을 밝혔다. 이 일반구조를 낳은 15개 개별 작품들에서 확인한 구조들은 일반구조와 비교할 때 크게 누락된 모티핌들이 보이지 않았다. 말하자면 개별구조와 일반구조가 상당한 수준에서 일치하는 모습을 보였다. 이것은 호랑이 등장 효행설화의 일반구조가 화자들의 창조적 의식을 강하게 제약하는 일종의 사회적 규범으로 작용한다는 것을 의미한다.

둘째 호랑이 등장 효행설화는 그 자체 유쾌한 웃음을 유발하는 장치들을 갖추고 있다. 그러나 트릭스터 호랑이가 유발하는 웃음은 상당히 이해하기 어려운 것이다. 왜냐하면 이 이야기가 문제 삼는 주제가 너무나 진지한 효에 관한 것이기 때문이다. 그러나 호랑이가 등장하는 효행설화는 이러한 양가적 감정 곧 진지함과 웃음의 감정을 동시에 갖게 하는 것이 가능한 것은 호랑이의 트릭 때문이다. 그런데 이러한 웃음의 오락을 제공하는 한편으로 호랑이가 트릭을 통해 운명과 가치, 그리고 정의 등에 대한 매개의 역할을 수

행한다는 것을 확인할 수 있었다.

셋째 호랑이와 효자 이야기, 호랑이와 효부 이야기의 중심 논리가 되는 트릭스터의 매개화는 청소년기를 앞 둔 아동들이 그들의 내면적, 사회적, 우주론적 모순을 풀기 위한 고뇌의 인식론적 상징이이 된다고 보았다. 이렇게 본 근거로는 호랑이가 트릭이라는 역전의 논리 조작을 통해 상황을 역전시키고 있기 때문이다. 그리고 우주론적, 사회적 모순 관계를 푸는 매개의 역할을 수행하는 데 이것은 가역성의 원리를 이용한 논리 조작의 확장이기 때문이다. 그리고 7-9세의 연령에 이르러서 가역성의 논리를 발달시키기 시작한 아이들이 청년기 전단계 이후에도 가역의 논리를 계속 확대시켜 나가는 것이 확인되기 때문이다.

제5장

# 조선왕조실록을
# 중심으로 본 효치

**장 재 천**

(용인대학교 교수)

# 1. 글의 시작

조선시대는 우리가 잘 알다시피 성리학이라는 철학국가시대요 끊임없는 충·효·열에 대한 정표정책(旌表政策)¹⁾을 통해 정치와 교육 등이 혼연일체가 된 그야말로 정치와 교육이 분리될 수 없는 정교일치 시대였다. 그러므로 성균관 교관이 영구적인 직책이 아닌 거쳐 가는 직책으로 이동이 잦았으며, 『논어』·『효경』²⁾과 같은 유교경전이라는 기본 교과서에 의한 교육내용도 시대가 아무리 흘러간다 할지라도 절대적인 진리로서 인정하는 데는 별다른 변함이 없었고, 안팎으로 항시 충효교육이 모든 정치와 교육의 본질이었으므로, 그 본질이 결단코 바뀔 수는 없었다. 혹 외풍(임란, 호란 등)에 의한 일로 체제가 흔들리거나 문제가 생기게 되면 충효교육에 대한 강조가 다시금 논의되고 재확인되었다는 것을 우리는 여러 경로들을 통해 많은 문헌들 속에서 그동안 흔하게 찾아볼 수 있었다.

---

1) 『오륜행실도』 즉 『이륜행실도』, 『삼강행실도』, 『효행록』 등을 비롯한 그림, 책자 같은 것들의 간행과 효행상, 효행 천거제들을 통한 정표정책들로 인해 오늘날도 웬만한 시골동네에 가보면 효자문, 효자각, 열녀문 등이 많이 남아 있음을 쉽게 찾아볼 수 있다. 뿐만 아니라 수많은 효행담, 효행설화, 효 속담, 효 격언, 효 지명, 효 이름들도 아주 흔하게 들어 볼 수 있을 것이다.

2) 삼국시대, 고구려, 조선시대를 통하여 모든 교육기관에서 우리나라는 『논어』와 『효경』두 권은 각각 충과 효를 대의로 가르치는 필수교재였다고 할 수 있다.

한편 우리나라는 어떤 분야에서는 이미 선진국이며, 또 다른 분야도 선진국의 문턱에 도달했기 때문에 경제뿐만이 아니라 문화대국이 되기 위해서는 전통문화의 발굴과 계승 및 창달이 주요한 목표가 되고 있다. 효치3)에 대한 연구들도 그래서 필요하고 앞으로 어떤 시대가 된다고 할지라도 인간과 가족이 존재하는 한 계속 필요할 수밖에 없을 것이다. 그리고 이 정치적인 효치를 분석하는 문헌적인 연구는 정교일치시대에 있어서 정치와 교육의 불가분의 관계를 이해하는데 매우 중요한 기초가 될 것이다.

## 2. 정치적인 효치

조선시대 전체가 효치시대라고 해도 과언은 아닌데 좀 더 많이 강조된 시대라고 하면 정조시대가 될 것이다. 『조선왕조실록』에서 효에 대한 이야기가 나오는 경우만을 세어보니 많이 나오는 순서대로 보면 중종시대 28회, 명종시대 18회, 선조시대 14회, 광해군시대 14회, 영조시대 14회, 연산군시대 11회, 그리고 정조시대는 9회로 나타났다. 정조시대가 횟수로 따지자면 7번째이기는 하지만 부친이었던 사도세자 문제로 정조가 융릉이라든지 화성이라든지 하는 것들을 역점을 두어 크게 건설한 것들과 능행4)을 대규모 인원을

---

3) 효치에 대해 참고할만한 저서로는 김해영, 『철학자, 정조의 효치를 분석하다』, 안티쿠스, 2012. 김해영은 그 책에서 "정조는 효에 대한 교육을 구체화하기 위해『오륜행실도』나『향례합편』, 『소학』 등을 간행하여 보급했고 아울러 사도세자의 추존, 능침천봉과 화성건설, 애민정책과 탕평책 등을 통해 치인적 차원의 정치적 구현을 했다."고 밝혔다. 정표정책은 박주, 『조선시대의 정표정책』, 일조각, 1990 등이 있다.

4) 왕이 궁 밖으로 나가는 것이 행행(幸行)인데, 다른 왕의 능행이나 원행이 1년에 1회에서 2회였던 것에 비해 정조의 능행은 1년 평균 3회가 넘었고 재위 24년간 무려 66회의 행행을 하였다. 정조의 화성행차는 단순한 성묘수준을 넘었다. 왕의 행차는 국가적으로 매우 큰 행사로서 수많

동원하여 실천했던 것으로 보자면 단연 효치시대의 정점은 정조시대라고 할 수 있겠다.[5]

그런데 이 효치는 조선 초기부터 이미 시작된 것이라고 볼 수 있는 기사(記事)들이 눈에 띈다. 즉 태종 1년 때의 성균관 교무처라고 할 수 있는 정록소(正錄所)의 건의를 보면 충분히 이를 짐작할 수 있다.

> 명하여 상(喪)을 입는 3년 동안은 과거를 보지 못하게 하였다. 성균 정록소에서 상소하였다. "신 등은 듣자오니, 3년상은 천하에 통한 상이어서, 천자로부터 서인에 이르기까지 한가지라 합니다. 우리 태상왕(태조)께서 기강을 세워 상제(喪制)를 거듭 밝히어, 전조(前朝)의 날로써 달을 바꾸는 제도를 고치었으니, 참으로 풍속을 후하게 하는 아름다운 뜻입니다. 지금은 3년 안에 권도(權道)에 따라 과거보는 것을 허락하니, 신 등은 생각건대, 부모 섬기기를 효도로 하기 때문에 충성을 임금에게 옮길 수 있는 것인데, 어찌 자식의 도를 알지 못하고 신하의 의를 다할 수 있겠습니까? 또 예라는 것은 부득이한 데서 변하는 것이니, 부득이한 것이 아니고서 선왕의 제도를 변경하는 것은 매우 불가합니다."이리하여 이 명이 있었던 것이다.[6]

위의 인용문에서 살펴볼 수 있는 바와 같이 효도 문제를 앞세워 3년상을 치르는 동안에는 제도적으로 과거응시를 제한하는 명을

---

은 병력과 인원이 동원되고 막대한 재정이 소요되는 행행은 왕이 군권과 재정권을 완전히 장악하지 않으면 실현되기 어려운 것이다. 효를 앞세운 정조의 능행은 자신의 왕권장악을 모든 정치적 적대세력에게 나타내는 동시에 새로운 정치개혁의 기반을 다지는 매우 중요한 의미를 갖는 효치였다.

5) 기타 정종 2회, 태종, 4회, 세종 7회, 문종 2회, 단종 3회, 세조 1회, 예종 1회, 성종 8회, 인조 2회, 인종 6회, 효종 4회, 현종 2회, 숙종 8회, 경종 1회, 순조 6회, 헌종 1회 등이다.『태학지』 첫 부분인 「건치」편에서도 삼강오륜 즉 효를 언급하고 있다.

6) 태종 1년 3월 12일 신미조. 辛未/命服喪三年, 勿令赴試. 成均正錄所上疏曰:臣等聞三年之喪, 天下之通喪, 自天子以至庶人一也. 惟我太上王, 立經陳紀, 申明喪制, 革前朝以日易月之制, 誠厚風俗之美意也, 今乃許三年之內, 從權赴試. 臣等竊謂事親孝, 故忠可移於君. 豈有不知人子之道, 而能盡人臣之義乎? 且禮變於不得已. 非不得已而變更先王之制, 甚不可也.

내리게끔 한 것은 이미 조선 초기부터 효치를 앞세웠기에 가능한 것으로 파악된다. 효가 있어야 충도 존재하며, 효자가 되어야 충신도 된다는 것으로 국왕과 신하 모두가 기초적으로 알고 있었던 것이다. 이러한 것이 권도(權道)[7]로 인해 느슨해진 것을 원래대로 되돌려놓는 일을 정도(正道)라고 생각하고 실행했던 것이다.

또한 태종 10년 때 사간원의 8가지 시무책 건의 중 첫 번째 안건이 풍속교화의 문제로서 효도문제를 다음과 같이 말하고 있다. 말하자면 민본주의 시대에 있어서 백성들이 정치의 근본인데 그 근본의 기초를 확실하게 하는 것은 풍속의 순화라는 것이다. 풍속을 순후하게 하는 것은 효도가 으뜸이며 그 효도가 가장 착한 풍속이라는 것이다. 가정에서 시작하여 한 고을로, 그리고 점점 한 도로 퍼져 필경에는 한 나라에까지 이르게 된다는 것이었다.

> 사간원에서 시무 8가지 일을 조목조목 진달하니, 의정부에 내려 의논하여 아뢰게 하였다. 그 첫째에 말하기를, "풍속은 국가의 원기요, 교화는 국가의 급무이니, 교화가 닦아지면 풍속이 후해지고, 국가가 다스려집니다. 요순 때에는 의관을 그려 입어도 백성이 범하지 않았고, 삼대(三代)의 성시(盛時)에는 누구를 헐뜯고 누구를 칭찬하겠습니까? 곧은 도리로 행하였습니다. 한나라 문제·경제는 풍속을 변역시켜 백성들이 순후하여졌고, 당 태종 때에는 바깥문을 닫지 않고 나그네가 양식을 싸 가지고 다니지 않았으니, 이것으로 본다면, 다스림의 오르고 내리는 것이 풍속의 후하고 박한데에 관계됩니다. 우리 동방이 전조(前朝)의 성시에는 백성이 순후하고 풍속이 아름다웠는데, 쇠한 말년에 이르러서 풍속이 날로 박하여졌습니다.(중략) 신 등은 생각건대, 한 고을에서 일어나면

---

7) 유학에서 행위의 정당성을 판단하는 기준은 그 행위가 규범에 일치하는가를 묻는 규범성과 그 행위가 상황에 적절했는가를 묻는 적시성(適時性)의 양자다. 경상(經常)·예의(禮義) 등이 규범성을 지적한 표현이라면, 시중(時中)이나 권도는 그 상황성을 중시한 표현이다. 『민족문화대백과사전』 참조.

한 도에 퍼지고, 한 도에서 일어나면 한 나라에 퍼지니, 이렇게 되면, 들어오면 효도하고 나가면 공손히 하는 아름다운 선비와 윗사람을 친히 하고 어른을 위해 죽는 착한 풍속이 어디로부터 나오겠습니까?(하략)[8]

한편, 세종 6년 7월 12일 을유조에도 광효전(廣孝殿)에서의 제사와 종묘에서의 추향대제를 지낸 세종대왕의 효성에 대한 찬양기사를 읽어볼 수 있고, 연산군 1년 때도 성균관 생원 조유형(趙有亨) 등이 올린 다음 내용의 상서(上書)[9]를 통해 국왕의 효행에 대해 솔선수범을 강조하는 효치의 측면을 파악할 수가 있다. 또 연산군 7년 1월 30일 기묘조에서도 대사헌 성현(成俔) 등의 상소 내용을 통해 국왕의 효치 곧 솔선수범을 강조하는 비슷한 글들을 읽을 수가 있으며, 선조 38년 1월 25일 경자조에서도 성균관 진사 유학증(兪學曾) 등이 계성전[10] 건립과 우리나라 오현[11]의 종사(從祀)를 청하는 상소문에서도 그 종향이나 위차문제가 효치의 기본적인 일이라는 인식을 엿볼 수가 있다.

이렇게 곳곳에서 효도에 대한 국왕의 솔선수범을 강조하고 또 강조했던 가장 근본적인 이유는 하늘에 떠 있는 하나의 태양이 밝게

---

8) 태종 10년 4월 8일 갑진조. 司諫院條陳時務八事, 下議政府擬議以聞:其一曰, 風俗, 國家之元氣; 敎化, 國家之急務. 敎化修, 則風俗厚而國家治矣. 堯′ 舜之時, 畫衣冠而民不犯; 三代之盛, 誰毁誰譽, 直道而行. 漢之文′ 景, 移風易俗, 黎民淳厚; 唐之太宗, 外戶不閉, 行旅不齎糧. 以此觀之, 致治之升降, 關乎風俗之厚薄. 惟我東方, 前朝盛時, 民淳俗美, 至于衰季, 風俗日薄...臣等謂興一州, 則遍於一道, 興一道, 則遍於一國. 如此則入孝出悌之美士, 親上死長之善俗, 何自而出乎?

9) 고려시대까지는 상서(황제에게 올리는 글로 上奏와 같은 뜻)와 상소(제후에게 올리는 글)는 같은 의미를 지녔었으나 조선시대에 와서 차이가 생겨났다. 상소는 주로 관리 및 양반들이 공적인 일로 왕에게 올렸고, 상서는 국가의 잘못된 행정으로 백성들이 입은 억울한 일을 당했을 때 양반층이 왕에게 올렸고, 상언(上言)은 억울한 일이 있을 때 피지배층이 왕에게 올렸다. 상소가 제일 높은 글, 상서가 그 다음, 상언이 가장 낮은 단계였다.

10) 공자, 안자, 증자, 자사, 맹자 등 5성의 아버지를 모신 사당.

11) 5현(五賢)은 이황, 조광조, 이언적, 정여창, 김굉필을 말함.

땅의 곳곳을 비추듯이 국왕이 일종의 태양으로 비유되어 왕도정치 즉 덕치주의12)는 국왕의 덕이 온 땅의 백성들에게 미칠 수 있도록 정치라고 하는 것은 덕으로써 모든 이들을 감화·감동시켜야 된다고 생각하였기 때문인 것이다.

성균관 생원 조유형 등이 상서하기를, 전(傳)에 이르기를 (중략) '그 어버이의 위(位)에 앉아서는 그 어버이의 예를 행하고 그 음악을 아뢰고 그 높이던 바를 공경하고 그 친하던 바를 사랑하여, 죽은 이 섬기기를 살아 있는 이를 섬기는 것과 같이 하는 것이 효도의 지극함이다.'하였는데, 전하께서는 중의 무리를 대행왕이 친하던 바라 여기시며, 요망하고 허황한 귀신을 대행왕이 높이던 바라 여기십니까? 대행대왕13)이 위로는 양전(兩殿)에 효도를 다하고 아래로는 신하와 서민에게 정성을 다하셨음은 전하께서 친히 보신 바이온데, 전하께서 즉위하신 처음에, 선왕이 친하지 않던 것을 친하고 선왕이 높이지 않던 것을 높이시니, 이것은 또한 전하의 큰 불효입니다. 전하의 마음에는 하늘에 계신 선왕의 영이 예 아닌 자리에 내려오시어 흙·나무의 덩어리에게 애걸하시리라 생각하십니까? 그렇지 않을 줄은 전하께서 틀림없이 아실 것입니다. 그렇지 않으실 줄 알면서도 오히려 하신다면 죽은 이 섬기기를 살았을 때와 같이 하는 것이다 할 수 있겠습니까. 신들이 그윽이 듣자오니, 대행대왕이 승하하신 날에 중외의 신하와 서민들이 애통하여 울부짖지 않는 사람이 없었는데, 검은 옷 입고 머리 깎은 무리들이 서로 더불어 말하기를 '선왕이 우리 도를 좋아하지 않더니 이제 이미 돌아가셨고, 사왕(嗣王)은 아직 어리고 양전께서 뜻대로 하실 것이니, 우리 도가 희망이 있다.'하고, 전하께서 설재(設齋)하라는 명을 내리신 것을 듣고는, 서로 길에서 만나 축하하며 '우리 도가 장차 다시 일어나리라.'하였습니다. 이것은 종묘사직의

---

12) 유학에서 이상으로 생각하는 정치의 방법으로, 통치자의 덕에 의해 이루어지는 정치를 말한다. 하·상·주 삼 대를 이상으로 하는 유학은 이 3대의 정치를 덕치로 파악하고, 이 덕치에 의한 현실의 이상화를 추구한다. 『민족문화대백과사전』 참조.

13) 대행대왕은 임금이나 왕비가 죽은 뒤 시호를 정하기 전에 이르던 칭호다. 왕이 승하하면 중국에 왕의 부고를 알리는 고부사(告訃使), 후계왕의 즉위를 요청하는 청승습사(請承襲使), 왕의 시호를 요청하는 청시사(請諡使)를 보냈다. 보통 1인이 겸해 고부청시청승습사(告訃請諡請承襲使)라 했다. 『민족문화대백과사전』 참조.

한이 되는 바요 신하와 백성의 마음 아픈 바며, 전하께서 차마 하
지 못할 일인데 하시니, 장차 우리 백성을 아비도 없고 임금도 없
는 것들로 만드시며, 불충·불효가 되게 하시렵니까? 백성들이 다
아비도 없고 임금도 없다면, 전하께서는 누구와 더불어 선왕의 업
을 지키시렵니까?(하략)[14]

효치를 위해 국왕이 우선적으로 효성에 대한 솔선과 수범할 것을
계속 강조하는 내용으로는 영조 7년 5월 8일 경오조에도 보이고,
국왕이 친히 요순(堯舜)의 도는 효제(孝悌)일 뿐이라고 강조하는 내
용은 영조 23년 6월 7일 병인조에도 보인다. 그리고 다음의 정조
15년 7월 3일 병자조에서 보다 분명하게 효도가 곧 정치라는 것을
살펴볼 수 있다. 정조가 자신의 입으로 확실하게 효도를 앞세워서
정치를 한다고 하고 있으며 이는 효치가 곧 정치고 정치가 곧 효도
행위라는 것이다. 국왕이 효도를 하면 신하들이 따라 하게 되고 그
렇게 되면 만백성들이 효도를 하는 나라가 된다는 것으로 정치의
으뜸을 효도로 보고 있는 것이다. 효가 백행지본이라고 아주 어렸
을 때부터 배우는 시대였기에 매우 당연한 가치관과 태도가 몸에
자연스럽게 누구에게나 체득되어 있었던 것이다.

(상략) 내가 지난 십여 년 전부터 대사성의 의망 단자에 끝내 채
홍리에게 낙점을 하지 않은 것은 이미 은밀하게 벌책을 보인 조치

---

14) 연산군 1년 1월 2일 병술조. 成均館生員(趙有亨) 等上書曰:臣等聞 ... ≪傳≫曰: "踐其位, 行其
禮; 奏其樂; 敬其所尊, 愛其所親, 事死如事生: 孝之至也." 殿下以謂, 緇衣之徒, 爲 大行大王之所
親乎? 妖誕之鬼, 爲 大行大王之所尊乎? 大行大王, 上以盡孝於兩殿, 下以盡誠於臣庶, 殿下之所親
見也. 殿下卽位之初, 親其先王之所不親, 尊其先王之所不尊, 此亦 殿下不孝之大端也. 殿下之心
以謂, 先王在天之靈, 降臨於非禮之饗, 乞憐於土木之塊乎? 殿下決知其不然也. 知其不然, 而猶爲
之, 則可謂事死如事生乎? 臣等竊聞, 大行大王, 棄群臣之日, 中外臣庶, 莫不哀號, 而緇髡之徒, 相
與語曰: "先王不喜吾道, 而今已棄弓, 嗣王尙幼, 兩殿逐意, 吾道庶有可望矣." 及聞殿下設齋之命,
相與慶於道曰: "吾道將復興矣." 此 宗社所憾, 臣民所痛, 殿下所不忍. 殿下猶忍爲之, 則 將使吾
民, 爲無父無君乎? 爲不忠不孝乎? 民皆無父無君, 則殿下何能處萬民之...

였는데, 그가 감히 얼굴을 바꾸고 사실을 뒤엎어 농락하면서 도리어 좌상을 위해 첩자노릇을 한 것처럼 하였으니, 그 마음가짐을 따지자면 말이 추해진다. 들으니, 이 자는 유복자라 한다. 내가 앞세우는 것은 효도로 나라를 다스리는 정치라서 그 어미가 살아 있는 동안에 그 자식에게 형벌을 베푸는 일을 차마 못하는데, 개탄스러운 것은 좌상의 일이다. 처음에 그 조카에게 팔려 농락당했으면서도 끝내 또 그를 비호하는 것이야 그래도 그 일이 지친(至親)에 관계되므로 이상할 것이 없지만, 애석한 것은 그가 80의 나이로서 이처럼 내가 믿고 국사를 맡기면 오직 한마음으로 나라를 위할 뿐 사(私)를 잊어야 할 것인데, 전일 경연에서의 일이 과연 말이 되는가. 서호수가 인사행정의 책임을 맡고 있으면서 자기를 찾아 묻지 않으면 파직을 요청하거나 삭직을 요청하거나 무엇이 잘못될 것이 있기에 굳이 남의 부자간에 끼어들어 그들의 말을 꼬집어 내어 이처럼 박절한 사태를 초래한단 말인가. 이 어찌 맑은 조정의 충후(忠厚)한 기풍이겠는가.(하략)[15]

또 명종 11년 7월 17일 계유조에 보면 다음과 같은 내용이 있다. 즉 성균관 유생 중에서 나이가 많아 후배들에게 영향력이 있을법한 당장유생 몇 명에게 우선적으로 어찰(御札)을 보여주고, 그 후에 대사성 임열에게 최종적으로 주도록 도승지 정유길(鄭惟吉)에게 명한 것인데, 자주 성균관에 가서 공자를 알성(謁聖)하고 유생들의 학업을 권장하고 싶었으나, 나랏일로 그리 하지 못한 것을 서운하게 여기다가 오늘 기회를 얻어 후추 열 말을 선물로 내리며 당부하기를, 모든 유생들은 배움에 진력하고 특히 충효에 마음을 두도록 명한 것을 보면 '효'라는 가치가 배움의 근본이라는 것을 인식할 수 있

---

15) 정조 15년 7월 3일 병자조...予於十餘年來, 前後國子之望, 終不點下弘履者, 已微示裒鉞, 而渠敢改換頭面, 倒弄事實, 反若爲左相間諜者然, 究其情態, 言之醜也. 聞是其母遺腹之子, 予之所敎尙者, 孝理之政, 不忍於其母生前, 施刑其子, 而所可慨然者, 左相事也. 始爲其姪賣弄, 終又容庇者, 猶以其事係至親. 無怪如此, 而惜乎以八十之年, 倚任如此, 則惟當一心公耳忘私, 而向日賓筵事, 其果成說? 徐浩修若當政而不就問, 則請罷請削, 何所不可, 而何苦爲處人父子之間, 抉摘其言語, 致有此迫隘底事? 是豈淸朝忠厚之風也?...

다. 군자가 되는 출발과 기본이 바로 이 효라는 것이다.

어찰로 도승지 정유길에게 전교하기를, "이것을 당장유생(堂長儒生)[16] 2, 3인에게 보인 뒤에 대사성 임열(任說)에게 주도록 하라." 하였다. 그 글에 이르기를, "내가 부족한 덕으로 외람되게 신민의 주인이 되었으니, 비록 문왕(文王)의 인재를 양성하는 아름다움에는 미치지 못하나 어찌 당 태종의 유생을 위로하는 마음이 없겠는가? 관학(館學=성균관과 4학)에 마음을 두어 인재들을 왕성하게 일으키려 하였으나 세월이 흘러도 효과를 보지 못하였다. 매번 경석(經席=경연)에서, 학교의 일이 해이해져서 사유(師儒)와 유생들이 모두 게을러 가르치지도 않고 배우지도 아니한다는 말을 들었으니, 이는 내가 인재를 양성하는 성의가 지극하지 못하여 그렇게 된 것이다. 유감 됨이 마음에 간절하여 자주 반궁(성균관)에 나아가 선성을 배알하고, 겸하여 유생들의 학업을 시험하고자 하였으나 근래 나라에 재앙이 많아 뜻은 있어도 이루지 못하여 마음이 항상 서운하였는데, 오늘 마침 하게 되었으니 이는 내가 다행으로 여기는 바이다. 특별히 호초(胡椒=후추) 열 말을 내려서 나의 정을 표하니, 모든 유생들은 그렇게 알도록 하라. 배움에는 근본을 힘쓰는 것을 귀하게 여기니 항상 당명(堂名)을 돌아보고서 충효에 마음을 두어 모두 후일에 군자다운 선비가 되도록 하라. 이것이 내가 바라는 바이다."(하략)[17]

뿐만 아니라 역시 명종 20년 1월 16일 갑인조에도 보면, '효감득어송(孝感得魚頌)'이라는 어제(御製)로 성균관 유생들에게 제술(製述)을 보게 하여 밀봉해서 그대로 가져오라고 명한 것인데, 제목에서 이미 효를 시험문제로 출제해서 효를 가르치고 재인식시켜서 테

---

16) 당장유생은 성균관 유생 중에서 나이가 가장 많은 유생들을 말함.

17) 명종 11년 7월 17일 계유조. 以御札, 傳于都承旨鄭惟吉曰: "以此示諸堂長儒生二三人後, 付大司成." 【任說】其書曰: "予以涼德, 叨主臣民, 雖不及文王作人之美, 豈無唐宗慰儒之念乎? 留意館學, 欲使人才, 蔚然而出, 歲月逾邁, 迨不見效. 每於經席, 聞學校之事廢弛, 師生俱惰, 不教不學云. 是予作成之誠, 未至而然也. 恨切于中, 欲累臨泮宮, 以謁先聖, 兼試諸生學業, 而近年以來, 國多災厄, 有志未逐, 心常缺然° 今日偶來, 是予之幸也. 特賜胡椒十斗, 以表予情, 諸生其知之. 學貴務本, 常顧堂名, 以忠孝爲心, 皆爲他日君子儒, 是予之望也."

스트하려 했다는 것을 알 수 있다. 그만큼 국왕의 머릿속에도 오로지 효가 항상 염두에 있었다는 사실을 파악할 수 있다. 그러므로 효치가 모든 왕들에게 최우선적인 과제였던 것이다. 제술시험에 따른 인센티브(incentive)로 술과 귤까지 하사했던 것을 보면 당근과 채찍의 방법을 쓰면서까지 언제나 고심했다는 것을 잘 알 수 있다.

> 대제학 홍섬(洪暹), 제학 박충원(朴忠元), 예문 제학 윤춘년(尹春年)을 명소(命召)하여 어제(御題)('효도에 감동하여 생선을 얻었다는 송[孝感得魚頌]')를 봉해서 내리며 이르기를, "반궁에 가서 유생들로 하여금 조용히 제술하게 하되 과차(科次)를 정하지 말고 봉해서 궁내에 들이도록 하라."하고, 이어서 승지 유혼(柳渾) 등을 보내어 선온(宣醞=술)하고 또 황감(귤)을 하사하였다.18)

## 3. 끝맺으며

지금까지 위에서 살펴본 바와 같이 효치는 모든 국왕들의 최우선적인 정치과제였으며, 그것이 성리학을 실천하는 것이었고 성리학의 이상인 덕치주의를 실현하는 것이었다. 하늘에 태양이 하나이고 그 태양이 만천하를 골고루 비추듯 국왕이 만백성들에게 덕화로써 국정을 펼치되 효도로써 해야만 왕실가정이 화목해지고, 신민들도 따라하며 그 결과 태평성대가 이룩될 수 있다는 유교적 이상을 현실화하는 것이었다.

교육에서도 『효경』19)과 『논어』20)를 통해 배운 효와 충의 윤리와

---

18) 명종 20년 1월 16일 갑인조. 命召大提學洪暹´ 提學朴忠元´ 藝文提學尹春年, 以御題【孝感得魚頌】封下曰: "其往泮宮, 使儒生等, 從容製述, 勿爲科次, 封入于內." 仍遣承旨柳渾, 宣醞. 且賜黃柑.

19) 『효경』에서는 「개종명의장」의 '身體髮膚 受之父母 不敢毁傷 孝之始也'가 그 대표적인 글귀. 『

가치를 체득해서 가정에서부터 실천하고, 정치에서도 『효경』과 『논어』를 통해 배운 효와 충의 윤리와 가치를 실천하는 것이 정교일치 시대에 있어서 지배층이든 피지배층이든 국왕이든 신하든 일반 백성이든 모두에게 아주 당연한 생활철학이었다.

다시 말해서 효는 천지자연의 불변적 원리이고, 합리적인 인간의 일이며, 모든 사람들이 실천해야 할 길이었다. 효는 불변적 원리이 자 합리적인 인간의 일이었으므로 모든 사람이 기꺼이 기준과 법도 로 삼아야 하는 것이었다. 누구나 자연의 질서를 잘 따르면 교화가 엄숙하지 않아도 이루어졌고, 요순시대처럼 정치가 엄격하지 않아 도 잘 다스려졌다. 옛날부터 훌륭한 국왕들은 효를 핵심 내용으로 삼아 교화를 할 때만이 모든 백성들이 감화·감동된다는 것을 알았 다. 따라서 솔선수범하여 백성들을 두루두루 사랑하는 자세를 갖추 어야 했다. 그래야 백성들도 자기 부모를 버리는 자가 없었다. 국왕 이 먼저 도덕적인 행동과 옳은 일을 베풀면 백성들이 고무되어 착 한 행동을 하였다. 그래서 통치의 수단인 사회규범으로서 효 사상 을 기초로 잡았던 것이었다.

이렇게 조선시대는 그 이전부터 유지되어 온 효상과 문화를 정치 의 전면에 내세우며 분명하고도 확실한 효치국가로서 출발하여 조 선왕조 5백년 내내 높고 낮은 물결을 이루며 약해질 때마다 다시금 재확인하고 재천명하는 정치의 요체를 효로 삼은 효치시대였다.

---

시경』「소아」편, 『명심보감』「효행」편에서도 많이 찾아볼 수 있다.

20) 『논어』에서는 「학이」편의 '其爲人也孝悌, 而好犯上者, 鮮矣, 不好犯上, 而好作亂者, 未之有也. 君子務本, 本立而道生. 孝悌也者, 其爲仁之本與'가 그 대표적인 글귀.

제6장

# 유아 효교육을 위한
# 지장경 탐색

**김 은 경**

(동국대학교 교수)

# 1. 글의 시작

공자는 인(仁)을 실현하는데 있어 가장 가까운 이부터 시작하라고 하였다. 이는 곧 부모에게 효를 다하는 것이 인(仁)을 실현하는데 있어 가장 근본임을 말하는 것이라 할 수 있다. 불교에서도 이와 마찬가지로 '효'에 대한 중요성을 강조하고 있는데, 불교의 교리를 쉽게 전파하기 위해 만든 회심곡 '부모은중경'과 음력 7월 15일에 절에서 행해지고 있는 '백중' 등은 민간에서 널리 알려지고 행해지던 불교와 관련된 대표적인 문화라 할 수 있다. 이 중 '부모은중경'은 부모가 자식을 품고 있는 때부터 낳아서 기르는 과정까지의 희생과 사랑을 노래한 것으로 부모님의 사랑이 얼마나 광대하고 깊은지 깊이 느낄 수 있는 내용이다. 또한 『지장경』 3품의 내용 중에는 '부모에게 불효하고 살해까지 하는 중생은 무간지옥에 떨어지게 되어 천만 억 겁이 지나도 벗어날 기약이 없다'고 말하고 있으며, 『지장경』 4품 중의 내용에는 '부모의 뜻을 거역하고 패륜을 저지르는 자를 만나면 천재지변으로 졸지에 죽게 되는 과보를 받게 된다고 말하고 있다. 이처럼 '효'란 인류 문화에 있어서 중요한 윤리적 규범으로 어느 철학이나 종교에서도 인류의 중요한 정신적 가치로 다루고 있으며 동시에 인류의 자연스러운 윤리와 도덕적 규범이 되어 왔다.[1] 그러나 현대사회에 들어 와서는 '효'에 대한 가치가 퇴색되어 가고 있을 뿐 아니라, 최근에는 부모를 학대하고 심지어 "영원토록 무간지옥에서 나올 수 없는 죄"에 해당하는 살인까지 저지르는 일들이 일어나고 있다. 이러한 현상에 대한 원인은 다양하겠으나 결국 교육과 환경이 주된 이유라고 볼 수 있다. 따라서 유아교육현장에서도 '효'교육의 중요성에 대해 인식하고 있으며, 국가수준 교육과정인 누리과정 '교사용 지침서'에서도 전인적 인성교육을 강화하기 위한 지도 덕목 안에 '효'가 포함되어 있다. 그러나 다른 덕목에 비해 '효'에 대한 내용이 상대적으로 미흡하다고 보여 지며 유아 효 교육과 관련된 연구도 활발하지 못한 상태이다. 유아 '효'교육과 관련 된 가장 최근의 연구로는 가정과 연계한 효 중심 유아 인성교육 프로그램을 개발·적용한 결과 유아의 인성수준, 효 행동, 긍정적 또래 상호작용 향상에 효과가 있음을 밝힌 연구[2]와 효 주제 그림책을 활용한 교육활동이 유아의 효 행동과 조망수용능력에 긍정적 효과가 있음을 증명한 연구[3]가 있다. 그리고 영·유아교사 및 예비유아교사를 대상으로 한 효 교육에 대한 인식 및 실태조사 연구 2편도 검색되었는데,[4] 영·유아교사를 대상으로 한 조사에서는 연구대상의 69.3%가 효 교육에 관심이 있으며 효 교육의 목적으로는 인격형성, 효 교육이 강조되고 있는 이유는 도덕적 해이가 가장

---

1) 안희진, 「'효'에 대한 유아와 도가의 관점을 논함」, 『중국학논총』, 제 30권, 2010, 217쪽.

2) 임성혜, 부성숙, 「효 중심 유아 인성교육 프로그램 개발」 『아동교육』, 제 26권 2호. 2017, 295 ~325쪽.

3) 류승희, 홍지명 「효 주제 그림책을 활용한 교육활동이 유아의 효 행동 및 조망수용능력에 미치는 영향」, 『인문사회 21』, 제6권 3호, 2015, 417~440쪽.

4) 이현경, 홍지명, 이은정, 「유아 효 교육에 대한 예비유아교사 인식 조사연구」, 『인문사회 21』, 7권 1호, 2016, 365-392; 오세봉, 「영, 유아 효 교육에 대한 교사 인식조사」, 『사회복지경영연구』, 2권 1호, 2015, 153~172쪽.

높게 나타났다. 예비유아교사를 대상으로 한 조사에서는 효 교육의 필요성에 대한 인식은 높게 나타났으나 학습경험이나 개념도는 보통 이하로 나타났으며 유아 효 교육에 대한 예비교사 프로그램과 유아를 위한 현대적인 효 교육에 대한 기초이론 교육의 필요성을 높게 인식하고 있었다. 그러나 선행연구들을 통해 확인할 수 있듯이 현재 유아 및 유아교사와 관련 된 '효'교육에 대한 연구는 매우 미흡한 실정이다. 따라서 여러 연구자들이 관심을 가지고 유아 '효'교육의 필요성과 가치를 증명하는 것과 함께 유아교육현장에서 적용할 수 있는 다양한 '효'교육 프로그램을 개발하는데 적극적으로 나설 필요가 있다.

한편, 고대사회부터 우리 민족은 '효'에 대해 높은 가치를 부여하고 있었는데, 김익수는 효를 중핵으로 한 국민교육의 내용이 곧 환웅의 교육사상이라고 하였으며,[5] 심우섭은 홍익인간의 윤리는 우리민족 윤리사상의 근저가 되었고 민족 주체의식을 형성하는 힘이 되어 가정윤리인 효 사상에 주체적 역할을 했다고 보고 있다.[6] 또한 『삼국사기』권4. 「신라본기」 '진흥왕' 37년 조의 내용 중 "집에 들어오면 부모에게 효도하고 나와서는 나라에 충성하는 것은 노사구(공자)의 주지요, 무위(無爲)의 일에 처하고 불언의 가르침을 행하는 것은 노자의 종요(宗要)이며, 모든 악(惡)한 일을 하지 않고, 모든 착한 일을 받들어 행하는 것은 축건태자(석가모니)의 교화이다."라는 기록을 통해서도 효는 고대사회부터 매우 중요시되었던 덕목임을 확인할 수 있다. 이러한 사실은 국가 수준 유치원 교육과정에서도 전통문화교육을 중시하고 있는 현 시점에서, 우리민족에게 중요한 가치이자 덕목이며 교육 사상인 '효'를

---

5) 김익수. 「한웅(桓雄)의 우리 사상형성과 효교육문화의 전개」, 『한국사상과 문화』, 제55집, 2010, 319쪽.
6) 심우섭 「한국 전통문화 속의 효 사상」, 『유교문화연구』, 제14권, 2009, 115쪽.

전통문화교육과 연계하는 방안에 대해 고민하도록 한다. 이에 본 연구자는 『지장경』을 유아 '효'교육에 활용하고자 하는데 목적을 두고, 이를 위한 기초연구로서 먼저 『지장경』의 내용을 탐색해 보고자 한다.


## 2. 이론적 배경

『지장경』은 지장사상(신앙)과 관련된 대표적 경전 중 하나로서, 인간의 심성문제를 다룸으로써 대중에게 친근감을 줄 뿐 아니라 '효'를 중심으로 내용을 전개하고 있어 조선시대와 같은 유교중심 사회에서도 큰 거부감 없이 수용되어 현재 까지 전해지고 있다.[7] 또한 지장신앙은 부모에게 효도하고 극락왕생을 바란다는 점에서 토속신앙인 '바리데기'나 제주도 지장본풀이와 상당한 관계가 있다고 보고 있으며, 이 세 가지 모두 연구대상으로서, 종교대상으로서, 문화·예술로서 현재까지도 그 가치를 발하고 있다.

한편 지장경전은 여러 가지가 있는데 먼저 '지장삼부경'이라 하여 『지장보살본원경』, 『대승대집지장십륜경』, 『대원지장점찰선악업보경』이 대표적이라 할 수 있다. 그밖에 『지장보살다라니경』, 『지옥보응경』, 『지장보살본업경』, 『지장보살십재일경』등도 있는데 이들은 모두 지장신앙을 부분적으로 해석한 책들로서 밀교적인 것으로 분류하고 있다.[8] 이 중 『지장보살본원경』은 『대승대집지장십륜경』과 함께 지장보살의 사상과 그 원력이 주로 설해져 있으나[9] 현재 위경으

---

7) 김은경, 「유아 서번트 리더십 교육을 위한 지장경 탐색」, 『홀리스틱융합연구』, 제22권 1호, 2018, 1~23쪽.

8) 서혜인, 『지장경』의 다차원적 읽기」, 중앙승가대학교 석사학위논문, 2017, 3쪽.

9) 『지장경』, 우천편역, 『한글지장보살본원경』, 정우서적, 2013, 217쪽.

로 학자들 간의 논쟁의 대상이 되고 있다.10) 그럼에도 불구하고 『지장보살본원경』은 현재 지장신앙 및 사상 관련 연구에서 주요한 자료로 사용되고 있을 뿐 아니라, 많은 사람들에 의해 한글로 번역되어 불교 신자들 및 관심 있는 대중들에게 『지장경』이라는 이름으로 불리며 가장 활발히 읽히고 있다. 따라서 본 연구에서도 대중들과 가장 친밀한 관계를 형성하고 있는 『지장경(지장보살본원경)』을 연구대상으로 하였으며 한문과 한글 번역이 함께 수록되어 있는 우천 편역본을 주요 텍스트로 하였다.

　연구대상인 『지장경』은 당나라의 실차란타가 번역하고 영조 때에 언해본이 처음 나왔으며 현재는 여러 사람에 의해 한글로 번역되어 읽히고 있다. 내용은 총 13품으로 지장보살의 전생담 4가지와 모든 중생을 제도하겠다는 지장보살의 서원, 지장보살의 공덕, 지옥의 종류와 과보, 부처님이 지장보살을 찬탄하는 내용, 선업을 짓는 방법과 그에 대한 결과, 지장보살을 믿음으로써 얻게 되는 이익 등으로 이야기가 전개된다.

　이 이야기들의 주인공이라 할 수 있는 지장보살은 대중들에게 있어 '지옥에 떨어진 중생을 구제해주는 신', '죽은 영혼을 좋은 곳으로 천도해 주는 신' 등으로서의 의미가 크게 작용하고 있다. 이러한 이유 때문인지 사찰에 따라 다르지만 '명부전' 또는 '지장전'이라는 이름으로 옥황상제를 비롯하여 죽음을 관장하는 신들과 함께 독립적으로 모셔져 있기도 하다. 그러나 전술하였듯이 『지장경』의 내용을 자세히 살펴보면 죽음과 관련 된 내용들만 있는 것이 아니라 바른 삶의 실천방법과 함께 잘못된 행동을 스스로 경계할 수 있는 이야기들도 포함되어 있다. 따라서 한태식은 업보가 두텁고 죄가 많은 지옥중생을 구원하는 大悲願

---

10) 김태훈, 「한국의 문화: 한국 지장신앙의 원류」, 『한국사상과 문화』제56권, 2011. 345쪽.

의 사상이 곧 지장사상이라 하였고11), 최현주는 지장보살의 수행공덕과 함께 중생들의 공덕을 통한 회향사상이자 인과응보사상이라고 말하고 있으며12), 홍재성은 생명 중시사상과 무진사상, 보시 및 복전사상을 지장사상으로 보고 있다.13) 이들의 연구를 통해서도 알 수 있듯이『지장경』에서는 타인에 대한 너그러움, 베풂, 나눔, 존중, 그리고 부정적이든 긍정적이든 자신의 행위에 대한 결과가 분명히 있다는 것을 말하고 있으며 이는 인성교육 요소들과도 일치한다. 특히 지장보살의 전생담을 통해 인성의 기초라고 할 수 있는 '효'에 대한 이야기들이 전개되고 있는데, 현세에 실천해야 할 '효'뿐 아니라 연기론과 보시의 덕목을 기저로 하여 삼세(과거, 현재, 미래) 모두에 걸쳐 '효'를 실천할 것을 설하고 있다.

또한『지장경』에는 유아들의 흥미를 이끌어 낼 수 있는 내용들이 다수 포함되어 있는데, 예를 들어 도리천궁이나 지옥과 같이 현실에서 만날 수 없는 환상적 세계와 수많은 신들이 부처님 앞에 모여 설법을 듣고 질문하는 모습, 지장보살의 전생담, 윤회 등과 같은 내용들은 환상 동화적 요소들로써 유아들의 상상력과 흥미를 자극한다. 이는 생명이 없는 사물도 살아 움직인다고 생각하는 물활론적인 사고, 자신의 생각이나 소망, 꿈 등이 실재 존재한다고 믿는 실재론적 사고와 이 세상의 모든 것이 사람에 의해 만들어 질 수 있다고 생각하는 인공론적 사고를 지니는 유아기의 특성 때문이다.14) 따라서 유아 효 교육에 있어『지장경』은 활용가치가 있음을 짐작할 수 있다.

---

11) 한태식,「지장사상에 관한 연구」,『정토학연구』제15권, 2011, 10쪽.
12) 최현주,「지장신앙에 나타난 자비관과 상담의 상관성 고찰」,『한국선학』제40권, 2015, 12쪽.
13) 홍재성,「地藏思想과 삼계교」,『정토학연구』제15권, 한국정토학회, 2011. 53쪽.
14) 이대균, 백경순, 송정원, 이현정, 유아문학교육. 공동체, 2016, 21쪽.

## 3. 연구방법

### 1) 연구절차 및 연구대상

『지장경』의 '효'내용을 탐색하기 위해 먼저, 본 연구자와 연구보조자 (박사과정)1인은 각자『지장경』의 내용을 읽고 효와 관련된 내용을 분류·정리하였다. 다음으로 연구자와 연구보조자가 각기 분류·정리한 내용을 비교하여 살펴보았는데 "지장보살의 전생담" 중 '바라문의 딸'과 '광목이라는 여인'과 '49재'의 내용이 일치되었다. 그러나 '선지식'에 대한 내용은 일치되지 않아 연구자와 연구보조자 그리고 유아교육을 전공하고 있는 박사과정스님 총 3인이 함께 '선지식'의 내용이 유아효 교육에 적합한가에 대해 논의를 한 후 본 연구대상에 포함하였다. 이러한 과정을 통해 설정된 '선지식'과 "지장보살의 전생담" 중 '바라문의 딸', '광목이라는 여인', 그리고 '49재' 의 내용이 유아 효 교육에 활용 가능성이 있는지 확인하기 위하여 박사학위를 소지한 유아교육기관 원장 2인에게 검증을 의뢰하고 적합하다는 답변을 얻은 후 최종 연구대상 내용으로 선정하였다.

### 2) 연구도구

설정된 효에 대한 내용은 신선진[15]이 효 윤리를 분석하기 위한 틀로 제시하였던 것을 박은숙[16]이 '보편화 가능한 효 윤리체계'로 변환하여 사용한 순종·친애·존속·대리의 네 가지 준거를 사용하여 탐색하였다. 이 네 가지 준거는 연령의 특성과 덕목의 성격에 따라 낮은 나이에

---

15) 신선진,「유아기 효 교육과정에 관한 연구」,『효학연구』, 제14호, 2011, 105~125쪽.
16) 박은숙,『스토리텔링을 통한 유아의 효의식 형성체계』, 성산효대학원 박사학위논문. 2016.

서 주로 행할 것과 높은 나이에서 주로 행할 것으로 구별되는데, 신선진은 그의 연구에서 이 덕목들을 적용하여 유아 효 교육의 지도방법과 교수-학습과정을 제시하였으며, 박은숙은 전술한 네 가지 준거로 그림 동화책을 분석한 후 스토리텔링 기법을 사용하여 유아 효 교육 방안을 제시하였다. 따라서 본 연구 역시 유아 효 교육을 위한 기초연구이므로 이들의 연구에서 사용된 네 가지 준거로『지장경』에 나타난 효 내용을 탐색하여도 무리가 없을 것이라 판단되었다. 이들이 제시한 네 가지 준거에 대해서는 박은숙의 연구에서 비교적 상세히 설명하고 있는데 그 내용을 중심으로 간략하게 살펴보면 다음과 같다.[17]

첫째, 부모님에 대한 순종의 효는 동서양 고금을 거쳐 빠짐없이 강조되고 있는 것으로 부모의 뜻을 따르는 것을 말한다. 예컨대, 부모는 공동체가 공유하고 약속하는 규범들을 가르치며 자녀를 사회화 하는 것과 함께 부모 자신의 가치관 신념, 생의 경험들을 가르친다. 이러한 부모의 뜻과 말씀을 믿고 잘 따르는 것을 순종의 효라 할 수 있다. 유가의 철학에서도 효심의 내용으로 친친(親親), 경장(敬長), 보본(報本), 반시(反始)를 들고 있는데, 이 중 경장은 지식과 경험이 많은 어른, 즉 부모를 공경하고 존경하여 그 뜻에 순종하는 것을 말한다.[18] 또한『삼국유사』「효선」편 '진정사 효선상미' 이야기에서도 어머니 봉양을 위해 출가를 망설이고 있는 진정에게 자신(어머니)을 위해 출가를 하지 않으면 나(어머니)를 지옥에 떨어지게 하는 것이라 말하며 출가하기를 명하자 진정은 어머니의 뜻에 순종하여 출가를 하게 되는데, 이는 부모자신의

---

17) 박은숙,『스토리텔링을 통한 유아의 효의식 형성체계』, 성산효대학원 박사학위논문. 2016, 17~22쪽.
18) 이강수,『중국 고대철학의 이해』. 지식산업사, 1999, 40~41쪽.

가치관과 신념에 대해 자녀가 순종하는 예라 할 수 있다.

둘째, 친애는 부모와 자녀의 인격적 관계, 인격적 평등함을 말한다. 사회 통념상 수용되는 자녀의 인격과 자유의 보장이 부모와 자녀의 친밀함에 기초가 되는데 이러한 친애적 관계는 본능적이며 친애의 방식은 사회라는 환경과 상호작용한다. 이와 관련하여 오길주, 곽종형은 효는 혈연적 유대와 자연스런 친애의 감정으로부터 발현되는 것은 맞지만 사회의 변화에 맞게 효의 개념을 쌍방향적 도리로 확장 해석하여 상하관계의 효가 아니라 호혜관계 더 나아가 수평적 관계로 확장적인 재해석이 필요하다고 말하고 있다.[19] 불교에서도 효는 부모와 자식의 관계가 일회적인 것이 아니며 윤회를 통해 자식이 부모가 되고 부모가 자식이 될 수 있다는 생각을 바탕으로 부모, 자식 간의 상호성과 평등성을 전제로 그 관계를 설정하고 있다.[20] 따라서 친애의 효는, 부모는 자녀를 독립된 인격체로 존중하는 것과 함께 부모로서의 도리를 다 하고 자녀는 이러한 부모를 존경하고 공경하며 진심으로 섬기는 관계를 말하는 것이라 할 수 있다.

셋째, 존속은 자녀가 부모의 심정적 신체적 상태를 건강하도록 유지하고 보살펴 드리는 것으로 순종, 친애와 관련성을 갖는다. 부모의 몸과 마음에 대한 이해는 효의 시각을 넓게 할 수 있는데 신체가 겪을 수 있는 욕구는 의식주 해결에 대한 염려라고 볼 수 있으며 심정적 욕구로는 부모로서 갖는 존엄성에 대한 인정을 말한다. 최문기의 연구에서도 효를 실천하는 방법으로는 부모의 몸을 봉양하는 것과 부모의 뜻을 받드는 것, 즉 육체적 정신적 측면이 조화를 이루어야 진정한 '효'가 이루어진

---

19) 오길주, 곽종형, 「현대사회에서 상호적 관계로 효 개념 재해석 필요성 및 방안」, 『사회복지경영연구』, 제3권 2호, 2016, 316, 322쪽.

20) 정수동, 「불교의 효 사상」. 『효학연구』, 제8호, 2008, 274쪽.

다고 말하고 있다.21) 이와 관련하여 심정적 보살핌으로는 앞서 언급한 '진정'의 이야기를 들 수 있으며, 신체적 효로는 자신의 자녀 때문에 어머니가 굶주리게 되자 아이를 땅에 묻으려한 『삼국유사』「효선」편 '손순매아' 이야기를 들 수 있다.

넷째, 대리의 효는 부모와 자녀의 관계 면에서 볼 때 아주 극단적인 상황에서 적용될 수 있다. 부모와 자녀의 관계가 매우 상식에 어긋나는 파탄적인 관계에서 자녀로 하여금 극한의 극복 상태에서 발생하도록 하는 효를 말한다. 이 경우 자녀는 자연법, 우주 질서, 사회적 이데올로기 등에 기초한 신념을 자신의 이해상태에 결부시킨다. 이러 상태는 부모와 자녀의 일체감이 매우 적은 상태라고 할 수 있으며, 이러한 관계에 놓여 있는 자녀의 효 행위는 부모뿐만 아니라 보다 확대된 공동체의 구성원을 염두하고 한 것으로 볼 수 있다. 대표적으로 자신을 버린 아버지를 위해 갖은 고생을 하며 생명수를 구하는 '바리데기(공주)'의 이야기를 예로 들 수 있다.


## 4. 『지장경』과 효

본 장에서는 전술한바와 같이 순종, 친애, 존속, 대리의 보편화 가능한 네 가지 효 윤리체계를 적용하여 『지장경』에서 분류·정리한 효에 대한 내용을 탐색하고자 한다.

---

21) 최문기, 「현대사회에서 부모부양의 내실화 방안」, 『효학연구』, 제15호, 2012, 15쪽

## 1) 선지식과 효

『지장경』에 나타난 선지식은 자신의 지식과 경험을 토대로 위험한 길로 가려는 중생을 바른길로 인도하고자 하는 내용을 설하고 있는데 그 내용을 살펴보면 다음과 같다.

선지식은 그를 부축하고 이끌어 위험을 벗어나 안전한 곳에 이르게 하고 그에게 말할 것이다. '이 사람아, 다음부터는 결코 저 길로 가지 마시오. 저 길로 들어가면 좀처럼 빠져 나오기 어려울 뿐 아니라 목숨까지도 잃게 된다오.' 길을 잃었던 사람은 깊은 감동을 받을 것이다. 헤어질 때 선지식은 또 말 할 것이다. '만약 저 길을 가는 사람을 보면 그가 친지이거나 아니거나 남자이거나 여자이거나 간에, 저 길에는 여러 가지 악독한 것들이 많아 목숨을 잃게 된다고 말해 주어, 그들이 죽음의 길에 들어서지 않도록 하시오.'[22]

위의 내용에서 선지식은 곧 지장보살을 말한다. 연구에 따르면 지장신앙은 고대인도 바라문교에서 숭앙하던 지모신(地母神)을 불교가 수용한데서 기원하였는데 이 지모신앙은 대지가 씨앗을 품었다가 싹을 틔우는 현상이 어머니가 생명을 잉태하고 아기를 출산하는 현상과 비유되어 지모신 신앙이 발생하였다고 한다.[23] 이러한 이유 때문인지는 모르겠지만『지장경』의 내용 중에는 지장보살이 자신의 성불까지 미루고 중생을 구제하고자 하는 모습을 보이고 있는데, 이는 부모가 자신을 희생하며 자식을 위해 헌신하는 모습과 같은 맥락이라 할 수 있다.

이러한 전제하에 선지식의 내용을 살펴보면, 먼저 선지식(부모)는 어리석은 중생(자녀)을 위험에 빠지지 않도록 인도하고 있다. 비록 구체

---

22) 우천 편역 한글『지장경』5품
23) 김용덕,「지장신앙의 수용과 전승양상」,『한국언어문화』, 52권 52호, 2013, 58쪽

적으로 어떤 위험인지 이 내용에서는 언급하고 있지 않지만 『지장경』 전체의 내용 혹은 불교사상을 통해 유추해 본다면 살생을 한다거나 남을 비방하고 탐욕을 부리고 게으르고 나태한 생활, 타인에게 인색함 등등 우리가 알고 있는 바람직하지 못한 행동과 생각을 말하는 것으로 실제 생활에서도 이러한 잘못을 저지를 경우 지탄의 대상이 되거나 그에 상응하는 대가를 치르게 된다. 따라서 선지식(부모)은 이러한 잘못들을 위험한 길로 보고 그 길로 가게 될 경우 부정적 결과가 있음을 말하며 중생(자식)을 바른길로 인도하고자 하는 것이다. 그러므로 위에 제시한 선지식의 내용은 공동체의 규범이나 부모 자신의 가치관·신념·생의 경험 등을 가르치고 자녀는 이러한 부모의 뜻을 따르는 순종의 효와 연관 지을 수 있다.[24]

위에 제시한 내용을 좀 더 살펴보면, 선지식은 자신의 가르침에 순종하고 이를 통해 깨달은 중생에게 그것을 타인에게 까지 알려주도록 하고 있다. 이는 자녀가 타인에게 모범이 되도록 하는 것과 함께 개인의 안위만을 위한 삶이 아니라 이타심을 가지고 이를 실천하도록 지도하는 부모의 모습과 같은 맥락이라 볼 수 있다. 혹은 자식이 장성하여 부모가 되었을 때에 선지식(부모)에게 배운 것처럼 자녀를 잘 지도하라는 뜻이라고도 볼 수 있다. 결국 불교적 입장이 아니어도 인간의 삶은 매우 공생적이고 순환적이라는 관점에서 본다면 선지식의 올바른 가르침을 실천하고 순종하였을 때에 자녀들은 또 다른 선지식이 될 수 있을 것이다.

부모에게 순종하고 공경하며 효를 다해야 하는 이유는 부모가 자녀를 바른 길로 안내한다는 이유 때문만은 아니다. 왜냐하면 순종의 효에는 부모가 한 생명을 낳고 사랑으로 양육한 것에 대해 자식은 마음을 다

---

24) 박은숙, 『스토리텔링을 통한 유아의 효의식 형성체계』, 성산효대학원 박사학위논문. 2016, 17쪽

해 그리고 예(禮)를 갖추어 공경하고 섬겨야 한다는 것25)과 부모가 베푼 은혜에 대한 보은적 성격26)도 포함되어 있기 때문이다. 이와 관련하여『증일아함경』에서는 다음과 같이 말하고 있다.

> 두 사람에게는 아무리 착한 일을 하여도 그 은혜를 다 갚을 수 없다. 어떤 사람이 그 두 사람인가? 아버지와 어머니를 일컫는 말이다. 가령 비구들아, 어떤 사람이 왼쪽 어깨에 아버지를 업고 오른쪽 어깨에 어머니를 업고 다니면서 천만년 동안 의복·음식·평상·침구·질병을 치료하는 의약품 등으로 공양할 때에 그 부모가 설령 어깨 위에서 오줌과 똥을 눈다 하더라도, 오히려 그 은혜를 다 갚을 수 없을 것이다. 비구들아 반드시 알아야 한다. 부모의 은혜는 참으로 막중 하니라. 우리들을 안아 길러 주었고, 수시로 보살펴 시기를 놓치지 않았기 때문에 우리가 저 해와 달을 보게 된 것이다. 이런 사실(방편)로 보아 이 부모의 은혜를 갚기란 참으로 어렵다는 것을 알 수 있을 것이다. 그런 까닭에 모든 비구들아 너희들은 마땅히 부모에게 공양을 해야 할 것이요, 항상 효도하고 순종하여 그 시기를 놓치지 말아야 하느니라. 이와 같나니 모든 비구들아 꼭 이와 같이 공부해야 하느니라.27)

이처럼 부모는 자식을 위해 많은 희생과 헌신을 하였음에도 불구하고 자식은 그 은혜를 모두 다 갚을 수 없다. 어머니가 자녀를 잉태하여 출산하기까지 수고로움과 고통에 대해 동일한 방법으로 갚을 수도 없고, 혹여 자식에게 병이라도 나거나, 걱정스러운 일이라도 생기면 어쩌나 노심초사하시는 부모의 마음의 크기와 깊이를 짐작조차 할 수 없다. 불교 경전 곳곳에는 '세간의 착한 법이란 이 세상에 살면서 부모에게 효도하고 순종하는 것28)이라고 말하고 있다. 따라서 효순하지 못함을 '내

---

25) 채명금,「효 교육의 현대적 실천방안」,『사회복지경영연구』3권 1호, 2016, 173쪽

26) 정수동,「불교의 효 사상」.『효학연구』, 제8호, 2008, 16쪽

27) 동국대학교 전자불전문화콘텐츠연구소, 한글『증일아함경』제 11권 12. K. 649(18-313).

28) 동국대학교 전자불전문화콘텐츠연구소, 한글 대반야바라밀다경, 401-500, 8086쪽; 한글 광찬

리사랑'이라는 말로 변명하기 보다는 부모가 원하는 것이 무엇인지, 불편한 것은 없는지 등 모든 면을 잘 살피며 최선을 다해 보살펴 드려야 하는 것이다.

이상과 같이 선지식에 대한 내용은 순종의 효와 관계가 있다고 할 수 있다. 다양한 매체를 통해 필요한 지식을 즉각적으로 얻을 수 있는 정보의 홍수시대라고 하는 지금의 사회에서도 학습과 경험을 통해 얻은 지식과 지혜를 통해 바른 길로 인도하고자 하는 부모님의 사랑과 가르침은 얻을 수 없다는 점을 생각한다면 순종의 효가 지닌 가치를 다시 한 번 깨달을 수 있다.

## 2) 지장보살의 전생담과 효

『지장경』에 나타난 지장보살의 전생담 중 지장보살의 효행이 드러난 내용은 두 가지가 있는데, 하나는 바라문의 딸로 태어났을 때와 광목이라는 여인으로 태어났을 때이다. 먼저 바라문의 딸로 태어난 이야기를 간략하게 소개하면 다음과 같다.

> ... 그녀의 어머니는 삿된 것을 믿고 항상 삼보를 가벼이 여겼다. 이때에 딸은 여러 가지 방편으로 그녀의 어머니가 바른 생각을 갖게 하였지만, 그녀의 어머니는 온전한 믿음을 가지지 않았고 오래지 않아 목숨이 다해 혼신이 무간지옥에 떨어졌다. 바라문의 딸은 어머니가 살았을 적에 인과를 믿지 않고 악업을 일삼았으므로 당연히 업에 따라 악도에 떨어졌을 것으로 짐작하고 집을 팔아서 좋은 향과 꽃 등 여러 공양구를 구입하여 선불(각화정자재왕여래)의 탑사에 가서 크게 공양을 올렸다...(중략) '부처님이시여, 인자하신 마음으로 저를 불쌍히 여기시어 우리 어머니가 태어난 곳을 어서 말씀하여 주십시오. 저는 이제 몸과 마음이 머지않아 죽을 것 같습

---

경, 1-10, 149쪽

니다.' ...(중략) 효순한 자식이 어머니를 위하여 각화정자재왕여래의 탑사에 공양을 올리고 복을 닦은 공덕으로 보살의 어머니뿐만 아니라 그날 이 무간지옥에 있던 죄인 모두가 함께 천상에 태어나는 기쁨을 누리게 되었습니다...(중략). 바라문의 딸은 모든 사실을 깨닫고 곧 각화정자래왕여래의 탑상 앞으로 나아가서 이렇게 큰 서원을 세웠다. '저는 미래 겁이 다하도록 죄의 고통에 빠진 중생이 있으면 널리 방편을 베풀어 기필코 해탈케 하겠습니다.' 부처님께서 문수사리에게 말씀하셨습니다. '그때의 귀왕 부독은 지금의 재수보살이고, 바라문의 딸은 바로 지금의 지장보살이다.'[29]

위의 이야기 중 '그의 어머니는 삿된 것을 믿고 항상 삼보를 가벼이 여겼다'에서 '삼보'란 불(佛)·법(法)·승(僧)을 말하는 것이다. 따라서 바라문의 딸의 어머니가 삼보를 가벼이 여겼다는 것은 불교에서 추구하는 가치나 법을 어기고 죄업을 지으며 살았음을 알 수 있다. 이에 바라문의 딸은 어머니가 나쁜 죄를 짓지 않도록, 바른 생각을 갖도록 끊임없이 노력하지만 결국 어머니는 지옥으로 떨이지게 되었고, 그런 어머니를 위해 바라문의 딸은 집을 팔아서 각화정자재왕여래의 탑사에 크게 공양을 올리는 등 갖은 정성을 쏟는다. 그리고 이러한 딸의 효순함으로 인해 결국 어머니는 지옥에서 벗어 날 수 있었으며 천상에서 태어나는 기쁨까지 누리게 되었다고 말하고 있다.

이상과 같이 바라문의 딸이 보인 효는 자녀가 부모의 심정적·신체적 상태를 건강하도록 유지하고 보살펴 드리는 존속의 효[30]를 엿볼 수 있다. 실제 지옥이 존재하는지에 대해서는 개인의 믿음에 따라 다르게 판단하겠지만, 죄업을 지으면 양심의 가책을 느끼거나 혹은 타인에게 지탄을 받는 등의 일들로 인해 심리·정서적 편안함을 추구할 수 없다.

---

29) 우천 편역 한글 『지장경』 1품 중
30) 박은숙, 『스토리텔링을 통한 유아의 효의식 형성체계』, 성산효대학원 박사학위논문. 20쪽

나아가 심리·정서적 불안감은 신체에도 부정적 영향을 미치게 된다는 것은 잘 알려진 사실이다. 따라서 위의 글에서 보이고 있는 그러한 효는 물질적 효가 전부가 아님을 다시 한 번 상기시켜주는 이야기라고 할 수 있다. 그러나 이러한 존속의 효를 실천하기 위해서는 친애의 효가 수반되어야 한다. 친애의 효는 부모와 자녀의 인격적 관계, 인격적 평등함을 말하는 것으로 부모와 자녀의 친밀함의 기초가 된다.[31] 불교에서는 인간적으로 평등한 관점에서 부모와 자식 간의 자애와 공경을 순일한 연기적 관계로 설하고 있는데, 효는 부모님의 은혜에서부터 시작하며 신분적인 상·하의 윤리와 지배·복종의 관계가 아닌 자식과 부모 양쪽 모두가 평등한 인간적인 입장에서 관계를 맺고 있는 수평적 윤리도덕이라고 말하고 있다.[32] 따라서 부모의 잘못된 생각과 행동까지 수용하고 순종하는 것이 아니라 바라문의 딸처럼 부모가 죄업을 짓지 않도록 간언하는 것 또한 효를 실천하는 것이라 할 수 있다. 이러한 친애의 효는 현대사회의 효 개념으로 제시된 쌍무적·수평적 관계와 같은 맥락이라 할 수 있다.[33]

다음은 지장보살의 전생담 중 광목이라는 여인으로 태어났을 때의 이야기를 간략하게 소개하면 다음과 같다.

광목은 자신의 어머니가 살아생전에 지은 죄업으로 인해 지옥에서 고통 받고 있다는 것을 알고, 나한이 알려준 방편대로 어머니를 구하기 위해 아끼던 것들을 팔아 부처님께 정성껏 공양을 올린

---

31) 박은숙, 『스토리텔링을 통한 유아의 효의식 형성체계』, 성산효대학원 박사학위논문. 18쪽
32) 강기선, 「불교 효 윤리의 교육적 특성」, 『효학연구』, 제25호, 2017, 117쪽
33) 오길주, 곽종형, 「현대사회에서 상호적 관계로 효 개념 재해석 필요성 및 방안」, 『사회복지경영연구』, 제3권 2호, 2016, 313~326쪽.

다. 이러한 광목의 효심에 감동한 부처님은 광목의 꿈에 나타나 광목의 집에서 부리는 종의 자식으로 태어날 것이라고 알려준다. 얼마 후 광목의 집에 있는 한 여종이 자식을 낳았는데 사흘이 채 못 되어 머리를 숙여 슬피 울면서 광목에게 자신의 어미라고 울면서 말한다. 그리고 광목의 어머니는 자신이 죄업으로 인해 지옥에서 고통을 받다가 너(광목)의 복력 덕분에 사람의 몸을 받았지만 미천하고 수명이 짧아 열세 살이 되면 다시 악도에 떨어지게 된다고 말한다. 그리고 이 고통에서 벗어날 수 있는 방편이 있느냐고 광목에게 물으며, 죄업으로 인해 지옥에서 받는 고통은 차마 말로 할 수 없다고 한다. 그러자 광목은 슬피 울며 다음과 같이 발원한다. '저의 어머니가 지옥에서 영원히 벗어날 수 있게 하소서. 열세 살의 명을 마친 다음에도 다시는 무거운 죄를 받지 않고 나쁜 곳에 떨어지지 않게 하여 주십시오. 시방의 모든 부처님, 저를 가엾이 여기시어 제가 어머니를 위하여 세우는 이 광대한 서원을 들어 주십시오. 만약 저의 어머니가 영겁토록 나쁜 과보를 다시 받지 않게 된다면, 저는 청정연화목 여래의 상 앞에서 맹세하겠습니다. 오늘 이 순간부터 백 천만 억 겁 동안 모든 세계에 있는 지옥과 삼악도에서 고통 받고 있는 모든 중생들을 제도하여 지옥, 축생, 아귀 등 악취에서 영원히 벗어나게 하고 이런 무리들을 모두 다 성불케 한 후에야 저는 정각을 이루겠습니다. 이러한 광목의 발원으로 인해 그의 어머니는 업보를 씻게 되었으며 후에 해탈보살이 되어 중생을 제도하게 된다.'[34]

광목이라는 여인의 이야기는 기본적으로 바라문의 딸 이야기에서처럼 지옥에 떨어진 어머니를 구하기 위해 효심을 발휘하고 결국 그 어머니는 고통 받던 지옥에서 벗어나게 된다는 비슷한 내용으로 전개된다. 단지 조금 다른 내용은 어머니가 딸(광목)에게 자신이 겪고 있는 고통에서 벗어날 수 있는 방법을 찾아달라는 의미의 말을 한다. 그러자 광목(딸)은 삼악도에서 고통 받고 있는 중생들을 모두 제도하기 전까지 자신은 성불하지 않겠다는 서원을 하게 되고 이로 인해 그의 어머니는 고

---

34) 우천 편역 한글 『지장경』 4품 중.

통에서 벗어나게 된다. '어머니와 자식과 같은 지극히 가까운 사이라 할지라도 그 길이 달라 헤어지게 되며 비록 서로 만나더라도 업보를 대신 받을 수 없다'는『지장경』5품의 내용에 비추어 본다면, 혹은 자식이 지은 죄에 대한 벌을 부모가 대신 받고 싶어서 절대로 그럴 수 없다는 점을 생각해 본다면 이러한 형태의 효는 부모의 의지와 뜻이 비록 비상식적이고 용납이 어렵더라도 부모의 그것을 개인의 차원 이상으로 받아들이도록 하는[35] 특징을 보이는 대리의 효와 어느 정도 관계가 있다고 볼수 있다. 위의 내용 중 '너(광목)의 복력 덕분에 사람의 몸을 받았지만 미천하고 수명이 짧아 열세 살이 되면 다시 악도에 떨어지게 된다고 말한다. 그리고 이 고통에서 벗어날 수 있는 방편이 있느냐고 광목에게 물으며, 죄업으로 인해 지옥에서 받는 고통은 차마 말로 할 수 없다고 한다.'는 내용은 좀 더 어미를 위해 효를 행할 것을 은근히 요구하는 것이라고도 볼 수 있다. 비록 바리공주이야기에서처럼 파탄적 부모・자녀의 관계로 설정되어 있지는 않지만 비상식적이고 용납이 어려운, 그리고 광목(딸) 스스로 자신의 중요한 것(성불)을 포기하고 효를 행하게 하는 결과를 초래하고 하였다는 점에서 대리의 효와 일정부분 관계가 있다고 본다. 그러나 아무리 무리한 요구라 할지라도 낳아 주고 길러주신 은혜에 보답하고자 하였다는 측면에서 보자면 보은의 성격도 내포하고 있는 순종의 효와도 관련 있다고 볼 수 있다. 따라서 지장보살의 전생담인 '바라문의 딸', '광목이라는 여인'의 이야기에서는 순종, 친애, 존속, 대리 네 가지 효의 모습이 모두 나타난다고 할 수 있다.

---

35) 박은숙,『스토리텔링을 통한 유아의 효의식 형성체계』, 성산효대학원 박사학위논문. 2016, 22쪽.

## 3) 49재와 효

인간은 살면서 자의건 타의건, 직접적이든 간접적이든 크고 작은 잘못을 저지른다. 스스로 저지른 잘못에 대해 반성하며 개선하기 위해 노력하기도 하지만 합리화를 시키며 마음의 평안을 구하기도 한다. 즉 어떤 이유에서건 인간은 끊임없이 크고 작은 잘못을 저지르며 살아가게 된다. 지장경 7품의 내용에서도 '악을 익힌 중생은 잠깐 사이라도 한량없는 악을 짓게 된다.'고 말하고 있다. 이렇듯 대부분의 사람들은 선업만 짓는 것이 아니라 악업도 지으며 살아가는데 자식을 바른 길로 인도하기 위해 애를 쓰는 부모 또한 선업만 쌓으며 일생을 보내는 것은 아니다. 따라서 지장경에서는 임종을 앞둔 부모를 위해 해야 할 일들에 대해 말하고 있는데 그 내용은 다음과 같다.

> ... 임종할 때는 남녀 가족들이 그를 위해 복을 닦아 앞길을 열어 주어야 합니다. 이때 깃발과 일산을 걸고 등불을 밝히거나 존귀한 경전을 읽기도 하며, 부처님과 모든 성인의 존상 앞에 공양을 올리며 나아가 부처님과 보살님과 벽지불을 생각하면서 한 분 한 분의 명호를 분명히 불러 임종하는 사람의 귀에 들리게 하여 마음에 새겨지도록 해야 합니다. 그렇게 하면 자신이 지은 악업으로 반드시 나쁜 곳에 떨어지게 되어 있는 중생일지라도 가족들이 임종하는 사람을 위해 짓는 성스러운 인연공덕으로 모든 죄가 다 소멸됩니다.[36]

또한 죽은 부모를 위해 해야 할 일들에 대해서도 말하고 있는데 그 내용은 다음과 같다.

또 그가 죽은 뒤 49일 안에 가족들이 여러 가직 좋은 공덕을 지어

---

[36] 우천 편역 한글 『지장경』 7품 중.

주면 그 사람은 영원히 나쁜 곳을 여의고 인간 세상이나 천상에 태어나 뛰어나고 묘한 즐거움을 받게 되며 현재의 가족들도 한량 없는 이익을 받기 됩니다...(중략) 현재와 미래의 모든 중생들이 임종하는 날, 한 부처님의 명호나 한 보살님의 명호나 한 벽지불의 명호만 들어도 죄가 있고 없고를 가릴 것 없이 모두 다 해탈을 얻습니다. 만약에 살아생전에 착한 일보다는 죄를 많이 지은 남자나 여인이 있다면 임종했을 때 가깝고 먼 친척들이 훌륭한 공덕을 지어 복을 닦아 주면 그 공덕의 칠분의 일은 죽은 사람이 얻게 되고 나머지 공덕은 산 사람의 차지가 됩니다.[37]

이상과 같은 내용은 부모의 미래세를 위해 효를 하라는 의미로 볼 수도 있지만, 자녀가 바른 삶을 살아가도록 가르침을 베풀었던 부모의 은혜에 대한 보은의 의미를 담고 있는 순종의 효와 관계있다고 볼 수 있다. 또한 부모의 심정과 신체를 편안하게 해주도록 하는 존속의 효와도 관계가 있다고 할 수 있다. 죽음을 준비하는 부모 곁에서 경전을 읽고 기도를 올리는 종교적 행위는 부모의 심리·정서 및 신체적 안녕 감을 도모하기 때문이다. 즉, 부모가 평생 자신의 삶을 돌아보며 회한과 후회 등 복잡한 심정에 놓여 있는 자신을 위해 자녀가 함께해준다는 사실만으로도 편안히 죽음의 두려움이나 불안감 등에서 벗어나 편안하게 임종을 맞이할 수 있을 것이다. 이러한 행위는 친애의 효와도 관계가 있다고 볼 수 있는데, 상·하의 윤리와 지배·복종의 관계가 아닌 자식과 부모 양쪽 모두가 평등한 인간적인 입장에서 생의 마지막을 함께하기 때문이다.

그러나 다른 관점에서 본다면, 죽음을 준비하는 부모나 죽음을 맞이한 부모를 위해 기도하고 공양하며 좋은 공덕을 짓는 것은, 부모의 은혜를 다 갚지 못했다, 효를 다하지 못했다는 자녀의 죄책감을 조금이라도

---

37) 우천 편역 한글 『지장경』 7품 중.

덜어주기 위한 시간을 제공한 것이라고도 볼 수 있다. 결국 부모는 죽는 순간, 그리고 죽은 후에도 자식들에게 은혜를 베풀고 있는 것이라 생각된다.

## 5. 끝맺으며

본 연구는 유아 효 교육에 있어 『지장경』을 활용하고자 하는데 목적을 두고 이에 대한 기초연구로서 먼저 『지장경』에 나타난 효와 관련 된 내용을 탐색한 것이다. 효에 대한 내용 탐색은 '보편화 가능한 효 윤리체계'로 제시된 순종, 친애, 존속, 대리의 네 가지 준거를 사용하였다. 이에 대한 연구결과를 간략하게 제시하면, 먼저 '선지식'에 대한 내용은 순종의 효가 중심이었고, 지장보살의 전생담 중 '바라문의 딸'과 '광목이라는 여인' 두 이야기에서는 순종, 친애, 존속의 효가 고루 나타났다. '49재의 필요성과 중요성'의 내용에서는 순종, 친애, 존속의 효가 포함되어 있음을 알 수 있었다. 이를 종합해 보면 '효'는 순종을 가장 기초로 하여 친애와 존속의 효가 유기적으로 연결되어 있으며 경우에 따라 대리의 효를 필요로 한다고 볼 수 있다. 즉 '보편화 가능한 효 윤리체계'로 제시된 순종, 친애, 존속, 대리의 네 가지 준거는 상호 유기적 관계에 놓여 있다고 볼 수 있다.

그밖에 『지장경』에서는 '효'를 중심으로 하여 다양한 내용을 설하고 있는데, 먼저 '바라문의 딸'과 '광목이라는 여인'의 이야기에서는 공통적으로 보시에 대한 내용을 언급하고 있다. 이 여인들이 행한 보시의 목적은 지옥에서 고통 받는 어머니를 위한 것이었지만 보시의 공덕으로 인해 그들의 어머니와 함께 무간지옥에 있던 죄인들 모두가 천상에 태어나는 기쁨을 누리게 되었다는 긍정적 결과를 이야기하고 있다. 이는 '자리이타'에 대한 의미를 깨닫도록 해주는 것이라 할 수 있다. 또한 그녀들의 어머니들이 지은 죄업과 그에 따른 지옥의 종류, 그곳에서 받는 고통 등을 묘사함으로써『지장경』을 읽는 사람들에게 죄업에 대한 경각심도 심어주고 있다. 따라서『지장경』에 나타난 '효' 이야기는 '효'교육 뿐 아니라 인성 교육적 요소까지 포함하고 있다고 할 수 있으며 이를 통해 '효'는 인성교육의 기초가 된다는 사실도 확인할 수 있다.

이상과 같은 연구결과를 토대로 유아 효 교육을 위한『지장경』활용 방안에 대한 제언을 하면 다음과 같다.

첫째, 본 연구에서 제시한 '선지식', '어느 바라문의 딸', '광목이라는 여인'은 스토리텔링이나 동극으로 활용할 수 있다. 물론 지옥에 대한 묘사들은 유아들에게 공포심을 줄 수도 있지만 유아에게 적합하도록 각색하여 적용한다면 오히려 유아들의 흥미를 이끌어 낼 수 있을 뿐 아니라 상상력을 자극하는 요인으로 작용할 수 있다. 따라서 생명이 없는 사물도 살아 움직인다고 생각하는 물활론적 사고나 자신의 생각·꿈·소망 등이 실재 존재한다고 믿는 실재론적 사고, 이 세상의 모든 것이 사람에 의해 만들어 질 수 있다고 생각하는 인공론적 사고를 지니는 유아들을[38] 직접 참여시킨 스토리텔링이나 동극 활동은 효에 대한 가치를 깨닫게 하는데 있어 유용할 것이라 생각된다. 이와 관련하여 부처님의 전생 설화인 자타카를 활용한 스토리텔링이 유아의 친사회적 행동 발달에 유의한 효과가 있다는 선행연구결과는[39] 본 연구자가 제시한 활용방안의 타당성을 시사하는 것이라 할 수 있다.

---

38) 이대균, 백경순, 송정원, 이현정,『유아문학교육』, 공동체, 2016, 21쪽.
39) 권은주, 박사빈,「자타카를 활용한 스토리텔링 프로그램과 유아의 친사회적 행동발달 연구」,『종교교육학연구』, 제30권, 2009, 117쪽.

제7장

# 고령화사회에 있어서 효행장려법에 관한 고찰

김 용 길

(원광대학교 법학전문대학원 교수)

# 1. 글의 시작

우리나라는 해방 후에 서구 자본주의를 받아들여 근대화를 이루는 데는 어느 정도는 성공했지만 상대적으로 급속하게 발전된 부분과 쇠퇴한 부분이[1] 공존하고 있는데, 이들이 서로 조화를 이루지 못하고 양극단으로 치닫고 있다.

즉 사회를 지탱하는 물질문명은 날이 갈수록 고도화되어 가고 있지만, 이를 완성하는 정신문명은 오히려 퇴조하는 듯한 경향을 보이고 있다.[2] 이러한 양극단을 치유하기 위한 방안으로 2007년 3월 8일에 국회에서 효행장려 및 지원에 관한 법률(이하 '효행장려법'이라 한다)이 제정되어 그 다음해인 2008년 8월 4일부터 시행되었다.

효행장려법은 우리나라 전래의 아름다운 전통문화유산인 효를 국가차원에서 장려함으로써 효행을 통하여 고령사회가 처하는 문제

---

[1] 한국인이 효제를 중시하는 전통교육과 아름다웠던 민족의 문화는 점차로 正體性을 잃어가고 있고 동물적 본능이 드러나는 삶과 미래지향적인 방향성과 현실성 없는 철학과 교육, 그리고 천박한 문화의 선호경향은 한국인의 魂을 사로잡고 있으며, 가치관의 혼돈을 일으키고 있다. 金益洙, "孔子의 孝思想과 現代社會(上)", 韓國의 靑少年 文化, 제6輯, 2005, 10면.

[2] 오늘날 우리나라는 일제와 광복을 지나 6.25전쟁을 거친 후, 피폐해진 국가를 급속히 재건하면서 서구문명을 가감 없이 수용함으로써 경박한 외래풍조를 무비판적으로 모방하고, 이기주의적이고 퇴폐적인 풍조가 만연하여 인명경시와 현실적인 이익만 추구하는 경향이 없지 않아, 어느 때보다도 전통적인 효와 경애의 사상이 한층 더 필요하게 되었다.

를 해결할 뿐만 아니라 국가가 발전할 수 있는 원동력을 얻는 외에 세계문화의 발전에 이바지하는 것을 목적으로 하고 있다(제1조).

오늘날에는 우리 사회의 물질적인 변화가 너무도 급속하게 변화·발전하여 물질문명이 사회의 전반을 주도하다보니 물질이 우선하는 것처럼 보여서, 상대적으로 부모에 대한 공경이나 부양이라든가 하는 효의 관념이 부족하고 효의식이 점점 약화되어 가고 있다. 따라서 효행장려법은 부모에 대한 부양의식을 부추겨서 부모에게 효를 다할 수 있도록 풍토를 조성하는데 주안점을 두고 있다.

고령화사회를 맞이하여 우리사회에 효사상이 만연하기를 기대하고 청소년들에게 효관념을 고취하고자, 이하에서는 효행장려법에 대하여 민사법적인 부양의무를 중심으로 살펴보고자 한다. 이렇게 함으로써 효행장려법에 따른 공적부조의무를 더욱 강화시킬 수 있는 계기를 마련하게 될 수 있을 것이다.


## 2. 고령화사회에 있어서 효행사상의 연원

### 1) 고령화사회

물질산업의 발전과 컴퓨터의 혁신 등으로 미주나 구주 및 아시아는 물론 아프리카 등 거의 모든 문화권에서 커다란 변혁이 일어나고 있다. 우리사회에서도 그동안 삶을 지탱해주던 전통적인 가족문화가 급속도로 해체되어 가고 있다. 전통문화의 계승과 발전은 무엇보다도 가정을 기초로 하고 있는데 사회의 모태가 되는 가정에 대한 인식이나 의식이 점점 더 약화되어 가고 있으며, 심지어는 가정불화, 자녀의 해외교육, 이혼 등으로 가정이 없어지는 사회 현상도 적지 않게 발생되고 있다.

우리 시대에 널리 퍼져있는 황금만능 사조와 즐거움만 취하는 자기만족주의 그리고 개인주의는 사회의 기본질서인 가정제도와 결혼제도를 정면으로 위협하고 있는 실정이다. 효라는 것이 가정의 근본질서이지만 합리적이거나 이성적인 사고만으로는 설명될 수 없는 것으로서 인간의 이성과 인간의 의지와 더불어 인간의 정서 특히 인정이 함께 작용하는 전인적인 이해를 통해서만 비로소 이해될 수 있는 것이다.[3]

한편 전 세계는 21세기에 들어서 공통적으로 인구의 고령화가 진행되고 있다. 의료수준의 발전과 소득수준 및 생활방식의 향상으로 인간의 수명이 크게 늘어나게 되었다. 우리나라 통계청의 고령인구 추계에 따르면 65세 이상의 노령인구는 2010년에 전인구의 11%, 2020년에 이르면 15.7%가 되어 본격적인 고령화 사회가 될 것으로 전망되고 있다.

[표1] 고령 인구의 증가 추이 전망(단위: 만명, %)

| 구분 | 1960 | 1990 | 2000 | 2010 | 2020 | 2030 | 2040 | 2050 | 2060 |
|---|---|---|---|---|---|---|---|---|---|
| 총인구(만명) | 2501 | 4286 | 4286 | 4700 | 5143 | 5216 | 5109 | 4812 | 4395 |
| 65세 이상 | 72.6 | 219.5 | 339.5 | 545.2 | 808.4 | 1269 | 1650 | 1799 | 1762 |
| 구성비 | 2.9 | 5.1 | 7.2 | 11.0 | 15.7 | 24.3 | 32.3 | 37.4 | 40.1 |
| 총부양비 | 82.6 | 44.3 | 39.5 | 37.3 | 40.7 | 58.6 | 77.0 | 89.8 | 101 |
| 노년부양비 | 5.3 | 7.4 | 10.1 | 15.2 | 22.1 | 38.6 | 57.2 | 71.0 | 80.6 |
| 노령화지수 | 6.9 | 20.0 | 34.2 | 68.4 | 119.1 | 193.0 | 288 | 376 | 394 |

주: 1) UN에서는 인구의 고령화 기준을 14%로 하고 있다.
　　2) 총부양비=(0-14세 인구+65세 이상 인구)/15-64세 인구) x 100
　　3) 노년부양비=(65세 이상 인구/15-64세 인구) x 100
　　4) 노령화지수=(65세 이상 인구/ 0-14세 인구) x 100
　　자료: 통계청, 「장래인구추계: 2010-2060」, 2011, 38～39면.

---

3) 진교훈, "아름다움과 효", 靑少年과 孝文化, 第20輯, 사단법인 동양효문화연구원, 2012, 109면.

표1에 따르면 65세 이상 인구는 1960년 73만 명(2.9%), 2010년에는 545만 명(11%)으로 증가되었으며, 2030년 1,269만 명(24.3%), 2060년 1,762만 명(40.1%)수준으로 성장할 것이 예상된다. 특히 85세 이상 인구는 2010년 37만 명에서 2060년 448만 명(10.2%)으로 10배 이상이 증가될 것으로 보인다.4)

한편 고령인구의 성비는 2010년에 65~74세의 여자 1백 명 당 남자 81.1명, 75~84세는 56.6명, 85세 이상은 34.9명으로 연령이 증가할수록 감소하고 있다.5) 생산 가능 인구 1백 명 당 총 부양인구는 2012년 36.8명까지 낮아진 이후에 증가하여 2040년에 77명, 2060년에 101명으로 부양자보다 피부양자가 많아질 것이며,6) 우리나라의 총부양비는 2010년에 일본, 프랑스, 미국에 비하여 낮은 수준이나 2060년에는 일본과 함께 부양비가 가장 높은 나라가 될 것으로 전망되었다.7)

---

4) 65세 이상 인구는 1960년 73만 명(2.9%), 1970년 99만 명(3.1%), 1980년 145만 명(3.8%)에서 지속적으로 증가하여 2010년에는 545만 명(11%)으로 증가되었으며, 2020년 808만 명(15.7%), 2030년 1,269만 명(24.3%), 2050년 1799만 명(37.4%), 2060년 1,762만 명(40.1%)수준으로 성장할 것이 예상된다. 특히 85세 이상 인구는 2010년 37만 명에서 2060년 448만 명(10.2%)으로 10배 이상이 증가될 것으로 보인다. 고령인구의 규모는 진입하는 코호트의 규모와 기대수명의 향상 속도에 따라 변화하는데, 고령인구는 2020년까지 연평균 약 4%대로 성장하다가 베이비부머가 고령층에 접어드는 2020년~2028년 사이에 연평균 5%대로 급증한 후에 둔화를 보이고 있다. 통계청, 장래인구추계, 2011, 38면.

5) 한편 고령인구의 성비는 2010년에 65~74세의 성비는 여자 1백 명 당 남자 81.1명, 75~84세는 56.6명, 85세 이상은 34.9명으로 연령이 증가할수록 감소하고 있다. 또한 남녀 간 사망률 격차가 감소하면서 65세 이상 고령인구 성비는 2010년 69.1에서 2060년 87명으로 증가하고, 85세 이상 성비도 2010년 34.9명에서 2060년 62.6명까지 증가할 것이다. 통계청, 장래인구추계, 2011, 39면.

6) 생산 가능 인구 1백 명 당 총 부양인구는 2012년 36.8명까지 낮아진 이후에 증가하여 2040년에 77명, 2060년에 101명으로 부양자보다 피부양자가 많아질 것으로 전망되었다. 노년부양비는 2010년에 15.2명에서 베이비붐 세대의 고령인구 진입 및 기대수명 증가로 인하여 2030년 38.6명에서 2060년 80.6명 수준으로 급증할 것이 전망된다. 통계청, 장래인구추계, 2011, 42면.

7) UN 인구추계에 따르면 2030년 주요 국가들이 저성장 또는 마이너스 성장단계에 진입하는 것으로 전망되었다. 2010년대에는 일본과 독일이, 2030년대에는 한국, 중국, 스위스, 이탈리아 등이, 2060년대에는 인도와 스페인 등이 마이너스 성장을 기록할 것으로 전망되었다. 65세 이상 인구는 한국이 2010년에 10면 중 1명꼴로, 4명에 1명 수준인 일본, 이탈리아, 독일 등에 비하여 현저

이처럼 최근에 들어 노령인구가 상당히 증가되는 추세에 있지만 그에 비하여 사회의 산업화과정에서 가족의 결속의식과 경로효친사상은 급격히 퇴조하고 있는 것이 작금의 상황이다. 이러한 현실에서 고령의 부모 등이 누리고 있는 건강하고 행복한 생활이 어느 정도가 바람직한 수준인지는 우리사회가 제대로 파악하고 해결해야 할 과제라고 할 수 있다. 위의 통계에서 보는 것처럼 2060년이 되면 65세 이상의 노령인구가 40%를 차지하여 그 부양의무가 심각한 사회문제가 될 것으로 예상되므로 이에 대한 대비책이 필요하다고 하겠다.

## 2) 우리나라 효행사상의 연원

### (1) 의의

자기 스스로의 자력이나 노력으로 일상생활을 영위할 수 없는 자에 대하여 누가 그의 생활을 보호하고 보장할 것인가 하는 관념은[8] 인류의 탄생과 함께 시작하여 오늘날도 존재하는 명제이지만 각 시대에 따라 여러 가지 내용으로 변천되어 왔다. 고령의 부모 등에 대한 부양의무가 사회문제로 대두된 것이 어제 오늘의 문제는 아니었으나 우리나라에서 노부모의 부양에 대한 기초는 효사상에 의하여 오랫동안 이어져 왔다. 즉 부모에 대한 봉양은 도덕적 관념 내지는 자연적 의무로 관념화되었다.[9]

---

히 낮으나 2060년에는 10명 중 4명이상으로 이탈리아, 독일보다도 높아질 것으로 전망되었다. 한국의 총부양비는 2010년에 일본, 프랑스, 미국에 비하여 낮은 수준이나 2060년에는 일본과 함께 부양비가 가장 높은 나라가 될 것으로 전망되었다. 통계청, 장래인구추계, 2011, 44면.

8) 고려시대에도 고려장이라는 풍습이 있었듯이 어느 시대나 어느 사회에서나 독립하여 생활할 수 없는 자가 존재하였다.

9) 魚寅義, "老親扶養理論의 再檢討", 法學論集 제3집, 淸州大學校法學硏究所, 1988, 92면.

고대사회에서는 씨족집단이 그 생활을 보장하였고, 가부장제에서는 가장이 재산을 독점하고 아울러 그 책임을 맡았다. 그러나 최근에는 부부 중심이나 친자를 중심으로 하는 핵가족이 등장하면서 종래의 고령의 부모 등에 대한 부양의 문제가 더욱 복잡하게 되었다. 시대에 따라 조금씩 상이하기는 하지만 근대법에 이르러 부양의 문제는 개인 대 개인의 권리의무로 구성되기 시작하였다.

이하에서는 삼성조시대부터 시작하여 우리나라 역사 속에서 효사상과 그에 따른 부양의무가 어떻게 실현되었는지 살펴보고자 한다.

### (2) 삼성조시대

언제부터 우리나라에서 전통적인 효와 경애의 사상이 시작되었는지는 정확히 알기 어려우나 우리나라에서 전통적인 효에 대한 사상의 시원은 역시 환국시대, 배달국시대, 단군시대인[10] 삼성조시대(三聖祖時代)부터 있었다고 보아야 한다.[11] 즉 효사상은 각 시대를 창설하신 세분의 성인인 환인천제, 환웅천왕, 단군왕검[12] 황제 순으로 온전히 계승, 발전됨으로써 그 역사적이고 실질적인 기초가 확고히 세워졌다.[13]

---

10) 단군시대인 고조선은 우리나라의 국가의 기원과 형성에 있어서 매우 중요하다. 당시에 부여, 동옥저 및 삼한을 비롯한 주변국가에 많은 영향을 끼쳤으며, 고조선이 멸망한 후에는 고구려, 백제, 신라 삼국의 국가형성과 정치적 성장에도 대단히 중요한 영향을 미쳤다. 한국고대사학회, 한국 고대사 연구의 새 동향, 서경문화사, 2007, 11면.

11) 김용길, "삼성조시대의 법률과 효사상에 관한 고찰", 靑少年과 孝文化, 第23輯, 수덕문화사, 2013, 34면.

12) 단군신화는 三國遺事와 帝王韻紀에서 전승되는데 삼국유사의 기록이 더 오래된 것으로 보인다. "應製詩" 유형과 "撓國史話" 유형은 "三國遺事" 유형과 "帝王韻紀" 유형을 가감한 것일 뿐이다. 그리고 三國遺事 유형이 더 원형에 가까운 것이다. 그것은 三國遺事 유형에는 帝王韻紀 유형에서 찾아볼 수 없는 獸祖 神話要素가 있기 때문이다. 서영대, "단군관계 문헌자료 연구", 증보판 단군 그 이해와 자료, 서울대학교 출판부, 2001, 75면.

13) 우리나라에서 처음으로 단군시대에 대하여 인식을 하게 것은 고려 말엽에 몽고의 침입(1231-1270년)을 받은 때부터라고 할 수 있다.

환단고기에14) 따르면 환국은 B.C. 7197년부터 B.C. 3897년까지 3301년간 오랫동안 지속되었는데, 이때를 중국의 요하지역에 펼쳐진 신석기문화, 청동기문화를 유국상의 편년을 기준으로 시대 순으로 정리하면15) 신석기시대의 소하서문화16)와 흥륭와문화,17) 부하문화,18) 조보구문화19) 그리고 동석병용시대의 홍산문화라고 할 수 있다.20)

환국시대에는 백성들이 갖추어야 할 환인천제의 다섯 가지 가르침인 이른바 환인오훈이 있었는데, 이는 거짓이 없어야 하며, 부모에 효도하고, 화평함으로써 다투지 않도록 하고 있다.21) 이러한 환국시대의 환인오훈은 그 핵심이 인효(仁孝)이다.22) 환국(桓國)에 이어진 배달나라는 B.C. 3897년에 건국하여 B.C. 2333년까지 1,565년까지 18대를 지속하였는데, 이 때 역시 유국상의 기준으로 보면

---

14) 桓檀古記는 안함로의 "三聖紀全 上篇", 원동중의 "三聖紀全 下篇", 행촌 이암의 "檀君世紀", 복애거사 범장의 北夫餘記, 일십당 이맥의 "太白逸史"를 모아 한권으로 엮었다. 桓檀古記를 역주한 저서로는 安耕田 譯, 桂延壽 編著, 桓檀古記(상생출판, 2012)와 양태진 번역, 영토사로 다시 찾은 환단고기(예나루, 2009) 등이 있다.

15) 劉國祥, "西遼河流域新石器時代至早期靑銅時代考古學文化槪論", 遼寧師範大學學報(社會科學版), 2006年 第1期, 113-122면.

16) 소하서문화(小河西文化)는 기원전 7000년~기원전 6500년으로 본다. 小河西文化는 1987년 내몽고 赤峰市에서 서북쪽으로 조금 떨어진 敖漢旗 小河西 유적에서 발견된 신석기 유적이다. 우실하, 동북공정 너머 요하문명론, 소나무, 2010, 106면.

17) 흥륭와문화(興隆洼文化)는 기원전 6200년~기원전 5200년으로 본다. 興隆洼文化는 1982년 내몽고 赤峰市 敖漢旗 寶國土鄕 興隆洼村서 발견된 신석기 문화유적이다. 상게서, 109면.

18) 부하문화(富河文化)는 기원전 5200년~기원전 5000년으로 본다. 富河文化는 내몽고 通遼市 巴林左旗 浩尔土鄕 富河溝門에서 발견된 신석기 문화이다. 상게서, 140면.

19) 조보구문화(趙寶溝文化)는 기원전 5000년~기원전 4400년으로 본다. 趙寶溝文化는 내몽고 赤峰市 敖漢旗 高家窩鋪鄕 趙寶溝村서 발견된 신석기 문화이다. 상게서, 144면.

20) 홍산문화(弘山文化)는 기원전 4500년~기원전 3000년으로 본다. 弘山文化는 赤峰市, 朝陽, 陵源, 喀左, 建平等을 중심으로 분포하면서 초기 국가단계 또는 초기 문명단계로 진입했다고 본다. 상게서, 155면.

21) 桓國有五訓, 神市有五事° 所謂五訓者, 一曰誠信不僞, 二曰敬勤不怠, 三曰孝順不違, 四曰兼義不淫, 五曰謙和不鬪. 桓檀古記 太白逸史 桓國本紀.

22) 김용길, 전게 논문, 57면.

홍산문화와 소하연문화가23)겹치는 시대라고 판단된다.

배달시대에도 환인오훈을 계승한 환웅육훈이 있었는데24) 환웅육훈의 제일 첫째가 부모를 공경하도록 하고 있다.25) 그 후에 단군의 고조선은 B.C. 2333년에 시작하여 B.C. 238년까지 2096년에 걸쳐 47명의 단군이 나라를 다스렸다. 초대 단군왕검은26) 신교의 삼신(三神)사상에 따라 하나의 조선을 셋으로 나누어 삼한관경제(三韓管境制)라는 제도에 따라 대단군(大檀君)이 중앙의 진한(辰韓)을 다스리고, 두 명의 부단군(副檀君)이 대단군의 통솔 아래에 번한(番韓)과 마한(馬韓)을 각각 다스렸는데 이때를 하가점 하층문화시대로27)볼 수 있다.

단군조선의 1세인 단군왕검은 무진년에 개국과28) 함께 조서를

23) 소하연문화(小河沿文化)는 기원전 3000년~기원전 2000년으로 본다. 小河沿文化는 銅石竝用時代로 석기시대와 청동기시대를 잇는 고리 역할을 한다. 우실하, 전게서, 151면.

24) 김익수, 桓仁의 효사상, 한국사상문화학회, 한국사상과 문화 제66권, 2013, 108면.

25) 王儉 俗言大監也 管守土境 除暴扶民 以天王諭國人之意 戒之曰: 父母可敬也, 妻子可保也, 兄弟可愛也, 老長可隆也, 少弱可惠也, 庶衆可信也. 桓檀古記 太白逸史 三韓管境本紀.

26) 단군조선의 1세인 단군왕검은 무진년인 환기 4865년(배달 신시 개천 1565년, 단기 원년, B.C. 2333년) 10월(上月) 3일에 개국과 함께 조서를 내려 단군왕검의 팔조교를 선포하였다. 이러한 8조교는 모두 신교의 정신을 바탕으로 두고 있는데 가장 중요한 핵심은 '효'라고 하면서, 어버이 공경이 곧 하느님의 공경이라고 강조하였다. 즉 가정이 평안하고 안정되어야 국가에도 평화가 오기 때문에 치국을 위한 기본전제로서 효를 중요시하였다. 김용길, 전게 논문, 57~60면.

27) 하가점하층문화(夏家店下層文化)는 기원전 2000년~기원전 1000년으로 본다. 夏家店下層文化는 초기 청동기시대로 小河沿文化를 뒤잇고 있다. 우실하, 전게서, 151면.

28) 무진 원년(B.C. 2333년)에 신시의 다스림이 시작 되었을 때 도처에서 모여든 백성들이 산과 골짜기에 곳곳에 퍼져 살면서 풀잎으로 옷을 만들어 입고 맨발로 다녔다. 개천 1565년 10월(上月) 3일에 이르러 신인 왕검이 五加의 우두머리로서 800명의 무리를 이끌고 와서 단목의 터에 자리를 잡았다. 무리들과 더불어 삼신께 제를 올렸는데 그는 지극한 신덕과 성인의 어진 마음을 함께 갖추었다. 이에 능히 하늘의 뜻을 받들고 그 다스림이 매우 훌륭하였다. 이에 구한의 백성들이 모두 한결같이 따르고 복종하며 천제의 화신으로 여기고 그를 임금으로 삼아 단군왕검이라 하였다. 왕검은 신시의 옛 규례를 되살리고 도읍을 아사달에 정하여 나라를 세우고 조선이라 하였다. (戊辰元年 大始神市之世 四來之民 遍居山谷 草衣跣足. 至開天一千五百六十五年上月三日 有神人王儉者 五加之魁 率徒八百 來御于檀木之墟 與衆奉祭于三神. 其至神之德 兼聖之仁 乃能奉詔繼天 巍蕩惟烈. 九桓之民咸悅誠服 推爲天帝化身而帝之 是爲檀君王儉 復神市舊規 立都阿斯達 建邦號朝鮮).

내려 단군왕검의 팔조교를 선포하였는데[29] 이 중에서 가장 중요한 핵심은 '효'라고 하면서, 어버이 공경이 곧 하느님의 공경이라고 강조하였다. 즉 가정이 평안하고 안정되어야 국가에도 평화가 오기 때문에 치국을 위한 기본전제로 효를 중요시하였다.[30]

팔조교 중에서도 제3조는 "너희는 어버이로부터 태어났고, 어버이는 하늘로부터 내려오셨으니, 오직 너희 어버이를 잘 공경함은 하늘을 공경함과 같으니라. 이러한 정신이 온 만방에 미치게 되면 충효가 되나니 너희가 이러한 도를 몸으로 잘 본받으면 비록 하늘이 무너진다 하더라도 반드시 먼저 그를 벗어나 살 수 있다"[31]하고 있다. 도읍을 신시에 정한 이후에 14세인 자오지(慈烏支) 환웅 즉 치우(蚩尤)천황 때(B.C. 2706)에 청구(靑丘)로 옮겨서 18세 1,565년을 누렸다. 치우천황은[32] 쇠를 캐어 창과 투구 등 신형병기를 만들고, 12제후의 나라를 합병하면서[33] 당시에 동아시아의 패권을 다투었던 최대의 전투인 탁록대전에서[34] 승리하였는데, 중국의 하북성 탁록현에는 치우천황이 사용하던 우물이 오늘날에도 그대로 전승되어 보존되고 있다.

---

29) 桓檀古記 檀君世紀.

30) 김용길, 전게논문, 58면.

31) 爾生由親 親降自天 惟敬爾親 乃克敬天 以及于邦國 是乃忠孝 爾克體是道 天有崩 必克脫免. 桓檀古記 檀君世紀.

32) 사마천의 史記에는 "천하의 제후가 모두 황제 헌원에게 와서 복종하였으나 치우가 가장 강포하여 천하에서 그를 능히 정벌하지 못하였다"고 기록되어 있다. 史記 五帝本紀 "軒轅之時....諸侯咸來賓從 而蚩尤最爲暴 天下莫能伐.

33) 김용길, 전게논문, 50면.

34) 치우천황은 軒候(헌원)가 왕위에 오르자 바로 涿鹿의 광야로 진격하여 헌원을 사로잡아 신하로 삼았다. 이 때 모든 제후는 치우천황의 신하가 되어 섬기지 않는 자가 없었는데 이는 배달로부터 문물을 배워갔기 때문이다. 安耕田 譯, 桂延壽 編著, 桓檀古記, 상생출판, 2012, 49면.

[그림1] 치우천황이 사용하던 치우천과 치우송35)

### (3) 삼국시대

고구려에서는 소수림왕 2년(372)에 설치된 태학(太學)에서 오경 (五經)과 중국의 사서들을 교육하였는데 공자의 「오경」을36) 우선으로 하고, 그 외에도 「三史」와 「사기」, 「한서」, 「후한서」, 「삼국지」,

---

35) 蚩尤泉은 안지름이 약 1.5m 정도이며, 치우천의 물이 용왕당촌의 물과 이어져 있고, 蚩尤松은 천년이 넘은 古松으로 높이가 30m정도이며 둘레가 2m인 소나무로 흰백색을 띄고 있다.

36) 영양왕 때 新集이라는 역사서를 5권을 집필한 李文眞이 태상박사이었다. 김익수, "동방소학을 통한 역사의식전환과 시대적 과제인 교육의 원뿌리 찾기", 청소년과 효문화 제20집, 한국청소년효문화학회, 2012, 20~21면.

「진양추」, 「옥편」, 「자통」, 「자림」 등이 있으며, 특히 「문선」을 애독했다고 한다. 특히 경당(扃堂)에서는 미혼의 자제들을 모아서 글과 활쏘기 등을 가르쳤는데, 평민이나 천민들의 자제 등이 제한 없이 입학하여 오경을 중심으로 인효학을 가르쳤다.

백제는 삼국 중에서 사료나 문헌이 많지는 않으나 백제에서도 유교를 통치이념으로 하였고, 경학(經學)도 상당한 수준에 이르렀는데 박사제도는 삼국 중 제일 먼저 시행되었다. 왕인박사와 같이 근초고왕 때에 이미 전문박사가 있었으며, 근초고왕 28년(373년) 2월에 동진의 태학을 받아들여 백제의 태학이 세워졌다.[37] 백제의 태학에서도 공자의 오경을 중점적으로 교육하여 오경의 인효사상이 강조되었다.

신라는 당시의 유학기관인 국학에서 논어와 효경 등을 필수과목으로 교육하였으므로 충효교육이 잘 실시되었음을 알 수 있다. 즉 논어에서는 어버이를 잘 섬긴 마음이라야 유교의 중심사상인 인(仁)을 크게 이룰 수 있다고 보고 있기 때문이다. 효경에서 효의 시작은 '신체발부수지부모(身體髮膚受之父母)'라 하여, 부모님으로부터 받은 몸을 손상시키지 않음이 효의 시작이고, 후세에 이름을 떨쳐 어버이를 드러나게 함이 효의 끝이라고 하여 효를 모든 것의 근본으로 여겼다.[38]

### (4) 고려시대

고구려 유민과 말갈계가 뭉쳐서 세워진 발해 교육의 골격도 유교

---

37) 상계논문, 22면.
38) 김재경·곽종형, "효행장려 및 지원에 관한 법률에 따른 효행 교육 및 효 문화 활성화 방안", 21세기사회복지연구, 제8권 제1호, 21세기 사회복지학회, 2011, 109면.

가 핵심이었고, 충효가 중시되었다. 이러한 유교 교육의 맥이 교육을 통해서 고려시대 최고의 교육기관인 국자감에서 초기와 중기까지 중단 없이 계승되었다. 즉 고려시대의 국자감에서는 유교 경전을 학습하였고, 상·중·하 삼품에 걸쳐 「논어」와 「효경」을 필수과목으로 하였음으로 충효사상이 중시되었다고 하겠다.

불교에서도 효는 중요한 덕목으로서 「효자보은경(孝子報恩經)」이 있었는데, 고려중기의 의천스님(義天; 1055∼1101)은 "오형(五刑)에 속한 죄가 삼천 가지이니 불효보다도 더 큰 죄는 없고 육도에 돌아감이 팔만이나 되지만 효를 행하는 것보다 더 큰 복은 없다"고 하였다.[39] 특히 고려에서는 당률(當律)을 수용한 고려율(高麗律)이라는 법률을 적용하여 효도정신을 구현하고자 하였는데, 부모님을 구타하는 불효자는 참형에 처하고, 부모님에게 욕설하는 행위는 교수형에 처할 수도 있었다.

고려 말에는 원나라에 갔던 안향(安珦)에 의하여 주자학이 전래되었는데 날로 심화되었다. 특히 권보(1262∼1346)가 편찬한 효행록은 여말 선초에 효행교육에 크게 이바지 하였는데, 효행록에 수록된 64명의 인물이 모두 중국인이었다는 것이 커다란 문제점이었다. 그것은 위에서 본 바와 같이 인류의 시원국가인 환국(桓國)에서 효가 세상에 처음으로 비롯되었으며 우리나라의 역사가 중국보다 훨씬 오래된 것을 너무도 간과한 것이다.

## (5) 조선시대

주자의 교육이상이 함축된 「소학」이 전래되어 종래의 공자와 증

---

39) 大覺國師文集 卷3, 講蘭盆經發辭.

자의 대화체로 구성된「효경」의 효에 대한 교육 내용이「소학」으로 대폭 교체되었다. 조선시대에는 충효를 근본으로 하는 도덕체계인 삼강오륜에 힘쓰면서 주자학을 지도이념으로 하는 충효사상을 국민에게 널리 보급시켰다. 그러나「소학」교육은 청소년들에게 인간의 근본을 소년시절에 배양하도록 했으나 결과적으로 우리 민족의 웅혼한 정신을 심어주지는 못하였다. 세종 13년(1518)에 조신(曺伸)이「이륜행실도」를 편찬하였고, 광해군 때에는「동국신속삼강행실도」를 유근(柳根) 등이 편찬하였으며, 정조 대에는「오륜행실도」등이 편찬되었다. 이러한 행실도의 특징은 효자·충신·열녀의 순으로 되어 있는데 이는 효가 사회질서의 기본적인 규범으로 자리 잡고 있었음을 말해준다.

특히 조선시대에는 삼강(三綱)의 군신·부자·부부 관계를 발전시켜서 실천도덕으로 완성된 오륜사상을 받아들이고, 다시금 효를 오륜의 으뜸으로 삼았다. 주자학은 조선 중기에 이르러 한국적 주자학으로 절정에 이르는데 그 중심에 이퇴계와 이율곡이 있다. 퇴계는 사칠(四七) 판단보다는 가치의 문제 즉 도덕적 가치체계에 더 중점을 두고 이상적인 인간완성을 위하여 실천윤리에 역점을 두었다.

율곡은 어려서부터 영특하고 천부적으로 타고난 효자였으며「격몽요결」과「소학집주개본(小學集注改本)」을 지었다. 16세기에는 학문적 주자학이 성립되어 성리학이 극성을 이루게 되는데[40] 조선시대의 예학(禮學)은 기본적으로 이 성리학과 표리관계를[41] 이룬

---

40) 李成茂, "朝鮮後期 性理學 序說", 淸溪史學 1집, 1984, 138~139면.

41) 성리학이 유교사상의 理氣 心性論的 根源을 규명하는 형이상학적 이론체계라고 한다면, 禮學은 이 유교사상을 실현하는 실천적 규범의 학문이라고 할 수 있다. 韓基範, "沙溪 金長生의 生涯와 禮學思想", 백제연구, 제20권, 충남대학교 백제연구소, 1989, 173면.

다.42) 즉 양자는 유교주의의 이론과 실천학으로서 상호보완적 관계
에 있었는데 17세기에 이르러 예학이 독자적으로 학문수준에 도달
하였다. 이러한 학문으로서의 예학이 가능하게 한 분이 사계 김장
생이다.43) 한편 조선시대에는 형전(刑典)에서 십악(十惡) 중에 불효
를 열거하고, 불효에 대해서는 장형이나 유형, 능지처사 등으로 강
력히 처벌하였다. 일반적으로 부모를 부양하는 점에서는 효를 근간
으로 하였기 때문에 특별히 문제될 것은 없었다고 할 수 있다.

### (6) 일제 강점기 이후의 효의 관념으로서의 부양

우리나라는 위와 같이 가부장적 가족제도 즉 종법제를 근간으로
하여 가족생활을 영위하여 왔기 때문에 그러한 틀 안에서 부모에
대한 효가 봉양되어 왔다. 즉 노부모 부양에 대한 법률적 기초는
효사상에 의해서 오랫동안 지켜져 왔다. 어버이를 공경하는 것은
덕의 근원으로 여겼고, 부모에 대한 부양은 도덕적 의무 내지 자연
적 의무로 관념화 되었다. 이러한 종법제는 봉건적인 토지제도와
유교적인 사상에 뿌리를 둔 사회제도를 기초로 하여 조선시대부터
확고하게 되었다.

이러한 사회에 있어서 고령의 부모에 대한 봉양은 효사상과 가산
제에 의하여 지지되었는데, 이러한 사조에 따라 직계존속에 대하여
는 봉건적 예속관계에서 부양을 해야 했다.44)이러한 노인부양의 관
념은 8.15해방 이후에도 관습 또는 도덕적 가치관에 의해서 지속되

---

42) 趙駿河, "沙溪金長生의 禮學에 관한 研究", 沙溪·愼獨齋의 禮學思想, 제1회 沙溪·愼獨齋思想
    學術會議, 1988, 25면.

43) 韓基範, 전게논문, 173면.

44) 李熙培, "民法上 扶養法理에 관한 研究", 慶熙大學校 博士學位 論文, 1984, 15면.

었다.

그러나 사적 부양이 독자적인 법체계를 이루게 된 것은 심리적인 갈등이 이유일[45] 수도 있으나 우리사회가 자본주의 사회로 진입함에 따라 이루진 것이라고 할 수 있다. 자본주의 경제가 성숙됨에 따라 수천 년 전부터 생활보장기관이었던 대가족이 일시에 분해되고, 새로운 발생한 빈곤층에 대하여 국가적인 보장방안을 마련한 것이 사적부양과 공적 부조제도이다.[46]

## 3. 효행장려법의 지원에 관한 부양의무

### 1) 부양의무의 당사자

#### (1) 의의

지구상의 어느 국가에서도 부부 사이에서 자녀를 두고 가정을 이루는 것은 가장 일반적인 현상이다. 남녀가 가정을 이루게 되면 자연스럽게 자식을 생산하고, 그로 인하여 친자관계가 형성되기 마련이다.

따라서 친자관계는 인류의 가장 기초적인 관계이다. 이러한 친자관계는 민법상으로 친생자관계와 법정친자관계가 있다. 부모와 자녀의 관계가 혈연에 기초하고 있으면 친생자관계이고, 혈연에 의하지 않고 당사자의 의사에 기초한 경우 즉 양친자관계가 법정친자관계이다.[47]

---

45) 加藤一郞・星野英一外, 親族相續, 東京大學, 1979, 340면.

46) 어인의, "老親扶養理論의 再檢討", 청주법학, 제3권, 청주대학교 법학연구소, 1998, 93면.

47) 金疇洙・金相瑢, 親族・相續法-家族法-, 法文社, 2006, 259면.

부모와 자녀관계는 시공을 초월하는 관계이지만 부모와 자녀사이의 권리의무관계는 시대와 사회의 변천에 따라 조금씩 차이가 있다. 민법상 친자관계에서 중요한 효과는 친권, 부양, 상속 등이다.

(2) 부양 당사자의 범위

민법상 부양의무는 직계혈족 및 그 배우자간, 기타 생계를 같이 하는 친족 간에 생긴다(제974조). 여기서 친자간의 부양의무 또는 부부간의 부양의무는 생활유지의무이고 친족 간의 부양의무는 생활부조의무이다. 우선, 친자 간 부양에 관한 민법상의 근거로서 부모의 미성년 자녀에 대한 부양에 있어서는 친권에 관한 민법 제913조(1차적 부양의무관계)를 들고, 부모와 성년 자녀 사이에는 제974조(2차적 부양의무 관계)를 드는 것이 다수설이다.

그런데 제913조는 친권자의 자에 대한 부양의무를 규율하는 것으로서 노부모에 대한 자식의 부양의무를 부과할 수 없기 때문에 제974조에서 친자상호간의 부양의무를 도출하자는 견해가 있다.[48] 판례는 "주택에 입주할 급박한 사정이 없는 딸이 고령과 지병 중에 마땅한 거처도 없는 아버지와 그를 부양하면서 동거하고 있는 남동생을 상대로 자기 소유 주택의 명도 및 퇴거를 청구하는 행위가 인륜에 반하는 행위로서 권리남용에 해당한"다고 한다.[49]

---

48) 李銀榮, 民法 2, 債權總論・債權各論・親族相續法 第5版, 博英社, 2005, 651면.

49) 피고 2의 경우에는 고령과 지병으로 인하여 자기의 자력 또는 근로에 의하여 생활을 유지할 수 없으므로 원고로서는 피고 2을 부양할 의무와 책임이 있다 할 것이고, 이처럼 부양의무 있는 자(자)가 특별한 사정도 없이 또한 부(부)의 주거에 관하여 별다른 조치를 취하지 아니한 채 단지 이 사건 주택의 소유권자임을 내세워 고령과 지병으로 고통을 겪고 있는 상태에서 달리 마땅한 거처도 없는 부(부)인 피고 2에 대하여 이 사건 주택에서의 퇴거를 청구하는 것은 부자(부자)간의 인륜을 파괴하는 행위로서 권리남용에 해당된다 고 할 것이고, 한편 원고는 피고 1과 생계를 같이하지는 아니하므로 위 피고에 대하여 부양의무를 부담하는 것은 아니라고 할 것이지만, 위 피고는 스스로의 어려운 처지에도 불구하고 연로한 부모를 모시면서 그 부양

둘째, 배우자인 부부사이에는 상호적인 부양의무가 있는데 그 근거규정으로 제826조를 드는 견해와[50] 제974조를 드는 견해가[51] 있다.[52] 셋째, 친족사이의 부양에는 생계를 같이하는 경우에 한한다. 따라서 형제자매라도 생계를 같이하지 않으면 부양의무가 없다. 이때의 부양은 2차적 부양의무로서 부양의무자가 그의 사회적 지위에 상응하는 생활정도를 낮추지 않고 부양할 만한 여유가 있을 때에 부양책임을 진다.

판례는 "부부 일방의 부모 등 그 직계혈족과 상대방 사이에서는, 직계혈족이 생존해 있다면 민법 제974조 제1호에 의하여 생계를 같이 하는지와 관계없이 부양의무가 인정되지만, 직계혈족이 사망하면 생존한 상대방이 재혼하지 않았더라도 민법 제974조 제3호에 의하여 생계를 같이 하는 경우에 한하여 부양의무가 인정된다고 한다.[53]

의무를 다하고 있고 피고 2 등 부모의 입장에서도 생활을 함에 있어서 피고 1과 그 가족의 도움을 받지 않을 수 없는 처지에 있다고 할 것이므로, 이와 같은 상황에서 달리 마땅한 거처도 없는 피고 1과 그 가족에 대하여 이 사건 주택의 명도를 청구하는 행위 또한 인륜에 반하는 행위로서 권리남용에 해당된다. 대법원 1998.06.12. 선고 96다52670 판결.

50) 金疇洙·金相瑢, 전게서, 141면.

51) 池元林, 民法講義 第13版, 弘文社, 2015, 2020면; 李銀榮, 전게서, 652면.

52) 민법 제826조 제1항에 규정된 부부 사이의 상호부양의무는 혼인관계의 본질적 의무로서 부양을 받을 자의 생활을 부양의무자의 생활과 같은 정도로 보장하여 부부공동생활의 유지를 가능하게 하는 것을 내용으로 하는 제1차 부양의무이다. 대법원 2013.08.30. 자 2013스96 결정.

53) 민법 제775조 제2항에 의하면 부부의 일방이 사망한 경우에 혼인으로 인하여 발생한 그 직계혈족과 생존한 상대방 사이의 인척관계는 일단 그대로 유지되다가 상대방이 재혼한 때에 비로소 종료하게 되어 있으므로 부부의 일방이 사망하여도 그 부모 등 직계혈족과 생존한 상대방 사이의 친족관계는 그대로 유지되나, 그들 사이의 관계는 민법 제974조 제1호의 '직계혈족 및 그 배우자 간'에 해당한다고 볼 수 없다. 배우자관계는 혼인의 성립에 의하여 발생하여 당사자 일방의 사망, 혼인의 무효·취소, 이혼으로 인하여 소멸하는 것이므로, 그 부모의 직계혈족인 부부 일방이 사망함으로써 그와 생존한 상대방 사이의 배우자관계가 소멸하였기 때문이다. 따라서 부부 일방의 부모 등 그 직계혈족과 상대방 사이에서는, 직계혈족이 생존해 있다면 민법 제974조 제1호에 의하여 생계를 같이 하는지와 관계없이 부양의무가 인정되지만, 직계혈족이 사망하면 생존한 상대방이 재혼하지 않았더라도 민법 제974조 제3호에 의하여 생계를 같이 하는 경우에 한하여 부양의무가 인정된다. 대법원 2013.08.30. 자 2013스96 결정.

### (3) 효행장려법상 친족의 범위

효행장려법 제2조 제3호는 "부모 등"이란 민법 제777조의 친족에 해당하는 존속을 들고 있다. 1990년의 민법의 일부 개정에 의하여 민법은 제777조의 친족의 범위를 정해 놓은 후 특별한 규정이 없으면 그에 의하여 효과를 부여하도록 하고 있다.54) 제777조에 의하면 친족의 범위는 8촌 이내의 혈족, 4촌 이내의 인척, 배우자로 정하고, 친족관계로 인한 법률상의 효력은 민법 또는 다른 법률에 특별한 규정이 없는 한 이 범위에 미치게 된다.

이는 전통적 관습을 고려하여 혈족을 부계혈족과 모계혈족으로 나누고 모계혈족은 모계의 부계혈족만을 의미하며, 인척에 있어서는 부족인척(夫族姻戚)은 부·모계를 포함하지만 처족인척은 처의 부계혈족만을 의미한다고 할 수 있다.55)

민법은 제767조에서 배우자, 혈족 및 인척을 친족으로 정의하고 있다. 혈족은 혈연관계에 있는 친족으로서 직계혈족, 방계혈족, 자연혈족, 법정혈족으로 나누어진다. 자기의 직계존속과 직계비속을 직계혈족이라 하고 자기의 형제자매와 형제자매의 직계비속, 직계존속의 형제자매 및 그 형제자매의 직계비속을 방계혈족이라 한다(제768조). 자연혈족은 자연적인 혈연관계가 있는 혈족으로 부모, 조부모, 외조부모, 형제자매 등이다. 8촌 이내의 혈족은 법률상 친족이다.

---

54) 민법 제정당시의 친족개념은 가부장제 가족제도에 기초하여 부계혈통 중심으로 이루어져 있었다. 따라서 친족의 범위에 있어서도 부계혈족, 모계혈족, 부족인척, 처족인척 사이에는 심각한 차별이 존재했다. 1990년 민법의 일부개정에 의하여 이러한 차별은 시정되었으나 친족의 범위가 너무 넓게 규정되어서 현실과 맞지 않는다는 것이 문제점으로 지적되었다.

55) 金疇洙·金相瑢, 전게서, 470면.

### (4) 부양 당사자의 순위

부양의무자가 수인이 있는 경우에는 먼저 당사자 사이에 협정에 의하여 부양할 의무자의 순위를 정한다. 당사자 사이에 협정이 성립하지 않거나 불가능한 때에는 당사자의 청구에 의하여 가정법원이 정한다(제976조 제1항).[56] 가정법원이 부양할 자를 정하는 경우에는 조정전치주의가 적용되는데,[57] 가정법원은 수인을 공동부양의무자로 선정할 수도 있다(제976조 제2항).

부양을 받을 권리자가 수인인 경우에 부양의무자의 자력이 그 전원을 부양할 수 없는 때에는 먼저 당사자 사이에 협정에 의하여 부양받을 권리자의 순위를 정하며, 당사자 사이에 협정이 성립하지 않는 경우에는 가정법원이 부양권리자의 순위를 정한다(제976조 제1항 단서).

가정법원은 수인의 부양권리자를 선정할 수 있다(제976조 제2항). 부양을 할 자 또는 부양을 받을 자의 순위, 부양의 정도 또는 방법에 관한 당사자의 협정이나 법원의 판결이 있은 후 이에 관한 사정변경이 있는 때에는 법원은 당사자의 청구에 의하여 그 협정이나 판결을 취소하거나 변경할[58] 수 있다(제978조).

---

56) 부부간의 부양의무 부양료 액수는 당사자 쌍방의 재산 상태와 수입액, 생활정도 및 경제적 능력, 사회적 지위 등에 따라 부양이 필요한 정도, 그에 따른 부양의무의 이행정도, 혼인생활 파탄의 경위와 정도 등을 종합적으로 고려하여 판단하여야 한다. 따라서 상대방의 친족이 부부의 일방을 상대로 한 과거의 부양료 상환청구를 심리·판단함에 있어서도 이러한 점을 모두 고려하여 상환의무의 존부 및 범위를 정하여야 한다. 대법원 2012.12.27. 선고 2011다96932 판결.

57) 가사소송법 제2조 제1항 마류 8호.

58) 청구인과 피청구인은 피부양자의 직계혈족으로서 그가 부양을 필요로 하는 경우에는 민법 제974조 제1호, 제975조의 규정에 의하여 부양의무를 부담한다고 할 것이고, 민법 제976조, 제977조는 부양을 할 자의 순위나 부양의 정도 또는 방법에 관하여 당사자 간에 협정이 없는 때에는 법원은 당사자의 청구에 의하여 이를 정한다고 규정하고, 제978조는 이에 관한 당사자의 협정이나 법원의 판결이 있은 후 이에 관한 사정변경이 있는 때에는 법원은 당사자의 청구에 의하여 그 협정이나 판결을 취소 또는 변경할 수 있다고 규정하고 있으며, 가사소송법 제2조

## 2) 부양의무

고령의 부모 등에 대한 부양의무에 대하여 통설은 민법 제974조를 들고 있다. 따라서 고령의 부모 등에 대한 부양을 2차적인 부양으로 생각하게 되면서 고령의 부모에 대한 부양의 공백이 발생하게 되었다. 부양이란[59] 부양을 받을 피부양자가 자기의 자력 또는 근로에 의하여 생활을 유지할 수 없는 경우에(민법 제974조) 직계혈족이나 그 배우자간 등 가족이나 친족 그리고 국가가 일정한 급부를 제공하여 인간다운 생활을 할 권리나 생존권을 보장하도록 하는 것을 말한다.

고령의 부모 등에 대한 부양에 대해서 통설은 공적 부조의 성격을 가지는 것으로 보고 있다. 따라서 고령의 부모 등에 대한 부양의 방법으로 정기금으로 매달 생활비를 금전이나 물자로 지급하는 경제적 부양이외에도 식사, 목욕 등 일상생활의 조력을 받거나 간호를 받는 것을 내용으로 하는 복지적 부양과 노인에 대한 애정과 신뢰를 바탕으로 일상적 대화와 상호협조를 통하여 마음의 안정을 얻게 하는 정서적 부양 등이 있다.[60]

---

제1항 나. (2) 제8호는 위 민법규정에 의한 법원의 처분을 마류 가사비송사건으로 정하여 가정법원의 전속관할로 하고 있으므로, 성년에 달한 자녀의 부양에 관한 사항은 위 가사소송법의 규정에 의한 가사비송사건에 해당한다고 할 것이고, 과거의 부양료의 구상청구도 위 규정에 의하여 가사비송사건으로서 청구할 수 있다. 대법원 1994.06.02. 자 93스11 결정.

59) 민법은 부양의 형태가 각기 다른 경우에도 일률적으로 부양이라는 용어를 사용하고 있어서 부양의 정확한 의미를 제공하지 못하고 있다. 따라서 부양의 성격에 대하여 재산권성을 갖는다는 견해(金疇洙·金相瑢, 전게서, 480면; 이승우, "민법상 노친부양의 법적문제", 고령사회의 가족법의 문제, 2003, 16면)와 필요에 따라 동거·양육·간호·장례 등 경제적인 보조를 포함한 포괄적인 공적 부조의 의미를 가진다는 견해(李銀榮, 전게서, 650면)로 나뉘고 있다.

60) 韓雄吉, "韓國에서의 老父母 扶養과 扶養料의 求償", 저스티스 제30권 제4호, 1997, 53면.

## (1) 공적 의미의 부양

국가는 헌법 제34조에 근거하여 적극적인 생존권 보장에 대한 법적 장치로서 국민기초생활보장법,[61] 사회보장기본법, 노인복지법,[62][63] 각종 보험법 등의 공적 의미인 국가적 부양제도를 두고 있다.

국민기초생활보장법에 따르면 "부양의무자"란 제5조에 따른 수급권자를 부양할 책임이 있는 사람으로서 수급권자의 1촌의 직계혈족 및 그 배우자를 지칭하고 있다(제2조 제5호). 아울러 수급권자는 부양의무자가 없거나, 부양의무자가 있어도 부양능력이 없거나 부양을 받을 수 없는 사람으로서 소득인정액이[64] 최저생계비 이하인 사람이 보호대상자가 되며(동조 제5조 제1항),[65] 부양의무

61) 국민기초생활 보장법, 일부개정 2012.02.01 [법률 제11248호, 시행 2012.02.01.]

62) 노인복지법은 "노인의 질환을 사전예방 또는 조기발견하고 질환상태에 따른 적절한 치료·요양으로 심신의 건강을 유지하고, 노후의 생활안정을 위하여 필요한 조치를 강구함으로써 노인의 보건복지증진에 기여함을 목적으로 하며", 노인복지법 제1조의2 제1호에서 "'부양의무자'라 함은 배우자(사실상의 혼인관계에 있는 자를 포함한다)와 직계비속 및 그 배우자(사실상의 혼인관계에 있는 자를 포함한다)를 말한다."고 정의하고 있다. 노인복지법 일부개정 2013.08.13 [법률 제12066호, 시행 2013.08.13.].

63) 현행 노인복지법에 근거를 두고 있는 지원제도들은 주로 저소득층 독거노인의 소득보장 및 건강의료지원 등 기초적 생활보장에 초점을 두고 있다. 고준기, "노인학대의 방지와 홀로 사는 노인 지원 및 부양자의 효행 장려 지원에 관한 법률제정에 관한 연구", 원광법학 제28집 제4호, 원광대학교 법학연구소, 2012, 23면.

64) 헌재 2012. 2. 23. 2009헌바47, 국민기초생활 보장법 제2조 제8호 등 위헌소원; 1. 재산의 소득환산에 관한 구체적 사항을 하위법령이 정하도록 위임한 것은 국가의 재정적 상황, 수급권자의 범위, 물가의 변동 등에 능동적으로 대처하고, 수급권자를 선정하는 데 기준이 되는 재산의 범위를 지방세법이나 소득세법과 통일적으로 규율함으로써 사용·수익이 가능한 재산을 소유하고 있는 국민이 국민기초생활 보장법상 수급권자로 부당하게 분류되는 것을 방지하기 위한 것으로, 위임의 필요성이 인정된다. 생활이 어려운 자에게 필요한 급여를 행하여 이들의 최저생활을 보장하고 자활을 조성하고자 하는 국민기초생활 보장법의 입법취지, 수급자가 자신의 생활을 유지·향상시키기 위하여 그 소득·재산·근로능력 등을 활용하여 최대한 노력하는 것을 전제로 이를 보충·발전시키고자 하는 급여지급의 기본원칙, 수급자의 연령·가구규모·거주지역 기타 생활여건 등을 고려하여 급여의 종류별로 정해지는 급여의 지급기준, 수급자에게 주거안정에 필요한 임차료 등을 지급하도록 정하고 있는 주거급여, 임대소득을 포함하여 정하여지는 '개별가구의 소득평가액' 등에 비추어 볼 때, 이 사건 조항들이 주거용 주택의 소득환산에 대하여 법령 자체에서 명시하고 있지 않다고 할지라도, 사용·수익이 가능한 주거용 주택이 소득환산의 대상이 되는 재산에 포함될 것이라는 점은 충분히 예측가능하다고 할 것인바, 이 사건 조항들은 포괄위임입법금지원칙에 위배되지 아니한다.

65) 동법 제5조 제2항은 "제1항에 따른 수급권자에 해당하지 아니하여도 생활이 어려운 사람으로

자의 부양과 다른 법령에 따른 보호가 국민기초생활보장법에 따른 급여에 우선하도록 되어 있으며, 부양의무자가 있어도 부양능력이 없거나 부양을 받을 수 없는 경우는 대통령령으로 수급권자를 정하도록(제3항)하고 있다.

다만, 다른 법령에 따른 보호의 수준이 국민기초생활보장법에서 정하는 수준에 이르지 아니하는 경우에는 나머지 부분에 관하여 국민기초생활보장법에 따른 급여를 받을 권리를 잃지 않도록 하고 있다(동조 제3조 제2항).

그러나 부양의무자가 있어도 제5조 제3항에 의하여 수급권자가 되지 못하는 때에는 고령의 부모 등이 실제로 부양을 받고 있는지 여부를 고려하지 않고 그 대상에서 제외될 수 있어서 부양을 받지 못하는 경우도 발생하게 된다. 이러한 국민기초생활보장법상의 국가적 부양은 2차적인 것이고, 민법상의 부양의무는 1차적인 것이라 할 수 있다.

노인의 부양과 관련된 효도법의 입법논의가 무성한 것에 비하여 제대로 입법화하지 않은 것은 아쉬운 점이라 할 수 있고,[66] 효행장려법이 시행된 이후에도 공적 부양을 구체적으로 실현하기 위한 논의는 많지 않다.[67]

---

서 일정 기간 동안 이 법에서 정하는 급여의 전부 또는 일부가 필요하다고 보건복지부장관이 정하는 사람은 수급권자로 본다."고 규정하고 있다.

66) 어인의, "親子간의 權利義務에서 본 孝道法의 예비고찰, 청주법학 제20권, 청주대학교 법학연구소, 2003, 29면 이하; 이희배, "노친부양과 관련한 효도법의 입법논의-민사법을 중심으로 한 효도법의 입법방향-", 효학연구 제4권, 한국효학회, 2007, 115면 이하.

67) 노부모에 대한 가정에서의 사적 부양과 국가사회의 공적 부양을 어떻게 조화시킬 것인가 등에 대한 심도 있는 논의와 해법을 공동으로 제시해야 할 것이다. .최문기, "효행 장려 및 지원에 관한 법률 시행 성과 및 후속 과제", 효학연구, 한국효학회, 2012, 112~113면.

### (2) 사적 의미의 부양

사적 부양제도인 민법상의 부양은 1차적 부양의무인 생활유지의
무와 2차적 부양의무인 생활부조의무로 구분될 수 있다. 1차적 부
양은 '자기가 살아야 할 권리는 다른 사람을 부양할 권리에 우선한
다는 원칙'이 적용되지 않는 부부사이 및 부모나 미성숙자녀에 대
한 부양을 말한다. 2차적 부양은 어느 누구든지 자기의 생활을 희
생하면서까지 타인을 부양할 의무는 없고 사용하고 남은 것이 있으
면 도와주라는 하는 사회보장적 의미를 가진 친족 사이의 부양을
말한다.

이러한 제1차 부양의무와 제2차 부양의무는 의무이행의 정도뿐
만 아니라 의무이행의 순위도 의미하는 것이므로, 제2차 부양의무
자는 제1차 부양의무자보다 후순위로 부양의무를 부담한다.[68] 오늘
날에는 광의의 친족 부양의 개념은 퇴색되고, 협의의 가족 부양관
계만 존속하고 있다고 할 수 있다.

### 3) 부양의무의 법적 성격

사적부양인 민법상 친족 간의 부양의무를 1차적 부양의무인 생

---

68) 민법 제826조 제1항에 규정된 부부간 상호부양의무는 혼인관계의 본질적 의무로서 부양을 받
을 자의 생활을 부양의무자의 생활과 같은 정도로 보장하여 부부공동생활의 유지를 가능하게
하는 것을 내용으로 하는 제1차 부양의무이고, 반면 부모가 성년의 자녀에 대하여 직계혈족으
로서 민법 제974조 제1호, 제975조에 따라 부담하는 부양의무는 부양의무자가 자기의 사회적
지위에 상응하는 생활을 하면서 생활에 여유가 있음을 전제로 하여 부양을 받을 자가 자력 또
는 근로에 의하여 생활을 유지할 수 없는 경우에 한하여 그의 생활을 지원하는 것을 내용으로
하는 제2차 부양의무이다. 이러한 제1차 부양의무와 제2차 부양의무는 의무이행의 정도뿐만
아니라 의무이행의 순위도 의미하는 것이므로, 제2차 부양의무자는 제1차 부양의무자보다 후
순위로 부양의무를 부담한다. 따라서 제1차 부양의무자와 제2차 부양의무자가 동시에 존재하
는 경우에 제1차 부양의무자는 특별한 사정이 없는 한 제2차 부양의무자에 우선하여 부양의무
를 부담하므로, 제2차 부양의무자가 부양받을 자를 부양한 경우에는 소요된 비용을 제1차 부
양의무자에 대하여 상환청구할 수 있다. 대법원 2012.12.27. 선고 2011다96932 판결.

활유지의무와 2차적 부양의무인 생활부조의무로 구분하는 것을 2원론이라고 하며 현재의 통설이다. 이 견해에 따르면 부양의무의 효과와 내용은 의무이행의 순위와 정도의 차이라고 보고 있다.

생활유지의무는 부부간의 부양의무(민법 제826조)와 미성년 자녀에 대한 부모의 부양의무를 말하며, 생활부조의무는 고령의 부모 등에 대한 자녀의 부양의무를 말한다. 즉 고령의 부모 등에 대하여 자녀들은 자신의 생활을 영위하고, 여유가 생기면 부모를 부양할 의무를 부담하게 된다. 고령의 부모 등의 부양에 대한 2원론의 입장은 생활부조적인 부양으로 보고 있으므로 고령의 부모 등에 대한 부양을 한층 높이기 위해서는 민법 제826조의 부부간의 부양의무와 같이 1차적인 부양으로 승격시킬 필요가 있다.

이에 대하여 3원론적 2원론은 먼저 부양의 발생 원인을 동일체적 부양 및 생계 공동적 부양 그리고 보충적 부양으로 나누고, 부양의 효과에 따라 동일체적 부양과 생계 공동적 부양을 1차적 부양으로, 보충적 부양을 2차적 부양으로 구별하고자 하는 입장이다.[69]

여기에서 동일체적 부양은[70] 부부간의 부양과 출산에 기초한 피의 동일성으로 이루어진 혈연관계에 따른 친자간의 부양을 말하고, 생계 공동적 부양은 당사자의 의사나 혈연관계 및 상부상조 계약에 따라 생계를 같이하는 동거가족간의 부양을 말한다. 보충적 부양은 경제적 대가라든가 고도의 도덕적 은혜와 같은 당사자 간의 특별한 사정으로 인한 공생의무에 따른 기타 근친간의 부양을 말한다.[71]

---

69) 李熙培, 民法上의 扶養法理, 三英社, 1989, 278-286면.

70) 동일체적 부양에는 부부간의 부양과 부모의 미성숙 자녀 부양 그리고 성숙자의 노부모 부양이 포함되고, 보충적 부양에는 형제자매와 조손 등의 친족 간의 부양이 포함된다고 한다.

71) 李正植, "高齡化社會에서 子女의 老父母扶養義務法理에 관한 고찰", 中央法學, 제6집 제3호, 中央法學會 2004, 203면.

이 입장에 의하면 노부모에 대하여 성년자녀는 1차적 부양의무를 부담하고, 노부모가 자기의 자력과 근로에 의하여 독립, 분가하여 생활하는 등 특별한 사정이 있는 경우에는 단지 2차적인 부양의무를 진다고 이해한다.[72]

3원론적 2원론은 종래의 2원론이 취하고 있는 합리적인 근거 없이 부모에 대한 부양과 미성년자에 대한 부양을 차별화하는 문제점을 극복할 수 있고, 부모부양에 대한 법적 보호의 공백상태를 예방할 수 있으며, 사회변동과 공적 부조의 확장 추세에도 단계적으로 대응할 수 있는 방안이 될 수 있지만[73] 노부모의 부양의무를 독립, 분가하는 경우에 2차적 부양의무로 해석하여 약화시킨다는 점을 비판하는 견해도 있다.[74]

한편 부양의무의 승격론은 부모에 대한 부양의무를 2차적인 부양인 생활부조적 부양이 아니라 1차적인 부양인 생활유지적 부양으로 승격하여 보호해야 한다는 입장이다. 즉 미성년자에 대한 부양이나 배우자에 대한 부양 그리고 노부모에 대한 부양을 서로 다르게 취급하는 것은 부당하고, 다 같은 정도의 부양으로 높여야 하며, 아울러 점점 희박해져가는 부양의식의 측면에서나 도덕적·법적인 측면에서도 부양을 일반적인 친족부양으로 보아서는 아니 되고, 부모부양을 생활부조의무에서 생활유지의무의[75] 범위내로 접근

---

72) 韓雄吉, 전게논문, 55-56면.

73) 李正植, 전게논문, 219면.

74) 상게논문, 221면.

75) 가족법의 현대적 의미를 보호법적 성격이라는 점을 강조하면서 노부모에 대한 부양의무는 강제적 재판규범으로 보며, 비록 친족 간에는 법적 동거의무가 없다고 하더라도 노부모와 사실상 동거하고 있는 한, 그리고 현실적 생활공동체를 이루고 있는 이상 노부모에 대한 부양의무를 생활부조의무 이상의 것, 말하자면 생활유지의무로 볼 현대적 의의가 있다. 김용욱, "노부모부양에 관한 연구", 휴민 정범석 박사 화갑기념논문집, 1977, 108-109면.

시키려는 시도가 요구된다는 것이다.[76]

## 4) 부양의무의 발생요건

부양의 의무는 부양을 받을 자가 자기의 자력 또는 근로에 의하여 생활을 유지할 수 없는 경우에 한하여 이를 이행할 책임이 있다.[77] 성년의 자녀와 고령의 부모 등 사이의 부양(민법 제974조 제1호)은 소위 제2차적 생활부조적 부양으로서 부양의무가 발생하기 위해서는 요부양상태 및 부양의 여력이라는 요건이 필요하다.

우선 요부양상태란 자기의 자력 또는 근로에 의하여 생활비 수요를 충당할 수 없는 경제적 빈곤 상태를 말하며[78] 여기에서의 생활비 수용에는 의식주 등의 생활전반의 수요 및 의료비, 적당한 여가비 등이 포함되어야 할 것이다.[79] 예를 들어 요부양자가 건물이나 토지 등 상당한 재산을 가지고 있으나 이를 처분하는 것이 곤란하거나 부적절한 경우 또는 불시의 지출에 대비하기 위한 경우 등으로 일정기간 생활비를 위한 수입이 없는 경우에도 요부양상태라고 할 수 있다.

한편, 경제적 능력은 있으나 신상감호나 개호가 요구되는 노령자

---

76) 魚寅義, "老親扶養理論의 再檢討", 法學論集 제3집, 淸州大學校法學硏究所, 1988.5, 100면.

77) 민법 제975조(부양의무와 생활능력).

78) 제975조(부양의무와 생활능력) 부양의 의무는 부양을 받을 자가 자기의 자력 또는 근로에 의하여 생활을 유지할 수 없는 경우에 한하여 이를 이행할 책임이 있다. "부모와 성년의 자녀·그 배우자 사이에 민법 제974조 제1호, 제975조에 따라 부담하는 부양의무는 부양의무자가 자기의 사회적 지위에 상응하는 생활을 하면서 생활에 여유가 있음을 전제로 하여 부양을 받을 자가 자력 또는 근로에 의하여 생활을 유지할 수 없는 경우에 한하여 그의 생활을 지원하는 것을 내용으로 하는 제2차 부양의무이다." 대법원 2013.08.30. 자 2013스96 결정.

79) 구체적인 판단은 부양하여야 할 자의 부양의 여력, 당사자의 사회적 지위 등 일체의 사정을 고려하여 상대적, 탄력적으로 행해져야 한다. 李勝雨, "老親扶養小考", 家族法研究 第14號, 韓國家族法學會, 2000, 191면.

의 경우에 민법은 법적 부양의무의 범주에서 제외하고 있다고 할 수 있다.[80] 종래 법적의무로서 부양의 개념은 주로 경제적 급부로 파악되었고, 신상감호나 개호는 애정에 그 동기가 있는 것으로서 또한 법적 강제에 친하지 않기 때문에 부양개념을 경제적 측면으로만 구성하였다.[81]

그러나 노인복지를 실질적으로 실현하기 위해서는 부양개념을 확대할 필요도 있으며 그러한 측면에서 부양을 경제적 보조에 국한하지 않고 필요에 따라 동거, 간호 등 포괄적인 부조행위까지 포함해야 된다는 견해가 있다.[82]따라서 신상감호나 개호에 대한 문제를 민법으로 해결하는 것은 법적으로 한계가 있기 때문에 사회보장적인 측면에서 이를 보완하는 것이 필요하다고 할 수 있다.

둘째, 부양의 여력이 있어야 한다. 민법 제975조는 부양의무 발생요건으로서 부양의무에 대하여 규정하지 않고 있다. 이에 대하여 학설은 부양의무자에 대하여도 부양의 여력이 있을 것을 요구하고 있는데, 이는 부양의무자가 자기의 사회적인 지위, 신분에 적합한 생활정도를 낮추지 않고 요부양자를 부양할 정도의 여유가 있어야 한다는 것이다.

즉 부양의무자가 자기의 생활을 유지하는 권리를 타인을 부양하는 의무보다 우선하는 것을 뜻하는 것이라고 할 수 있다.[83] 오늘날 효라고 하는 윤리적 전통이 뿌리 깊게 남아 있고, 정서적으로는 대

---

80) 상계논문, 192면.
81) 山脇貞司, "高齡者の扶養をめぐる法的諸問題", 川井健外編 「講座現代家族法」 第4卷, 日本評論社, 1992, 301면.
82) 李銀榮, "扶養請求權", 考試界, 1992년 11월호, 95면.
83) 李庚熙, 「家族法(親族法・相續法)」, 法元社, 1999, 248면.

가족제도의 유습이 곳곳에 스며있는 우리나라의 가족제도의 현실에 비추어 볼 때 부양의 여력에 대한 요건을 해석함에는 이를 어느 정도 완화할 필요가 있다.[84]고령의 부모 등에 대한 부양이 2차적 부양으로 되어 있는 현재 우리나라의 민법 하에서 노부모 부양을 1차적인 부양에 버금가는 실질적인 운영으로 발전할 수 있을 것이다.

### 5) 부양의 방법 및 정도

#### (1) 부양의 정도

민법은 부양의 정도 또는 방법에 관하여 당사자 간에 협의로 정하고, 협정이 없는 때에 법원은 당사자의 청구에 의하여 부양을 받을 자의 생활정도와 부양의무자의 자력 기타 제반사정을 참작하여 이를 정하도록(민법 제977조)[85] 하고 있다. 판례는 친족관계의 부양의무는 혈연관계에 기초한 부양의 도덕적 의무를 가족법상의 의무로 규정한 것으로서 국민의 국가에 대한 기본적 권리인 생존권을 대체하는 것이므로, 노부모가 과거에 미성숙자녀에 대한 양육의무를 다하였는지 여부나 부양권리자가 그 도덕적 의무를 다하였는지 여부에 따라 그 존부가 달라질 것은 아니고, 부양의 정도나 방법을 정하면서 참작함에 그치는 것이라고[86] 한다.

그리고 부양을 할 자 또는 부양을 받을 자의 순위, 부양의 정도 또는 방법에 관한 당사자의 협정이나 법원의 판결이 있은 후 이에 관한 사정변경이 있는 때에는 법원은 당사자의 청구에 의하여 그

---

84) 李勝雨, 전게논문, 194면.

85) 日本 民法 第879條.

86) 미성숙 자녀들에 대한 양육책임을 다하지 아니하고 20여 년간 첩 및 그 자식과 함께 살던 아버지가 노쇠하고 병들어 자녀들에게 부양료를 청구한 경우에도 친족관계의 부양의무가 존재한다. 청주지방법원 제천지원 2006.03.31. 자 2005느단140 심판.

협정이나 판결을 취소 또는 변경할 수 있다(민법 제978조).

판례는 의식주에 필요한 비용, 의료비, 최소한의 문화비, 오락비와 부양을 받을 자의 연령, 재능,신분, 지위 등에 따른 교육을 받는 데 필요한 비용도 포함된다고 하며,[87] 부양권리자와 부양의무자 사이의 부양의 방법과 정도에 관하여 당사자 사이에 협정이 이루어지면 당사자 사이에 다시 협의에 의하여 이를 변경하거나, 법원의 심판에 의하여 위 협정이 변경, 취소되지 않는 한 부양의무자는 그 협정에 따른 의무를 이행하여야 하는 것이고, 법원이 그 협정을 변경, 취소하려면 그럴 만한 사정의 변경이 있어야 하는 것이므로, 법원이 임의로 협정의 내용을 가감하여 부양의무를 조절할 수는 없다고[88]한다.

### (2) 부양의 방법

부양의 구체적인 방법에는 크게 동거부양(인수부양)과 급부부양이 있다. 동거부양은 동거할 자의 의향, 부양의무가 발생하기 전까지의 경위, 주거 및 생활문제 등을 고려하여 전하게 된다. 급부부양은 이를 금전 급부부양과 현물 급부부양으로 나눌 수 있는데, 일반적으로는 금전 급부부양이 주로 이루어지고 있다.

금전 급부부양의 경우에는 정기급의 형식으로[89] 지급하는 것이

---

87) 대법원 1986.06.10. 선고 86므46 판결.

88) 대법원 1992.03.31. 선고 90므651 판결

89) 이혼소송의 사실심 변론종결 당시에 부부 중 일방이 공무원 퇴직연금을 실제로 수령하고 있는 경우에, 위 공무원 퇴직연금에는 사회보장적 급여로서의 성격 외에 임금의 후불적 성격이 불가분적으로 혼재되어 있으므로, 혼인기간 중의 근무에 대하여 상대방 배우자의 협력이 인정되는 이상 공무원 퇴직연금수급권 중 적어도 그 기간에 해당하는 부분은 부부 쌍방의 협력으로 이룩한 재산으로 볼 수 있다. 따라서 재산분할제도의 취지에 비추어 허용될 수 없는 경우가 아니라면, 이미 발생한 공무원 퇴직연금수급권도 부동산 등과 마찬가지로 재산분할의 대상에 포함될 수 있다고 봄이 상당하다. 그리고 구체적으로는 연금수급권자인 배우자가 매월 수령할

원칙이며 부양의 성질상 급부는 선불이라고 할 수 있다. 부양료의 지급은 부양권리자의 생존과 직결된 것이므로 그 이행이 신속하게 이루어져야 한다. 이를 위하여 가사소송법은 부양료 청구심판을 본안사건으로 하여 담보를 제공하게 하지 않고 가압류·가처분할[90] 수 있도록 하고 있다.[91]

### (3) 부양의무의 불이행에 대한 조치

부양의무 불이행에 대하여 법원은 원칙적으로 담보를 제공하게 하지 아니하고 가집행을 선고하고,[92] 신속한 이행을 요하는 경우에 심판선고 전이라도 가정법원은 임시로 필요한 사전조치를 명할 수 있다.[93] 부양의무자가 심판에서 정한 방법에 따라 이행하지 않으면 당사자의 신청에 따라 일정기간 내에 그 의무를 이행할 것을 명하는 것과[94] 함께 과태료를[95] 부과할 수 있다.

---

퇴직연금액 중 일정 비율에 해당하는 금액을 상대방 배우자에게 정기적으로 지급하는 방식의 재산분할도 가능하다. 대법원 2014.07.16. 선고 2012므2888 전원합의체 판결.

90) 상고 또는 재항고로 인하여 본안기록이 상고심 또는 재항고심에 송부되고 본안이 상고심 또는 재항고심에 계속 중일 때에는, 상고심 또는 재항고심은 사실심리를 하기에 적당하지 아니하고 가사소송법 제67조 소정의 의무불이행에 대한 제재를 가하거나 집행법원이 되기도 적당하지 아니하므로 제1심 가정법원이 가사소송법에 의한 사전처분사건이나 가압류·가처분사건의 관할법원이 된다. 대법원 2002.04.24. 자 2002즈합4 결정.

91) 가사소송법 제63조 ① 가정법원은 제62조에도 불구하고 가사소송사건 또는 마류 가사비송사건을 본안 사건으로 하여 가압류 또는 가처분을 할 수 있다. 이 경우 「민사집행법」 제276조부터 제312조까지의 규정을 준용한다.

92) 가사소송법 제42조 ① 재산상의 청구 또는 유아(유아)의 인도에 관한 심판으로서 즉시항고의 대상이 되는 심판에는 담보를 제공하게 하지 아니하고 가집행할 수 있음을 명하여야 한다.

93) 가사소송법 제62조 ① 가사사건의 소의 제기, 심판청구 또는 조정의 신청이 있는 경우에 가정법원, 조정위원회 또는 조정담당판사는 사건을 해결하기 위하여 특히 필요하다고 인정하면 직권으로 또는 당사자의 신청에 의하여 상대방이나 그 밖의 관계인에게 현상을 변경하거나 물건을 처분하는 행위의 금지를 명할 수 있고, 사건에 관련된 재산의 보존을 위한 처분, 관계인의 감호와 양육을 위한 처분 등 적당하다고 인정되는 처분을 할 수 있다.

94) 가사소송법 제64조 ① 가정법원은 판결, 심판, 조정조서, 조정을 갈음하는 결정 또는 양육비부담조서에 의하여 다음 각 호의 어느 하나에 해당하는 의무를 이행하여야 할 사람이 정당한 이유 없이 그 의무를 이행하지 아니하는 경우에는 당사자의 신청에 의하여 일정한 기간 내에 그

이행명령을 위반한 경우 1,000만 원 이하의 과태료에 처할 수 있고, 금전의 정기적 지급을 명령받은 사람이 정당한 이유 없이 3기 이상 그 의무를 이행하지 않을 때에는 30일의 범위에서 그 의무를 이행할 때까지 의무자에 대한 감치에 처할 수 있다.[96]

## 4. 끝맺으며

고령의 부모 등에 대한 부양의 문제가 사회문제로 대두되는 것은 어제 오늘의 문제는 아니었다. 고려시대에도 고려장이라는 풍습이 있었듯이 어느 시대나 어느 사회에서나 독립하여 생활할 수 없는 자가 존재하였다. 고대사회에서는 씨족집단이 그 생활을 보장하였고, 가부장제에서는 가장이 재산을 독점하고 아울러 그 책임을 맡았다.

그러나 최근에는 부부 중심이나 친자를 중심으로 하는 핵가족이 등장하면서 종래의 고령의 부모 등에 대한 부양의 문제가 더욱 복잡하게 되었다. 친족관계의 부양의무는 혈연관계에 기초한 부양의 도덕적 의무를 가족법상의 의무로 규정한 것으로서 국민의 국가에 대한 기본적 권리인 생존권을 대체하는 것이다.

부양의 정도는 의식주에 필요한 비용, 의료비, 최소한의 문화비, 오락비와 부양을 받을 자의 연령, 재능, 신분, 지위 등에 따른 교육

---

의무를 이행할 것을 명할 수 있다.

95) 가사소송법 제67조 ① 당사자 또는 관계인이 정당한 이유 없이 제29조, 제63조의2제1항, 제63조의3제1항·제2항 또는 제64조의 명령이나 제62조의 처분을 위반한 경우에는 가정법원, 조정위원회 또는 조정담당판사는 직권으로 또는 권리자의 신청에 의하여 결정으로 1천만 원 이하의 과태료를 부과할 수 있다.

96) 가사소송법 제68조 제1항.

을 받는데 필요한 비용도 포함된다. 부양의 구체적인 방법에는 일반적으로 금전 급부부양이 주로 이루어지고 있는데, 정기급의 형식으로 그 이행이 신속하게 이루어져야 할 것이다. 아울러 점점 희박해져가는 부모 부양의식의 측면에서나 도덕적이고 법적인 측면에서도 부모부양을 일반적인 친족부양으로 보아서는 아니 되고, 부모부양을 생활부조의무에서 생활유지의무의 범위내로 접근시키려는 시도가 요구된다.

우리나라의 가족제도의 현실에 비추어 볼 때 부양의 여력에 대한 요건을 해석함에도 이를 어느 정도 완화함으로써 고령의 부모 등에 대한 부양이 2차적 부양으로 되어 있는 현재 우리나라의 민법 하에서 고령의 부모 등 부양을 1차적인 부양에 버금가는 실질적인 운영으로 발전할 수 있을 것이다.

제8장

# 효사상의 의미구현과 전통

이 병 철

(신라대학교 교수)

# 1. 글의 시작

우리 민족은 반만년에 유구한 역사와 전통을 바탕으로 풍부한 신화적 정신세계와 근본사상(이념과 의식), 그리고 다양한 법제(규율)와 고유문화를 창조해 왔다. 특히 단군시대 고조선은 우리 민족의 기원과 고대국가 형성[1]에 매우 가치 있는 문헌자료가 아닐 수 없으며, 우리 민족의 정신사적 연구에 한 영역을 채우고 있다. 당시 고조선은 부여, 동예, 옥저, 삼한 등을 비롯한 주변국가에 영향을 줬음은 물론 이후 고구려, 백제, 신라의 삼국 형성과 정치적 성장에도 영향을 미쳤다.[2]

고려 후기 단군시대의 접근은『삼국유사』와『제왕운기』를 통해 전승되는데『삼국유사』의 기록이 수조신화(獸祖神話)의 화소를 볼 때,『제왕운기』보다 더 원형에 가까운 것[3]으로 보고 있다. 오늘 우리는 건국을

---

1) 이 무렵, 연표를 참고해 보면, 국내는 B.C. 3천년 부안계화도유적, 평양금탄리유적 제3문화층, 웅기굴포리, 서포항유적 제6문화층, 회령오동유적 제1, 2문화층, 강계공귀리유적 아래문화층, 요동쌍타자유적 제2문화층, 청진농포리유적, 단양금굴유적 제7문화층 등이 형성되었다. B.C. 2300년 요(堯)가 희중(羲仲)에게 명하여 우이(嵎夷)에 살게 하고 양곡(暘谷)이라 불렀다.(제천의식에 음악과 가무를 사용하기 시작) B.C. 2345년 이집트에는 제6왕조가 일어났으며, B.C. 2333년은 중국 요(堯) 임금 25년 시기다. 한국정신문화연구원,『한국사 연표』, 동방미디어, 2004, 12쪽.

2) 한국고대사학회,『한국고대사 연구의 새 동향』, 서경문화사, 2007, 11쪽.

3) 서영대,「단군관계 문헌자료 연구」,『단군 그 이해와 자료』, 서울대학교 출판부, 75, 2001, 384쪽. 삼국유사 유형에는 제왕운기 유형에서 찾아 볼 수 없는 수조신화(동물이나 동물과 인간으로

기념하는 근간을 기원전 2333년 단군이 왕검성에 도읍을 정하고 나라의 명을 고조선이라 일컬어 즉위한 날로 개천절을 그것도 국경일로 지정해 기념한다. 그럼에도 단군신화에 대한 역사적 인식이나 학계의 시각은 여전히 미온적 경향이 없지 않다. 우리가 단군의 자손이나 배달의 민족이라 말하는 경우에, 여러 가지가 있을 수 있겠지만 역사와 전통을 통해 계승된 정신세계가 단군시대로 단절된 것이 아니라 우리 삶의 의식구조와 정신세계에 그 맥이 잇닿아 있음은 부정할 수 없는 일이다.

이러한 현실 속에서 우리 효사상의 근원4)과 전통적 의미구현을 찾는다면 고기(古記)의 기록까지 올라갈 수 있는데 환국시대, 배달국시대, 단군시대를 아우르는 소위 삼성조시대(三聖祖時代)부터 사상적, 정신적 차원에 흐름을 발견할 수 있겠다. 이에 우리 효사상의 이해를 상고시대로 거슬러 효사상의 근원과 의미구현을 살피고자 한다. 그리고 효의식의 궁구에서 도덕적 인륜적 차원에서나 치국의 정치적 측면에서나 빼놓을 수 없는 유가의 효사상과 가치구현을 제시해 보겠다.

---

이뤄진 부부가 부족의 시원으로 전개 되는 신화적 화소) 요소가 있다. 따라서 삼국유사 유형이 더 원형에 가깝다. 그리고 응제시 유형과 규원사화 유형은 삼국유사 유형과 제왕운기 유형을 가감한 것으로 본다. 한편, 고려 인종23년(1145)에 김부식이 왕명으로 편찬한 삼국사기는 고구려, 백제, 신라, 세 나라의 역사를 기전체로 적었는데, 본기(本紀), 연표(年表), 지류(志類) 및 열전(列傳)으로 구성되어 있다. 살펴보면, 단군에 대한 인식은 고구려가 평양으로 도읍을 옮긴 이야기 속에 평양성을 '선인왕검의 택지'라 언급한 주석 형식의 표현을 확인할 수 있다.

4) 이와 같은 노력은 한국효문화연구원을 비롯해, 한국고대사학회, 한국청소년효문화학회, 한국사상문화학회 등을 통해 다양한 논의가 제언되었다. 이현중, 「한국 상고시대의 고유사상에 관한 연구」, 1996. 『한국종교사 연구』6권, 한국종교사학회, 김정배, 『한국고대사와 고고학』, 신서원, 2000, 강인구, 『고고학으로 본 한국고대사』, 학연문화사, 2001, 김종서, 「신화로 날조되어 온 신시」, 『단군조선 연구』, 한민족역사연구회, 2003, 한국고대사학회, 『한국고대사 연구의 새 동향』, 서경문화사, 2007, 송호수, 『단군은 실존인물이었다』, 개천대학출판사, 2008, 정연규, 『한겨레의 역사와 문화의 뿌리를 찾아서』, 한국문화사, 2008, 김정학, 『한국민족 형성사』, 고려대학교 민족문화연구원, 2011, 동양효문화연구원, 『한국의 효사상과 정신문화』1, 수덕문화사, 2012, 김익수, 「환웅의 우리 사상형성과 효교육문화의 전개」, 『한국사상과문화』55집, 한국사상문화학회, 2010, 『동방소학』, 수덕문화사, 2012, 「환인의 효사상」, 『한국사상과문화』66집, 한국사상문화학회, 2013, 김용길, 「삼성조시대의 법과 효사상에 대한 고찰」, 『청소년과효문화』23집, 한국청소년효문화학회, 2014, 장재천, 「효사상과 효교육의 역사적 중요성」, 『청소년과효문화』25집, 한국청소년효문화학회, 2015.

당연히 삼성조시대 이후 태동한 불교나 유교 사상은 개인과 가정을 다스리는 것에서 종교적, 정치적 이념으로 효 사상의 근간을 확장해 왔다. 물론 유교의 인생관과 세계관이 효와 관련해 대중적 인식을 확보한 것은 사실이지만 그렇다고 효의 절대적 기준이 될 수는 없는 것이다. 어쩌면 불교의 종교적 교리를 생각할 때, 효에 대한 불경의 가르침은 다소 낯설게 느껴질 수 있다. 이것은 효와 관련해 불교를 바라보는 시선에 일정한 장막이 존재함을 의미하기도 한다. 따라서 본고는 균형 있는 논의를 위해, 이러한 인식의 보완적 측면에서 효경의 효와 불경의 효를 비교 고찰함으로써 효의 의미와 정신을 밝히는 계기가 될 것이다.


## 2. 상고시대 효의 의미와 가르침

인류의 효 사상에 대한 의미를 추이해 볼 때 국가의 시원이라 할 수 있는 상고시대5)를 소급할 수 있다. 고기(古記)를 참고해 보면 우리 민족은 환인, 환웅, 단군왕검으로 이어 온 환국(桓國)과 배달국(倍達國), 고조선(古朝鮮)으로 그 기원을 찾을 수 있고 해모수의 북부여로 계승을 가져 왔다. 환국은 B.C.7197년부터 B.C.3897년까지 3300년간 지속되었다고 전하는데6) 그 근간에는 천부경7)과 같은 사상적 모토와 경천, 애

---

5) 상고시대, 삼성조시대, 인류의 기원과 관련한 고찰은 다음을 참고. 이강식, 『한국고대조직 사상사-천지인 3신사상의 조직론적 해석』, 아세아문화사, 1995, 고동영, 『연대순으로 엮은 단군조선 47대사』, 한뿌리, 1999, 노태돈, 『단군과 고조선사』, 사계절 출판사, 2000, 김철준, 『한국고대사연구』, 서울대학교출판부, 2001, 김영주, 「한민족의 뿌리와 단군조선사」, 『한국상고사통사』, 대원출판, 2004, 이동명, 「우리나라 상고시대의 법사상 연구」, 『법학연구』26집, 한국법학회, 2007, 한국고대사학회, 『한국고대사 연구의 새 동향』, 서경문화사, 2007, 양태진 역, 『영토사로 다시 찾은 환단고기』, 예나루, 2009, 계연수 엮음·고동영 옮김, 『환단고기』, 한뿌리, 2010, 안경전 역, 『단군세기』, 상생출판, 2010, 안경전 역·계연수 편저, 『환단고기』, 상생출판. 2012, 동양효문화연구원, 한국의 효 사상과 정신문화(1)』, 수덕문화사, 2012.
6) 이와 관련한 사적 내용과 고증은 김용길 논의를 참고. 김용길, 「상고시대 이래 효 사상과 분쟁

인을 바탕으로 하는 도덕적 개념의 구현이 있었다.

환국의 환인은 당시 국가 운영 체제인 오가(五加)[8]의 부족장 중에서 백성들의 추대를 받아 선출되었고 또한 백성들이 갖추어야 할 환인의 다섯 가지 가르침, 즉 오훈(五訓)을 정신적, 통치적 이념으로 삼았다. 그런데 여기서 주의를 끄는 것은 효와 관련한 의미 구현에 있는데 오훈의 내용은 다음과 같다.

> 첫째, 모든 일에 정성과 믿음으로 행하고 거짓이 없어야 한다. 둘째, 공경하는 마음으로 근면하고 게으르지 않아야 한다. 셋째, 효를 다하고 순종하여 어기지 말아야 한다. 넷째, 청렴하여 의롭고 음란하지 말아야 한다. 다섯째, 겸손하고 화평하여 다투지 말아야 한다.[9]

이러한 환인오훈의 근간은 백성을 중심으로 하는 체제 구성과 훈육에 있는데 세 번째에서 언급한 효순(孝順)의 개념은 진정한 효의 근간이 무엇인가를 생각하게 한다. 부모에게 진정으로 효를 다하기 위해서는 순(順)을 이루는 것이 그 출발이기에 거기에는 위(違)가 있을 수 없

---

발생의 해결에 관한 고찰-중재를 중심으로-」, 『청소년과효문화』27집, 한국청소년효문화학회, 2016, 17-21쪽.

7) 환인천제는 환인오훈으로 백성을 교육하고 통치하였으며, 우주 조화의 원리인 천부경으로 사상적 기반을 굳혔다. 천부경에서 책력(冊曆)이 나오고 주역의 원초인 환역(桓易)이 동북아의 근본 사상에 틀을 확고히 하였는데, 환역은 배달국 제5세 때에 복희의 선천역을 출현시켜 동북아 사상의 근원 사상을 출현케 했다고 한다. 김익수, 「인류 시원 사상인 환역에 관한 연구」, 『한국사상과문화』65집, 한국사상문화학회, 2012, 200쪽.

8) 오가(五加)라고 하는 것은 마가(馬加), 우가(牛加), 저가(豬加), 구가(狗加)에 왕가(王加)를 합친 명칭이라 짐작된다. 여기에서 '加'라는 것은 우리 고유의 말인 "한=큰=대=大/장(長)"이 "ㅎ→ㄱ"의 변화에 따라 '한→가'로 소리 바꿈 된 것이며 '貴人'의 뜻으로 해석해 왔다. 따라서 오가라고 하는 것은 다섯 가지 가축을 책임지는 중책의 우두머리를 일컫는 것으로 본다. 박병식, 『어원으로 밝히는 우리 상고사』상, 용인대학교 인문사회과학연구소, 2010, 184쪽.

9) 桓國有五訓, 神市有五事. 所謂五訓者, 一曰誠信不僞, 二曰敬勤不怠, 三曰孝順不違, 四曰廉義不淫, 五曰謙和不鬪, 桓檀古記 太白逸史 桓國本紀. 桓檀古記는 안함로의 三聖紀全 上, 원동중의 三聖紀全 下, 행촌 이암의 檀君世紀, 복애거사 범장의 北夫餘記, 일십당 이맥의 太白逸史를 모아 한 권으로 엮은 것이다. 이와 관련한 자료는 각주5), 참고.

는 까닭이다. 이렇게 볼 때 오훈의 의미 전제는 통치이념으로서 백성의 어진 마음과 인륜의 근본 덕목을 핵심으로 하고 있는 것이다.

아울러 환인오훈은 이후 배달국의 환웅육훈(桓雄六訓)으로 계승되어 그 의미를 확인할 수 있는데 육훈의 첫 번째로 언급되는 내용이 바로 효와 관련한 내용으로 부모에게 공경을 다해야 한다는 내용이다.(父母可敬也) 여기서 관심을 끄는 점은 효와 관련해 경(敬)의 언급을 찾을 수 있다는 것인데 곧, 효의 실천 행동에 근간을 경을 통해 구현하고자 했던 것이다. 더욱이 각각의 내용은 '처자(妻子) → 형제(兄弟) → 노장(老長) → 소약(少弱) → 서중(庶衆)'에 이르기까지[10] 구체화된 가르침의 궤를 확대하고 있었다. 다시 말해 효의 실천으로 출발해 처자, 형제, 노인과 어른, 어린이와 약한 자를 아우르고 집단(庶衆)의 통치 이념(信)으로 이어져 교화 되고 있음을 의미하는 것이다.

고조선 건국(B.C. 2333년) 상월(10월) 3일 개국(桓檀古記 檀君世紀)과 함께 조서를 내려 단군왕검은 8조교를 선포한다. 8조교의 바탕은 신교의 정신을 근간으로 하는데 그 중, 3조에는 효와 관련해 좀 더 구체화된 의미를 찾을 수 있다.

> 너희는 어버이로부터 태어났고 어버이는 하늘로부터 왔으니 오직
> 너희 어버이를 극진히 공경함은 하늘을 공경함과 같으니라. 이러
> 한 정신이 온 나라에 미치게 되면 충효(忠孝)가 된다.[11]

위의 내용은 8조교 가운데 3교의 내용인데 '어버이(親) 공경이 곧 하늘'의 공경으로 대응되고 있다. 또한 어버이의 존재는 하늘에서 왔기에

---

10) 王儉,[…]戒之曰, 父母可敬也, 妻子可保也, 兄弟可愛也, 老長可隆也, 少弱可惠也, 庶衆可信也. 桓檀古記 太白逸史 三韓管境本紀

11) 爾生由親 親降自天 惟敬爾親 乃克敬天 以及于邦國 是乃忠孝. 桓檀古記 檀君世紀.

사람들은 저마다 어버이를 경으로써 섬겨야 하는 마땅함과 그 사람들 하나하나는 어버이를 통해 세상에 왔기에 인내천(人乃天)의 존재가 가능한 것이다. 이러한 근본을 가르치고 깨닫는 것이 그리고 온당히 지켜야 하는 출발이 '효'에 있음을 전제하고 있다.

8조교는 8조금법 이전에 제정된 것으로 단군시대 제정된 8조금법에 영향을 주었다. 이러한 의식 경로는 결국 가정이라는 사회 구성의 작은 단위가 곧 국가와 치국의 바탕을 가져온다는 가치 지향을 생각하게 한다. 요컨대 상고시대 신교의 정신을 근저로 면면이 이어 온 우리 전통에 효의 원형은 "환인-환국→환웅-배달국→단군왕검-고조선"으로 의식이 온전히 계승 발전됨으로써 역사적이고 실질적인 기초가 전해졌다. 의미적 범주로도 효의 개념은 순(順), 경(敬)의 발로로 어진 마음을 지니려 했던 마음(仁)이 충(忠)과 치국(治國)의 개념으로 그 유의미를 확장하는 모습을 발견할 수 있었다.

우리 민족의 인내천은 인간으로서 마음의 중심을 잃지 않고 정성을 곡진히 하는 어버이(親)를 향한 마음에서 비롯된 것임을 깨닫게 해준다. 친(親)은 천(天)으로부터 나오고 친은 자(子)의 근본이니 자는 친을 순(順)과 경(敬)으로 섬겨야 한다. 비로소 이것이 효이고 천을 공경함과 같은 것이기에, 인(人)이 곧 천(天)이라는 인내천(人乃天)의 사상적 의식도 가능할 수 있었다. 효의 의미는 과거를 거쳐 미래 사회의 모습까지도 지향하고 있다. 효는 인류의 가장 근본적인 정서로서 서로 다른 사회 체계 속에도 거스름 없이 전이 되고 성장할 수 있는 정신문화의 핵심 요소다. 이에 상고시대 이후에 생성된 공맹(孔孟)의 유교 정신은 앞서 우리 민족의 이러한 신교적 정신세계를 바탕으로 이루어졌다고 보는 근거[12]가 가능한 것이다.

## 3. 효경의 효 의미

전(傳)을 생각할 때 교술적 한문 수필류의 전과 성인이라 일컬을 만한 학자들의 전통적 주해(註解)를 전이라 한다. 유교에는 가장 중요한 열세 가지 경서[13]가 있는데 효경은 역경, 서경, 시경과 함께 경을 붙여 놓은 책이다. 효라는 하나의 덕목에 전(傳)이 아닌 경이라는 명칭을 붙인 것은 매우 특별한 것으로, 효라는 덕목의 중요성을 새삼 실감할 수 있는 몫이기도 하다.

경은 일반적으로 '도덕이나 항상 변치 않는 도리'의 의미 개념을 지닌다. 한 예로 경전(經典)을 우리가 '변하지 않는 방식과 도리', 또는 '성인이 지은 글이나 말, 행실을 적은 글'이라 하지 않는가. 그러므로 당시 효의 개념을 이러한 경의 개념으로 높여 확고히 하고 백성을 가르쳐 인륜의 도리를 세우고자 했음을 짐작케 한다. 나아가 효경의 효는 덕을 근본으로 하는 수신(修身)과 제가(齊家), 치국(治國)에 이르기까지 확대된 인륜의 가치로서 추구되고 있다. 요컨대 효경은 효에 경(經)의 의미가 결합됨으로써 효는 곧 변하지 않는 인륜의 도리로 그 뜻을 확고히 하였고 부모와 자식의 관계도 한층 더 격상 되는 가치를 지니게 된 것이다.

효경은 사실 공자가 제자인 증자(曾子)에게 전한 효에 관한 논설 내용을 기록한 책으로 유교경전의 하나다. 일찍이 중국 한대에는 효경박사가 임명되었고 당대까지 교육기관에서 가르치는 주요 지침서였다.

---

12) 이러한 논의 참고는 김익수, 『동방소학』, 수덕문화사, 2012, 김익수, 「환인의 효 사상」, 『한국사상과문화』66집, 한국사상문화학회. 2013, 김용길, 「삼성조 시대의 법률과 효 사상에 관한 고찰」, 『청소년과효문화』23집, 한국청소년효문화학회, 2014.

13) 십삼경은 유교의 가장 중요한 13가지 경서를 일컫는다. ≪역경≫, ≪서경≫, ≪시경≫, ≪주례(周禮)≫, ≪의례≫, ≪예기≫, ≪춘추좌씨전≫, ≪춘추공양전≫, ≪춘추곡량전≫, ≪논어≫, ≪효경≫, ≪이아(爾雅)≫, ≪맹자≫ 등이 있다. 참고로, 유교의 경전인 오경은 시경, 서경, 주역, 예기, 춘추이고 사서는 논어, 맹자, 중용, 대학이며, 삼경은 시경, 서경, 주역을 말한다.

우리의 경우도 백제가 효경을 일본에 전한 것을 비롯해 신라시대 국학에서 고려시대는 국자감을 통해 효경을 필수 덕목으로 가르쳤으며, 조선시대는 국시(國是)로 유교를 추구했기에 효경은 더욱 강조되었다. 심지어는 선조(23년) 때 왕의 명령으로 홍문관에서 효경언해(孝經諺解; 효경을 한글로 풀어 쓴 것으로 1권1책)를 만들어 대중에게 유포하기도 했다.

아래 예문 ㉠~㉣은 모두 효경에 있는 내용 가운데 효 사상의 맥을 찾을 수 있는 대표적 내용이다. 효경 첫 장이라 할 수 있는 효경집주서(孝經集註序)의 내용을 참고해 보면 "공자의 제자 가운데 오직 증 씨(曾氏=曾子)만이 정통을 얻었다. 이 증 씨가 지은 책이 두 가지가 있는데 하나는 대학(大學)이요, 또 하나는 효경(孝經)으로[…]학문은 대학으로 근본을 삼고 행동은 효경으로 제일을 삼는 것은 위로 천자(天子)로부터 아래로 서인(庶人)에 이르기까지 마찬가지다."라는 내용으로 시작된다.

한마디로 말해, 공자가 제자 증자에게 전한 효행의 근본에 관한 논설 내용이 효경이다. 더욱이 효경은 유교 경전의 하나로서, 효는 덕의 근본임과 인륜의 도리고 도덕임을 밝히고 있다. 일반적으로 우리는 도덕을 항상 변치 않는 도리로 말하지 않는가. 효행이 인간 행위의 제일 근본이라 말한 의미가 여기에 있다. 인륜, 천륜을 관통하는 윤리, 사람으로서 마땅히 온전히 지켜야 할 근본이 효경을 다시 돌아보게 하는 이유와 가치가 아닐까 한다.

㉠ 순(舜)은 극진히 효도해 오전(五典)을 편찬하고 우(禹)는 효도에 이른 것으로 이륜(彝倫)을 폈다. 이윤(伊尹)은 성탕(成湯)의 덕을 서술했으니 그 하나는 사랑하는 마음을 세워 오직 부모를 제일 소중히 여긴다 하였고 다음으로는 조상 받들기를 은혜와 효도로 한다 하였다. 사람의 기강(紀綱)을 닦는 것 가운데 그 무엇이 이보

다 더 크겠는가.14)

ⓛ 위로는 종묘(宗廟)에 제사 지내는 것과 아래로는 자손을 보존하는 것이 모두 효도로 이보다 더 큰 것은 없다. / 살아 계실 때는 사랑과 공경으로 섬기고 돌아가시면 슬퍼하고 서러워 하니, 사람(인민)으로서 지켜야 할 근본을 다 행한 것이며 생과 사의 옳은 뜻이 다 갖춰지는 것이다. 이로써 효자의 부모 섬기는 일이 끝났다 할 것이다.15)

ⓒ 아버지를 섬기는 도를 취하여 어머니를 섬기되 사랑함이 동일하다. / 효는 하늘의 경이며 땅의 의며, 백성의 행실이다. / 효를 그르다 하는 자는 어버이를 업신여김이니 이는 도가 크게 어지러움이다. / 불효보다 더 큰 죄는 없다.16)

ⓔ 몸소 무릎 아래서(부모 곁에서) 태어나서 부모의 양육을 받는다. / 효자의 어버이 섬김에 거(居)함에는 그 공경을 지극히 하고 봉양함에는 그 즐김을 지극히 하고 병들 때는 그 근심을 지극히 하고 상을 당하여는 그 슬픔을 지극히 하고 제사를 지냄에는 그 엄함을 지극히 할지니 이 다섯 가지를 갖춘 연후에 능히 어버이를 섬김이니라. / 그 어버이를 사랑하지 아니하고 다른 사람을 사랑하는 자를 가리켜 패한 덕이라 하고 어버이를 공경치 아니하고 다른 사람을 공경하는 자를 말하여 패한 예라 하느니라. / 어버이를 섬기는 자는 위(높은 자리)에 있을 때 교만하지 않고 낮은 자리에 처해도 어지럽지 않고 더러운 데 있어도 서로 다투지 아니한다.17)

---

14) 舜 以克孝 而徵五典 禹 以致孝 而叙彝倫 伊尹 述成湯之德 一則曰 立愛惟親 二則曰 奉先恩孝 人記之修孰大平是. 孝經集註序, 孝經.

15) 上而宗廟之享 下而子孫之保其爲孝 莫有加焉. 孝經集註序. / 生死愛敬 死事哀戚 生民之本 盡矣 死生之義 備矣 孝子之事親 終矣. 傳之十四章 今文喪親章. 孝經.

16) 資於事父 以事母 而愛同(經一章 今文開宗明義章) / 夫孝 天之經 地之義 民之行(傳之三章 今文三才章) / 非孝者 無親 此大亂之道也(傳之八章 今文五刑章) / 而罪莫大於不孝(傳之八章 今文五刑章). 孝經.

17) 親生膝下 以養父母(傳之五章 今文聖治章) / 孝子之事親 居則致其敬 養則致其樂 病則致其憂 喪則致其哀 祭則致其嚴 五者 備矣然後 能事親(傳之七章 今文紀孝行章) / 不愛其親 而愛他人者 謂之悖德 不敬其親 而敬他人者 謂之悖禮(傳之六章 聖治章) / 事親者 居上不驕 爲下不亂 在醜不爭(傳之七章 今文紀孝行章) 孝經.

㉠은 효성이 극진하기로 유명한 순(舜) 임금과 하(夏)나라의 시조 우(禹) 임금, 그리고 은(殷)나라에 재상으로 탕왕(湯王)의 세 번 부름을 받고 나아가 하나라 폭군 걸왕(桀王)을 물리치고 탕왕으로 하여금 천하의 왕이 되게 한 어진 재상 이윤(伊尹)을 통해 사람의 기강을 피력하고 있다. 즉, 사람이 기강을 지니기 위해 두 가지를 닦아야 하는데 그 하나는 "사랑하는 마음을 세워 ⇒ 오직 부모를 제일 소중히"하는 것이고 다음 하나는 "조상을 ⇒ 은혜와 효도로 받들어 섬김"는 자세를 강조한다. 이 두 가지 근본은 "부모와 조상"을 향한 효의 근본이 사람의 기강, 곧 '규율이나 법도'를 세울 수 있게 하는 핵심 덕목임을 말하고 있는 것이다.

㉡에서 제시하고 있는 효를 참고해 보면 '부모를 평생 어떻게 섬겨야 하는지.'에 대한 효행의 과정을 읽어 낼 수 있다. "살아 계실 때는 사랑과 공경으로 섬기고 돌아가시면 슬퍼하고 서러워해야 한다. 이것이 사람의 근본이고 생(生)과 사(死)의 옳은 뜻이다." 진실로 이렇게 행하면 효경은 효자의 부모 섬김이 진정 끝났다고 말한다. 그리고 더하여 "위로는 종묘에 제사하고 아래로는 자손을 보존하는 것"이 큰 효라 할 수 있다는 언급에서, 효는 사후 제례와 후손을 잇는 의미까지 아우르고 있음을 알 수 있다.

㉢은 효에 대한 개념을 더욱 공고히 할 수 있는 명문장들로 계도의 의미가 강조된 단호함이 느껴진다. 첫째, 아버지와 어머니를 섬기는 도는 사랑으로 동일해야 한다. 둘째, 효는 하늘의 경(經)이고 땅에 의(義)이며, 백성의 행(行)실이다. 셋째, 효를 부정하고 업신여김(하찮게 여긴다.)은 인륜의 도가 무너지는 것이다. 넷째, 세상에서 가장 큰 죄가 불효다. 이렇게 보면 효는 부모에 대한 보은의 차원을 넘어 인간으로서 온당히 행해야 할 당위성의 영역임을 새삼 느끼게 한다.

㉣의 내용은 네 가지 예문으로 제시돼 있는데, 각각의 예문에서 강조된 효의 구현을 정리하면 다음과 같다.

하나. 자식을 잉태하고 양육하신 부모의 은혜다. 효경의 이러한 언급은 명심보감 효행편을 통해서도 찾아 볼 수 있다. "아버지가 나를 낳게 하시고 어머니가 나를 기르셨으니 가엾으신 아버지 어머니여 나를 낳으시고 애쓰고 수고하셨네. 그 은덕 갚자오면 하늘처럼 끝이 없도다.(父兮生我 母兮鞠我 哀哀父母 生我劬勞 欲報深恩 昊天罔極)"

둘, 효자의 어버이 섬김을 다섯 가지 과정으로 제시하고 있다. "첫째, 어버이 섬김은 공경을 지극히 한다. 둘째, 어버이 봉양은 그 즐김을 지극히 한다. 셋째, 병환이 있을 때는 근심을 지극히 한다. 넷째, 상(喪)을 당하면 그 슬픔을 지극히 한다. 다섯째, 제사를 지낼 때는 그 엄함을 지극히 한다." 이러한 내용은 부모님이 살아 계실 때부터 이후 돌아가시고 제례를 올리는 과정까지를 밝히고 있다. 삶과 죽음을 넘어, 자녀로서 지극히 부족함이 없도록 실현해야 하는 부모를 향한 마음 자세가 아닌가 한다.

셋, 패한 덕과 예를 설명하고 있는데, 이것은 효가 덕(德)과 예(禮)를 세울 수 있다는 의미와 역으로 덕과 예를 갖춰 효를 다해야 진정한 효라는 두 가지 의미 접근이 가능하다. 즉, "어버이를 사랑하지 않는 것은 패한 덕", "어버이를 공경하지 않는 것은 패한 예"라는 대응 속에 부모를 향한 사랑(愛)과 공경(敬)의 마음가짐을 또한 놓치지 말아야 할 것이다.

넷, 어버이를 섬기는 자(孝子)의 행위를 말하고 있다. 즉, 불교(不驕), 불란(不亂), 불쟁(不爭)이 그것이다. 효행을 행하는 사람은 "높은 자리에 있어도 교만하지 않고(不驕)", "낮은 자리에 있어도 무도하여 포악한 행위로 어지럽지 않고(不亂=亂離, 叛亂)", "더러운 데 있어도 다투지

(성질이나 행실이 못되다.) 않고(不爭)" 등, 이 세 가지(驕, 亂, 爭)를 몸에서(행실에서) 부제(不除: 없애지 않으면)하지 않으면 오히려 불효자(猶爲不孝也)가 된다는 것이다.


## 4. 불경의 효 의미

불경(佛經)의 효를 생각할 때, 가장 널리 알려져 대중성을 확보한 것이 부모은중경이 아닌가 싶다. 불교에서 부모에 대한 효 윤리는 바로 '지은(知恩)'과 '보은(報恩)'의 의식에서 연원한 것이다. 가르침을 통해 부모의 은혜를 깨닫고 알아가는 삶이 지은이라면, 그것을 실천으로 옮겨 은혜에 보답하는 행위가 곧, 보은이 된다.

부모은중경은 부모의 은혜가 깊고 무거움을 가르치는 경전으로 부모의 열 가지 은혜를 설명하고 있다. 특히 우리나라뿐 아니라 중국과 일본 등 유교문화권에서도 존중되어 온 불경 중 하나다. 부모은중경은 불교의 효를 널리 알리기 위한 것이었지만 유교적 측면을 고려해 볼 때, 불교 포교에 있어 현실적으로 유리될 수 있었던 불교적 세계관을 보완한 점도 간과할 수 없다. 중국 불교는 부모은중경의 간행을 통해 서민들도 쉽게 공감할 수 있는 불교적 가치에 근거한 효를 대중에게 전파할 수 있었다.

아래 부모은중경은 부모의 은혜를 열 가지로 제시하고 있지만 텍스트 전체를 놓고 보면 자신의 생명을 잉태해 준 보본(報本)의 은혜를 인식하는 것에서 효행은 출발한다. 내용을 정리하면 이 같은 의미를 찾을 수 있다. 첫째, 자신의 생명을 잉태시켜 준 보본의 은혜 둘째, 자식을 위해 지극 정성으로 먹이고 입혀 기르신 은혜 셋째, 노심초사 자식의 안녕과 장래를 걱정해 주신 은혜 넷째, 자식을 위해 아낌없이 희생하신 은혜 다섯째, 삶이 다하도록 끝까지 자식을 사랑해 주신 은혜로 요약할 수 있다. 이러한 불경의 내용은 위에 효경을 통해 제시한 예문과 견줘 봐도 모자람이 없어 보인다.

유교에서는 효에 대해 "효의 처음과 마침, 부모를 향한 공경의 마음, 봉양의 모습, 병환, 돌아가신 이후, 제사에 관한 것, 후손을 이어가는 것" 등의 내용으로 효를 매우 강조한다. 이에 비해 불교적 전통은 출가하여 삭발하고 부모를 봉양하지 않으며, 후사를 끊는 등의 기본적 모습이 지배적이다. 유가적 가치로 본다면 불교는 불효의 종교라는 인지도 가능할 듯하다. 어쩌면 이러한 의식이 불교를 배척하고 때로는 거부하는 이유가[18] 되기도 했을 것이다. 하지만 효에 대한 유교적 세계관만이 또한 효행에 절대적 준거가 될 수는 없기에, 불교 윤리의 특징인 깨달음의 윤리[19]를 놓치지 말아야 하는 이유가 여기에 있다.

불교는 무엇보다 깨달음을 통해 인생사 생로병사의 고통과 괴로움을 멀리 떠나보낸다. 즉, '해탈과 열반' 세계의 성취가 불교적 삶의 궁극적 목표인 것이다. 따라서 부모님으로 하여금 불법(佛法)에 귀의하게 하여 깨달음을 얻게 하고 해탈과 열반의 세계로 인도하는 것이 다른 어떤 효보다도 가치 있는 최상의 효라 할 수 있다. 그러므로 자녀 된 자는 "만약

---

18) 도단량수(道端良秀) 저·목정배 역, 『불교의 효, 유교의 효』, 불교시대사, 1994, 26-28쪽, 41-56쪽.

19) 불교는 모든 권위와 도그마(Dogma)를 배격하고 참으로 보편적이고 궁극적인 진리, 곧 진리 그 자체를 중시하는 철저한 진리 지향의 사상이라는 점이다. 불교는 깨달은 자(붓다)가 깨닫지 못한 자(미혹한 중생)로 하여금 깨닫게 하는 깨달음의 종교다. 다시 말해 부처가 깨달은 진리는 주관이 개입된 인위적인 것이 아니라 객관성과 타당성, 세계성과 영원성을 지닌 본래부터 그러하고 자연스러운(法爾自然) 보편의 진리, 그 자체란 말이다. 부처는 다만, 이 진리를 자각하고 그것을 어리석은 중생들에게 가르친 것이다. 연기의 진리는 이렇게 자연스러운 진리이지만 이것은 또한 궁극적인 진리이기에 인간이 그 깊고 넓은 의미를 온전히 이해하기란 쉽지 않다. 월훈스님 외, 『부처님이 들려주는 효이야기』, 같은 책, 2000, 77-78쪽.

부모가 신심(信心)이 없거든 신심을 일으키게 해야 한다. 만약 계(戒; 불교에 귀의 한 사람이 지켜야 할 행동)를 안 지키거든 계에 머무르게 해야 한다. 만약 성품이 인색하거든 보시를 행하게 해야 한다. 만약 지혜가 없거든 지혜를 일으키게 해야 한다.(『비나야율(鼻奈耶律)』)"라는 도리를 실천해 부모를 진심으로 봉양해야 한다. 비로소 자식이 이렇게 할 수 있다면 부모에게 보은을 행한 것이 된다.

　유가적 의식이 삶과 죽음을 별개의 문제로 인식하고 있는 반면, 불교는 죽음의 문제를 삶의 중요한 문제로 받아들인다. 이러한 죽음에 대한 시각 때문에 불교는 유교와 상이한 효행을 제시하고 있는 것이다. 불교 자체가 현실과 유리되어 효를 논하지 않거나 부정하는 것은 아니다. 부모를 정법(正法)으로 인도하여 도덕적으로 성숙시키고 깨달음을 통해 생사의 고통에서 벗어나 열반의 삶을 살아 갈 수 있게 하는 것은 불교만의 전통적 효 정신이라 할 것이다. 죽음으로부터 부모를 구제하겠다는 불교적 효 이념은 유교적 가치 체계와는 변별된 효행의 의미를 지닌다 하겠다.

　　　하나, 어머니 뱃속에 잉태하여 지켜주신 은혜
　　　둘, 해산에 임하여 큰 고통을 감수하신 은혜
　　　셋, 자식을 낳고서 모든 근심을 잊으신 은혜
　　　넷, 쓴 것을 삼키고 단 것을 받아 먹이신 은혜
　　　다섯, 마른자리는 자식에게 내어주고 진자리에 어머니가 누우신
　　　은혜
　　　여섯, 젖을 먹여 길러주신 은혜
　　　일곱, 더러운 것을 깨끗이 씻어주신 은혜
　　　여덟, 먼 길을 떠난 자식을 걱정해 주신 은혜
　　　아홉, 자식을 위해서라면 악업(惡業:나쁜 일)도 마다 않으신 은혜
　　　열, 끝까지 불쌍히 여기고 사랑해 주신 은혜[20]
　부모님께서 큰 고통을 받으시고 열 달이 차도록 내 태를 품으시며, 태

어난 다음에도 마른자리로 옮겨 눕히고 습기를 제거하셨다. 더러운 똥과 오줌을 치우시며, 젖 먹이고 씹어 먹여 길이 기르시어 내 몸을 보호하셨도다.[21]

본연부경전(本緣部經典)의 불설정반왕열반경(佛說淨飯王涅槃經)은 부처의 부왕이신 정반왕이 돌아가심에 따라 부처는 내세의 사람들이 흉하고 난폭해 부모의 길러준 은혜를 갚지 않음을 생각해 불효하는 이들을 위하여 또한 내세의 모든 중생을 위하여 예법을 세우고자 했다. 하여 스스로 부왕의 관을 메려하였고 주변의 완강한 만류로 상여 대신 향로를 들고 앞장서 장지까지 인도했다고 전한다. 물론 사실 여부를 떠나 부처가 스스로 실천한 효의 이야기를 통해 효행의 마음은 물론 스스로 효를 실천한 부처의 모습을 엿볼 수 있는 대목이다. 이러한 효에 대한 설명은 경전 전반을 통해 제시[22]되고 있다.

초기경전(初期經典)에서 대반열반경(大般涅槃經), 불설시가라월육방예경(佛說尸迦羅越六方禮經), 선생경(善生經), 유행경(遊行經), 등 많은 경전에서 효(孝)에 대해 언급한 내용[23]이 있다. 그 가운데 선생경

---

20) 개원석교록(開元釋敎錄) 제18권 위망란진록(僞妄亂眞錄)에 이 경전이 수록돼 있다. 이는 그 내용이나 형식이 부자연스럽고 정란(丁蘭), 훈(薫), 곽거(郭巨) 등, 고대 중국 효자들 이름이 열거되어 있기 때문에 중국에서 편찬된 위경(僞經; 대개 중국에서 위경이라 한 경전은 중국에서 자국어로 그들이 중심이 되어 작성된 경전을 일컫는다.)으로 보고 있다. 일본에 유포된 대보부모은중경(大報父母恩重經)이 있고 고려대장경의 부모은난보경(父母恩難報經; K.20-1257)이 있는데, 안세고(安世高)의 번역으로 되어 있다. 이러한 실정은 불교의 경전이 유교적으로 변형된 경이라고 보여 진다. 허나 이러한 위경의 제작이나 불경의 중국적 변용은 불교가 중국문화권에 정착하기 위한 과정이며, 대승경전(大乘經典)의 개방성으로 볼 때 불설로서의 경전 권위는 문제가 되지 않을 것으로 본다. 월훈 스님 외,『부처님이 들려주는 효 이야기』, 조계종출판사, 2000, 181-182쪽.

21) 한용훈 편찬 · 이원섭 역주,『불교대전』, 현암사, 1997, 794쪽.

22) 이와 관련한 자료 내용은 월훈 스님 외,『부처님이 들려주는 효 이야기』, 같은 책, 2000, 103-104쪽, 참고.

23) 불설시가라월육방예경(佛說尸迦羅越六方禮經)은 선생경(善生經)과 더불어 부모가 자식에게 행해야 하는 다섯 가지 일에 대해 제시하고 있다. 내용면에서 다소 차이는 있으나 부모의 도리

(善生經)은 부모의 유언을 지킨 장자(善生)가 붓다(Buddha:부처, 석가모니의 다른 이름)에게 육방[24] 예배에 참된 가르침을 배웠다는 내용에 경전이다. 자식이 부모를 공손히 따르고 공경으로 받들면 그는 안온하여 걱정이나 두려움이 없게 될 것이니, 마땅히 자식 된 자는 다섯 가지 일로 부모를 공경하고 따르는 것이 옳다는 설명을 더하고 있다. 내용은 아래와 같다.

> 하나, 이바지하여 받들어 모시기에 부족함이 없어야 한다. 둘, 할 일이 있으면 먼저 부모에게 알려야 하는 것이다. 셋, 부모가 하는 일에 순종하여 거스르지 말아야 한다. 넷, 부모의 바른 말씀을 감히 어기지 않는 것이다. 다섯, 부모가 하는 바른 직업을 이어야 하는 것이다.

> 하나, 자식을 잘 살펴서 악을 행하지 않게 하는 것이다. 둘, 잘 지도하고 가르쳐 착한 행을 하게 하는 일이다. 셋, 사랑이 뼛속까지 스며들도록 해야 하는 것이다. 넷, 자식을 위해 좋은 배필을 구해 주는 것이다. 다섯, 때를 따라 필요한 것을 공급해 주는 것이다.[25]

부모와 자식의 관계를 다섯 가지로 나눠 설명하고 있지만 이는 많은 가운데 가장 근본이 되는 양자 관계의 대표적 내용이라 본다. 이러한 입장은 유교의 경전에서는 쉽게 찾아 볼 수 없기에 혹자는 "단지 자식에 대해서만 효를 강요하는 유교적 상하존비의 효가 아닌, 인간적으로 평

---

를, 그리고 자식의 도리를 함께 제시하고 있다는 점은 같다. 대반열반경(大般涅槃經)은 재가자들은 네 가지 법을 닦아야 함을 밝히면서 첫째로 부모님을 공경하고 진심을 다해 효도 봉양해야 한다는 내용을 담고 있다. 그리고 유행경(遊行經)은 붓다가 발지국 사람들은 부모에게 효도 하는 교훈을 받아 행하는 까닭에 패망하지 않는다고 말한다.

24) 여기서 육방은 동서남북에 상하를 포함한 것으로, 늘 육방에 예를 갖춰야 하는 참된 의미를 지닌다. 그 관계는 부모와 자식, 스승과 제자, 남편과 부인 등의 여섯 관계다. 특히 부모와 자식의 도리를 설명한 부분은 효와 관련해 주목할 만하다.

25) 대정장(大正藏)1, 71쪽, c.

등한 입장서 부모의 자식에 대한 자애를 설명한 것이 불교적 효의 특징이다."26)라고 말한다.

그런데, 자식의 부모에 대한 공경의 마음과 자식을 향한 부모의 자애(慈愛)가 동시에 설명되고 있는 것은 무엇보다 연기론(緣起論)27)의 근본을 생각하게 한다. 즉 부모의 이러한 자애 속에서 성장한 자녀는 부모를 향한 공경으로 발현되기에 자애의 은혜는 공경과 친애의 효행으로 온전히 다시 구현되는 것이다. 이러한 제시는 부모와 자녀가 수평적 윤리를 넘어 일체 만상의 관계는 무수한 조건과 상호관계에 의해 이어지는 연기적 세계관과 맞닿아 있다.

더욱이 이것은 "만일 어떤 사람이 은혜를 갚을 줄 알면 그 사람은 공경할 만하다. 작은 은혜도 잊지 않는데 하물며 큰 은혜에 있어서야 말할 것이 없다. 그는 나에게 멀리 떨어져 있을지라도 멀다 할 수 없고 내 곁에 있는 것과 같다. 왜냐하면 비구들이여, 나는 항상 은혜 갚을 줄 아는 사람을 찬탄하기 때문이다."28)라는 언급을 통해 부모와 자식의 참된 도리와 부모의 은혜에 보답함이 마땅한 일이지만 또한 얼마나 큰 것인가를 새삼 돌아보게 된다.

불교 경전에는 붓다가 스스로 효를 실천했다는 내용이 전해지며, 효행이 하나의 계율로서 이해되고 있다. 자녀가 부모에 대해 효를 어떻게 행할 것인가의 접근보다 부모가 육체적 정신적으로 끊임없이 베풀어주신 자식을 향한 자애의 은혜를 가르치고 있는 것이다. 따라서 효는 부

---

26) 월훈 스님 외, 『부처님이 들려주는 효 이야기』, 같은 책, 2000, 107쪽.

27) 연기를 중심으로 하는 불교 교리 체계로 무수한 원인과 조건의 상호관계에 의해 일체 만상이 연하여 전개된다고 보는 세계관이다. 아함종의 십이연기(十二緣起), 구사종의 업감연기(業感緣起), 유식종의 뇌야연기(賴耶緣起), 화엄종의 법계연기(法界緣起), 진언종의 육대연기(六大緣起) 등이 전한다.

28) 증일아함경(增一阿含經), 선지식품(善知識品) 제5경.

모에 대해 자녀가 온전히 행해야 할 은혜의 보답으로, 보은(報恩)의 실천을 구현하는데 큰 의미가 부여 되고 있다.


## 5. 끝맺으며

효 정신의 구현은 결코 먼 곳에 있지 않다. 사람이 세상에 나올 때 육신의 생명을 어버이에게 받는다. 이러한 생명력은 눈에 보이는 혈육만이 아니라 인간 본성의 이치와 생명의 기운을 모두 어버이를 통해 받게 된다는 의미다. 숨을 고르고 보고 배우는 모든 교감과 행위는 어버이로부터 비롯된다. 그러므로 어버이의 기운과 혈맥은 자녀와 서로 통해 있다. 이것은 자신의 몸이 자기 개인의 것이 아니며, 부모에게서 물려받아 이어지는 기운이기도 한 것이다. 부모가 자녀를 사랑하고 자녀가 부모를 사랑하며 존중하고 따르는 것은 억지로 만들어 지는 행위가 아니다. 인간 본성에서 우러나오는 자연스러운 발생이다. 효는 특정한 사람이 행할 수 있는 것이 아니라 모든 행위의 근본으로 누구나 행할 수밖에 없는 인간 내면의 본성에서 기인한 것이다. 이에 효는 아무런 조건이 없다.

부모와 자녀의 친애하는 마음은 형제간의 사랑을 낳게 되며, 이것은 우애로 이어지게 되고 그러한 마음은 이웃 사랑과 인류애로 확대될 수 있다. 다시 말해 사람이 사람답게 살기 위해서는 효를 행하지 않을 수 없다. 인간의 본질을 이해하고 인간의 도리를 밝히는 것에 효는 삶의 근본 지침이 되는 덕목 가운데 하나다. 앞서 전통시대 효 사상과 관련해 인류 효 사상의 근본을 상고시대 효의 의미 구현과 가르침에서 소급해 봤다. 환국시대(환인)-환인오훈→배달국시대(환웅)-환웅육훈→단군시대(단군)-8조교로 이어 온 우리의 효에 전통성과 의미 구현은 유교의 효사상에 앞서 그 원형을 찾을 수 있었다. 즉 효의 개념은 순(順), 경(敬)의 발로로 어진 마음을 지니려 했던 마음(仁)이 충(忠)과 치국(治國)의 개념으로 그 근본을 확장해 나아가는 모습을 드러낸 것이다. 더욱이 이러한 의식은 우리 민족의 인내천 사상과 맞닿아 있다. 천(天)으로부터 친(親)은 비롯되고 친은 자(子)의 근본이기에 자 친(親)을 순(順)과 경(敬)으로 온전히 섬겨야 한다. 이것이 효의 근본이며, 천(天)을 공경하는 원리가 되는 것이다.

불교적 차원에서 효를 생각할 때 널리 대중성을 확보한 것은 부모은중경이다. 부모은중경은 우리나라뿐 아니라 중국과 일본 등 유교문화권에서도 존중되어 온 불경 가운데 하나로 불교의 효를 널리 알리기 위한 것이다. 허나 유교적 측면을 고려해 볼 때, 불교 포교에 있어 현실적으로 유리될 수 있었던 불교적 세계관을 보완한 점도 간과 할 수 없다. 중국 불교는 부모은중경의 간행을 통해 서민들도 쉽게 공감할 수 있는 불교적 가치에 근거한 효를 대중에게 전파할 수 있었다.

불교에서 효 윤리의 근본이 되는 개념은 무엇보다 지은(知恩)과 보은(報恩)의 의미 구현이다. 가르침을 통하여 부모의 깊은 은혜를 깨닫고 알아가는 삶이 지은이라면, 그것을 실행으로 옮겨 부모의 은혜에 보답하는 행위가 보은의 의미가 된다. 불교는 깨달음의 종교다. 인간의 삶속에서 생로병사의 고통과 영욕으로부터 비롯된 번뇌를 멀리 떠나보낸다. 즉, 해탈(解脫)과 열반(涅槃)의 경지가 불교적 삶에 궁극 목표다. 그러므로 부모님으로 하여금 불법(佛法)에 귀의하게 하여 깨달음을 얻게 하고 해탈과 열반의 세계로 제도(濟度)하는 것이 부모에게 드리는 최상의 효라 할 수 있다.

유가적 의식이 삶과 죽음을 별개의 문제로 인식하고 있는 반면 불교는 죽음의 문제를 삶의 중요한 문제로 받아들인다. 불교 자체가 현실과 유리되어 효를 논하지 않거나 멀리 하는 것은 아니다. 부모를 정법으로 인도여 도덕적으로 성숙시키고 깨달음을 통해 생사의 고통에서 벗어나 열반의 삶을 드릴 수 있는 것은 불교만의 전통적 효 사상이 된다. 대반열반경(大般涅槃經), 유행경(遊行經), 선생경(善生經), 불설시가라월육방예경(佛說尸迦羅越六方禮經) 등 이른바 초기경전(初期經典)에는 효에 대해 언급한 내용이 다수 있다.

선생경(善生經)과 더불어 불설시가라월육방예경(佛說尸迦羅越六方禮經)은 마땅히 자식 된 자는 다섯 가지 일로 부모를 공경하고 따라야 하는 것과 부모가 자식에게 행해야 하는 다섯 가지 일을 모두 제시하고 있다. 내용면에서 다소 차이는 있으나 부모의 도리를, 그리고 자식의 도리를 함께 제시하고 있다는 점은 같다. 자식이 부모를 향한 공경의 마음과 자식에 대한 부모의 자애가 동시에 설명되고 가르침을 주는 것은 연기론의 근본을 떠올리게 한다. 요컨대 부모의 이러한 자애 속에서 성장한 자녀는 부모를 향한 공경으로 발현되기에 자애의 은혜는 공경과 친애의 효행으로 온전히 연(緣)하여 다시 구현되는 것이다. 이러한 가르침은 표면적으로 드러나는 부모와 자녀의 수평적 윤리를 넘어선다. 일체 만상은 무수한 조건과 원인에 상호관계로 이어지는 연기적 세계관의 함의를 놓쳐서는 안 될 몫이다.

# 제9장

# 한국의 미래와 효문화

이 기 동

(성균관대학교 명예교수)

# 1. 글의 시작

가족의 의미가 중요하지 않은 사람은 없겠지만, 한국인에게서의 가족의 의미는 특이한 것이 있다. 서구인들에게는 개인주의가 발달하지만, 한국 땅에는 개인주의가 정착하지 못한다. 서구의 나라들을 구성하는 최소의 단위는 개인이지만, 한국을 구성하는 최소의 단위는 가정이다.

대밭에서 자라고 있는 대나무를 보면, 지상에서는 여러 그루의 대나무가 자라고 있는 것처럼 보이지만, 실은 지하에서 하나의 뿌리로 연결되어 있다. 사람의 모습도 이와 같다. 사람의 몸을 기준으로 보면, 모든 사람은 각각 구별되는 개체적 존재로서, 독립적으로 살아가는 것처럼 보인다. 그러나 마음을 기준으로 보면 그렇지 않다. 사람의 마음은 보이지 않는 곳에서 하나로 연결되어 있다. 하나로 연결되어 있는 그 마음을 우리는 '한마음'이라고 부른다. 그 한마음이 바로 모든 사람들을 연결해주는 하나의 뿌리이다.

지하의 뿌리를 무시하거나 보이지 않는 부분을 부정해 버린다면, 지상의 대나무들은 각각 독립된 개체인 것처럼 보인다. 마찬가지로 한마음을 부정해 버린다면, 사람들은 각각 독립된 개체로 존재하는 것처럼 보인다. 이러한 사고방식에서 개인주의가 성립한다.

그러나 한국인들은 보이지 않는 부분을 무시하지 않는다. 오히려 거기에 본질이 있음을 알기 때문에 그것에 더 관심을 갖는다. 한국인들은 뿌리를 중시한다. 한국인들이 지금도 족보를 만드는 이유가 여기에 있다. 족보는 현재 살아있는 사람들을 하나로 연결해주는 보이지 않는 뿌리를 찾는 방식이다.

한국인들에게는 개인주의가 성립하지 않는다. 너와 내가 하나로 연결되어 있다면, 너도 독립적인 개체가 아니고, 나도 독립적인 개체가 아니다. 너와 나는 본질적으로 하나다. 말하자면 '너 = 나'인 것이다. '너 = 나'가 되면 '너'도 아니고 '나'도 아닌 '우리'로 바뀐다. 우리들이 '우리 집' '우리 아버지' '우리 아내' 등의 표현을 쓰는 까닭이 여기에 있다.

개인주의에 적응하지 못하는 한국인들은 혼자서 하는 일이 서툴다. 식당에 밥을 먹으러 갈 때도 혼자서 잘 가지 않는다. 한국인들은 헤어지는 일에서도 서툴다. 이런 한국인들에게 큰 충격을 주는 말 중의 하나는 '넌 빠져'라는 말이다.

그런데 지금 우리나라는 서구의 문화를 받아들이고 서구인들의 삶의 방식을 따르기 때문에 많은 변화가 일어났다. 개인주의가 발달할수록 사람들의 경쟁이 치열해진다. 이럴 때 한국인은 몹시 스트레스를 받고, 고통을 받는다. 경쟁은 남을 따돌리는 것이기 때문이다.

## 2. 광우병에 걸려 전락하는 한국

한국은 급격히 서구화를 추진했다. 그 덕분에 경제적인 부를 어느 정도 축적했다. 그러나 그 병폐는 심각하게 나타나고 있다. 모든 병폐는 인간성 파괴로 인해 나타난다. 한국이 서구화할 수밖에 없었던 것은 숙명처럼 보인다.

어떤 고을에 점잖고 인간미가 넘치는 한 선비가 살고 있었고, 그 옆집에는 폭력배가 살고 있었다. 도시에서 경제개발 붐이 일어나자, 옆집의 폭력배가 먼저 도회지로 나가서 온갖 폭력적인 수단을 다 동원하여 큰돈을 벌어가지고 돌아왔다. 그 폭력배는 큰 저택을 지었고, 그 저택에 온갖 첨단 문명의 이기들을 다 갖추어놓고 살았다. 아무리 그렇더라도 점잖은 시골선비는 그 옆집의 폭력배를 부러워하지 않았다. 폭력배의 삶은 잘못된 삶이었기 때문이다. 그렇게 사는 것은 행복한 것이 아니다. 아무리 돈을 많이 가지고 있다 하더라도 그것은 잘못된 것이다. 그렇게 살면 살수록 돈의 노예가 된다. 그러다가 나중에는 금수보다 못한 삶으로 전락하고 만다. 점잖은 선비는 그러한 것을 알았기 때문에 옆집의 폭력배가 전혀 부럽지도 않았다.

그러나 점잖지 않은 사람들은 다르다. 점잖지 않은 사람들은 눈에 보이는 것에 현혹된다. 그래서 주위의 많은 사람들은 점잖은 선비보다 그 폭력배를 더 높이 평가하기 시작했다. 폭력배의 집을 좋아하는 것은 점잖은 사람 집에서도 일어났다. 점잖은 사람은 유혹을 받지 않지만, 그의 자녀들과 손자 손녀들은 달랐다. 그들은 자기 집보다 폭력배들이 사는 옆집을 더 부러워하기 시작했다. 옆집의 폭력배의 집을 좋아하는 것은 중국의 옛 선승이 남긴, <양개니우

투입해(兩箇泥牛 鬪入海)>에 해당한다. 진흙으로 만들어진 두 마리의 소가 다투면서 바다로 들어간다는 말이다. 진흙으로 만들어진 소가 다투면서 바다로 들어가는데, 그 소들은 이기기에만 열중하느라 바다로 들어가고 있는 자기들의 신세를 알지 못한다. 바다로 들어가고 말면 이긴 소나 진 소나 차이가 없다.

그런데도 눈앞에 전개되는 일에만 정신을 팔고 있는 것은 불행하다. 나중에 큰 불행이 다가올 것을 생각하면 그럴 수는 없다. 당장의 일에 정신을 팔 것이 아니라, 먼 훗날에 다가올 불행을 예측하여 미연에 방지해야 한다. 그런데도 오직 눈앞에 전개되는 것에만 정신을 팔고 있는 사람들을 보면 마음이 아프다. 그 중에 자기의 자녀도 있고 손자 손녀도 있다면 마음은 많이 아프다.

마음이 아파서 견딜 수 없는 선비는 자녀들에게 당부한다. 옆집 사람들처럼 살면 짐승보다 못한 사람들이 된다고 신신당부를 하지만 자녀와 손자들은 듣지 않는다. 특히 옆집 아이와 다투다가 얻어맞고 올 때면 선비답게 타이른다. "친구끼리 놀다가 보면 그럴 수도 있다. 용서하고 함께 놀아라."하고. 그러나 옆집은 다르다. 옆집은 친구에게 맞고 들어오면 "머저리 같은 놈. 너는 손도 없고 발도 없느냐?" 하고 야단을 쳐서 내쫓는다. 그 결과 얻어맞는 것은 늘 선비집의 아이들이다. 그러다가 선비 집의 아이들은 자각을 한다. '우리 할아버지가 나쁘다. 우리가 이렇게 된 것은 모두 할아버지 때문이다. 이제 할아버지가 해 오던 모든 것을 버리고 옆집 방식을 따라야 한다.'고 자각을 한 뒤에는 자기 할아버지의 모든 것을 버리고 옆집을 따라가기에 바빴다.

이것이 바로 우리의 150년 역사다. 우리는 서구에게 당했고 일본에게 당했다. 우리는 당했기 때문에 우리의 것이 다 나빴다고 생각했다. 우리의 정치도 나빴고 우리의 교육도 나빴다고 생각했다. 다 나빴기 때문에 우리의 것을 버리고 서구의 것을 따라가기에 바빴다.

우리는 서구를 따라가면서도 아직도 우리의 따뜻한 마음이 남아 있었다. 그 따뜻한 마음 덕으로 경제가 발전했다. 누나들이 공장에서 열심히 일을 해서 동생들의 학비를 마련했고, 먼 나라에 간호사로 가서 고생하면서도 고국에 돈을 부쳤다. 형들이 뜨거운 사막에서 온갖 고생을 하면서 가정을 지켰다. 그들은 한마음을 가지고 있었다. 동생의 행복을 자기의 행복으로 여겼다. 회사원들은 회사에 어려운 일이 있으면 희생을 마다하지 않았다. 일거리가 많으면 조건 없이 밤샘을 했다. 경영자들도 사원들에게 어려움이 있으면 내 일처럼 나서서 도왔다. 그 덕으로 우리의 경제는 비약적으로 발전했다.

그러나 이제는 우리들의 마음이 바뀌었다. 욕심이 점점 많아지고, 따뜻한 마음이 거의 없어졌다. 우리나라는 이제 총체적인 어려움에 직면하게 되었다. 소는 풀을 먹고 살지만 나름대로 힘이 세다. 그러나 어느 날 개에게 물렸다. 개에게 물려 혼이 난 소가 개를 조사했더니 개는 풀을 먹지 않고 개밥을 먹고 있었다. 개밥은 풀보다 영양가가 높아보였다. 그것을 안 소는 풀 대신 개밥을 먹기 시작했다. 그랬더니 어느 순간 온 몸이 힘이 빠지는 광우병에 걸렸다. 우리가 어려움에 직면한 근본원인은 바로 이 때문이다. 정치도 갈수록 잘못되고 있고 교육도 문제투성이다. 경제마저도 이제 갈팡질팡하고 있다. 이대로 가다가는 무너지고 만다.

우리는 이대로 무너질 수밖에 없는 것인가? 서구가 계속 앞서가

기만 한다면 우리의 고난을 끝날 날이 없을 것이다. 서구문화는 진정 계속 앞서갈 수밖에 없을 것인가?

## 3. 서구문화의 실체

우리가 추종하고 있는 서구문화는 서구 근세에 성립된 합리주의 문화이다. 서구 근세문화는 중세의 기독교 문화를 반대하고 나온 문화이다.

서구의 중세는 사람들이 예수의 가르침으로 살았던 시대였으나, 말기에 이르러 많은 폐단이 나타났다. 부패한 교황청이 재물을 모으기 위해 면죄부를 팔았다. 사람들이 사지 않으면 강압적으로 팔기도 했다. 타락한 종교인들이 마녀사냥을 자행하여 죄 없는 사람들을 마녀로 지목하여 참혹하게 죽였다. 십자군 전쟁을 일으켜 이슬람교도들을 무참하게 공격하기도 했다. 종교지도자들은 사람들의 자유로운 감정이나 과학적 판단도 자기들에게 불리한 것이라면 하느님의 이름으로 탄압했다.

중세를 암흑기라 불리는 것도 그 때문이다. 수많은 폐해들이 일어나자 사람들이 반발하기 시작했다. 그 반발은 14세기에서 16세기에 걸쳐 일어나는 르네상스 운동으로 나타났다. 중세의 폐해는 신의 잘못이 아니라, 신을 악용한 종교지도자들의 잘못이었음에도 너무나 큰 피해를 본 사람들은 종교지도자에게 반발을 했고, 그 반발은 신에 대한 반발로 이어졌다.

기독교 사상으로 살 때는 삶이 간단했다. 나는 하나님의 자녀이고 다른 사람들도 하나님의 자녀이므로 우리들은 모두 형제자매관계이다. 따라서 서로 사랑하고 용서하며 사는 것이 바른 삶이었다. 그러나 교회를 부정하고 난 뒤는 달라졌다. 나는 누구인가? 아무리 생각해도 알 수가 없다. 아무리 생각해도 알 수 없으므로 결론을 내렸다. '나는 생각한다. 고로 나는 존재한다.' 내가 하나님의 자녀가 아니므로 남들도 하나님의 자녀가 아니다. 사람들은 각각 남이 된다. 사람이 각각 남남이 되면 사람이 불안한 존재가 된다. 남이 나와 다르기 때문에 나에게 어떤 짓을 할 지 예측불가능하다. 그 때문에 사람이 불안해진다. 불안한 사람들 틈에서 내 것을 가장 많이 챙길 수 있는 방법은 다 죽이고 빼앗아 가지는 것이다.

강력한 무기로 무장한 영국인들은 북아메리카에 가서 원주민을 거의 다 죽이고 그 땅을 차지했다. 오세아니아에 들어가서도 원주민을 거의 다 죽이고 그 땅을 차지했다. 스페인과 포르투갈은 남아메리카에 들어가 원주민을 대량 학살하고 그 땅을 차지했다.

그러나 그들도 죽이고 빼앗는 것이 유쾌한 일이 아니었다. 그런 마음을 해소하기 위해서 그들은 죽이고 빼앗는 것을 정당화하는 이론을 만들었다. 교회에 등 돌린 그들은 교회의 가르침이 잘못되었다는 것을 알았다. 지구가 도는 것을 하늘이 돈다고 했고, 진화를 해 온 것을 창조했다고 가르친 교회의 가르침이 잘못이라고 판단한 그들은 과학자들이 찾아낸 과학의 지식대로 살아야 한다고 자각하게 되었다. 과학자들이 찾아낸 자연법칙은 생존경쟁, 약육강식, 적자생존, 자연도태 등이었다. 자연계에서 생명체들이 살아가는 기본방식은 강자가 약자의 고기를 먹음으로써 가능하다는 것이다.

이러한 이론을 바탕으로 서구인들은 미주나 오세아니아의 원주민을 신나게 살육했다. 그들은 약자를 죽이고 그들의 것을 빼앗는 것은 자연법칙에 따른 당연한 것으로 여겼기 때문이다. 약자를 보호하는 것은 오히려 자연법칙에 어긋나는 위선자처럼 인식했다.

　서구인들이 약한 나라들을 도륙하고 난 뒤에는 그들 자체에 문제가 생기기 시작했다. 그들 스스로가 강자와 약자로 나누어지기 때문이다. 그들 스스로에게도 약육강식의 법칙은 적용되는 것이었다. 그들 중 약자인 사람이 살 수 있는 방법은 하나 밖에 없다. 약자끼리 뭉쳐서 강자를 무찌르는 것뿐이다. 그래서 시민들이 뭉쳐서 왕을 죽이는 시민혁명을 일으켰다. 그런데 영국에서 산업혁명이 성공을 거두자 노동자라고 하는 새로운 약자가 나타났다. 노동자가 살길 또한 뭉치는 것밖에 없다. 오늘날 노동운동현장에서는 영락없이 노동자들이 붉은 띠를 머리에 두르고 단결 투쟁이라 쓴다. 뭉쳐서 기득권자들과 싸우자는 것이다. 이렇게 되어 세상은 좌파와 우파, 보수와 진보의 양 진영으로 갈라지게 되었다. 세상은 화합하는 길에서 점점 멀어지고 있다.

　서구 중심 사회가 계속되는 한 지구상의 평화는 영원히 오지 않을 것이고, 한국은 여전히 서구를 따라가느라 전전긍긍할 것이다. 서구인들의 판단이 옳다면 우리는 계속 서구의 방식으로 살아야 하지만, 만약 그렇지 않다면 우리들은 지금의 삶의 방식을 재고해야 한다. 서구인들의 사상과 삶의 방식은 옳은 것이 아니다. 그들이 자연법칙으로 판단한 약육강식과 생존경쟁은 잘못이다. 『중용』 30장에 다음과 같은 말이 있다.

　만물이 어울려 자라면서 서로 해치지 않는다.[1]

---

1) 萬物竝育而不相害.

사자가 사슴을 잡아먹는 것은 일견 약육강식으로 보이지만 사실은 그렇지 않다. 사슴들이 살기에 초원의 풀이 부족하면 사슴들은 영양실조가 되어 다 죽을 운명에 처한다. 그럴 때 적당한 수의 사슴만 남겨 놓고 나머지를 사자가 잡아먹는다. 부분적으로만 보면 약육강식의 원리가 옳은 것처럼 보이지만, 전체적으로 보면 그렇지 않다. 사슴 전체의 삶에서 보면 사자는 고마운 존재이다. 사자는 사슴의 생존을 도와주고 있는 것이다. 사자는 결코 사슴을 다 잡아먹는 법이 없다. 강한 사자가 약한 사자를 잡아먹는 법도 없다. 그런데 사람은 약육강식이 일어나는 단면만 보고 그것을 사람의 삶에 적용시켜, 강한 사람이 약한 사람을 죽이는 원리로 삼았다.

오늘날 사람들이 만들어낸 삶의 방식은 자연법칙을 '생존경쟁' '약육강식'으로 규정하는 잘못된 가설을 바탕으로 하고 있다. 정치학, 법학, 경제학, 경영학, 교육학 등의 인문사회과학의 이론들도 잘못된 가설에 근거하고 있다. 그러므로 그 이론들은 부분적으로는 옳게 보이지만, 근본적으로는 옳지 않기 때문에 한계를 맞이한다.

한 이론이 한계에 다다르면 그것을 극복하는 새로운 이론이 나오고, 새로 나온 이론이 또 한계에 다다르면 또 다시 새로운 이론이 나온다. 사람들은 이러한 과정을 발전이라고 하지만, 사실은 발전이 아니다. 잘못된 가설로 인해서 생기는 문제점이 되풀이되는 것일 뿐이다.

이는 과일나무를 가꾸는 경우에도 해당이 된다. 과일나무에 벌레 A가 침범하면 과일나무를 가꾸는 사람이 벌레 A를 퇴치하는 농약 A다시를 개발하여 벌레 A를 퇴치한다. 농약 A다시는 벌레 A를 퇴치하는데 큰 역할을 했다. 그러나 다음에 벌레 B가 침범하면 A다시는 효력이 없다. 다시 농약 B다시를 개발해야 한다. 이런 방식으로 농약 C다시, 농약 D다시 ---등으로 계속 개발해야 한다. 이는 발전이 아니다. 근본적인 실수에서 오는 잘못의 연속이다. 과일나무를 가꾸는 사람의 실수는 뿌리를 가꾸지 않은 것이다. 뿌리가 완전히 망가지면 어떤 농약도 효과가 없을 때가 온다.

오늘날 사람들의 삶의 방식도 그렇다. 잘못된 가설로 인한 실수를 되풀이하고 있다. 그 결과 세상은 아비규환의 지옥으로 변해가고 사람들의 욕심은 눈덩이처럼 커지게 되었다. 잘못된 삶의 방식은 사람들을 불행하게 만든다. 오늘날 사람들의 삶은 불행해졌다. 불행의 내용은 어떠한 것이 있을까?

## 4. 현대인의 불행한 삶의 내용들

사람이 하늘마음을 잃어버리면 사람들의 삶은 다음과 같은 불행한 삶으로 바뀐다.

### 1) 사람의 삶이 원초적으로 잘못이다

하늘마음을 잃어버리는 원인은 욕심이 침입 때문이다. 욕심이 침입하면 하늘마음은 사라진다. 사람들은 남남이 되어 경쟁을 하느라 욕심을 무한히 키웠고, 그로 인해 하늘마음을 거의 상실했다. 욕심은 본래의 마음이 아니므로 욕심에 갇혀 욕심을 채우는 것으로 일관하는 사람은 뻐꾸기 새끼를 기르는 뱁새와 같은 존재다. 그의 삶그 자체가 불쌍하다. 뱁새가 뻐꾸기 새끼에게 먹일 벌레를 잡느라

바쁘듯이, 사람들도 욕심을 채우느라 바쁘다. 뻐꾸기 새끼를 내다
버리고 자기의 새끼를 찾아야 함에도 그것을 잊어버리고 뻐꾸기 새
끼만 기르는 뱁새처럼, 사람들은 자기의 본마음을 찾아야 함에도
그것을 잊어버리고 자기의 욕심 채우기에 급급하다. 사람들의 그런
모습이 참으로 불쌍하다. 사람의 삶이 불쌍할 뿐만 아니라 불행해
진다. 공자는 다음과 같이 말한다.

> 사람들은 모두 자기가 지혜롭다고 하지만, 그들을 몰아서 그물이
> 나 덫이나 함정으로 넣는데도 피할 줄을 모른다.[2]

　그물과 덫, 함정은 짐승을 잡는 기구로, 거기에 걸려들면 죽는다.
사람을 그 속으로 몰아넣는다는 것은 죽음의 함정 속으로 몰아넣는
다는 말이다. 세월이 사람을 죽음의 함정으로 쉬지 않고 몰아가고
있는데도 사람은 피할 줄을 모른다. 경쟁에서 이긴다 한들 죽음의
함정 속에 들어가면 아무 의미도 없지만 그것도 모르고 자기가 똑
똑하다고 뽐내고 있다. 불행한 일이다.

## 2) 욕심의 노예로 전락한다

　사람들이 욕심에 갇히게 되면 욕심의 노예로 전락하여 많은 문제
가 생겨난다. 오늘날 사람들은 대부분 돈에 중독이 되어 있다. 돈에
중독된 사람은 돈의 노예다. 니코틴 중독자는 담배 가진 사람이 시
키는 대로 할 수밖에 없듯이, 돈에 중독이 된 사람은 돈 가진 사람
이 시키는 대로 할 수밖에 없다. 사람들은 돈 앞에서 인정이고 뭐

---

2) 『중용』 제7장:人皆曰 予知 驅而納諸罟擭陷阱之中 而莫之知辟也.

고 없다. 돈을 목표로 삼으면 돈을 가지는 것이 행복인 것처럼 생각하지만 그것은 착각이다. 뱁새 둥지서 자라고 있는 뻐꾸기 새끼가 먹이를 얻어먹을수록 커지는 것처럼, 욕심은 채울수록 점점 더 커진다. 일억 원을 모을 목적으로 적금 통장을 개설하고 열심히 일해서 일억 원을 모으면 행복해져야 하지만, 행복은 잠깐뿐이다. 불쑥 커진 욕심은 십억 원을 채우라고 보챈다. 일억 원을 채운 사람은 구억 원을 못 채운 데 대한 욕구불만에 빠진다. 욕심의 노예는 다시 십억 원을 채우기 위해 눈코 뜰 새 없이 일한다. 십억 원을 채우고 난 뒤에도 마찬가지다. 욕심은 다시 백억 원을 채우라고 보챈다. 욕심의 노예는 행복을 만끽할 여유도 없이 다시 백억 원을 채우기 위해 동분서주한다. 그러다가 어느 순간 쓰러지는 것이 인생이다.

### 3) 정상적 삶을 유지할 수 없다

욕심을 사람의 마음으로 판단했을 때의 삶의 방식은 욕심을 채우되, 남과 충돌하지 않으면서 채우는 방식이었다. 그것은 남과 충돌하지 않으면서 욕심을 채울 수 있도록 이성의 힘으로 조절하는 것이었다. 그러나 이런 방법의 삶은 결국 한계를 맞이할 수밖에 없다. 욕심을 조절하는 것은 욕심을 억압하는 것이므로 기본적으로 스트레스로 나타난다. 마음껏 채우고 싶은 원초적인 욕구와 절제해야 하는 이성이 충돌을 일으키기 때문이다. 그것은 술을 계속 마시면서 흐트러지지 않도록 정신을 가다듬는 것과 같은 것이다. 술을 마시고 싶은 욕구와 정신을 가다듬는 것은 충돌하기 때문에 균형을 지키기가 어렵다. 욕심과 절제의 관계도 그렇다. 욕심을 채우고 싶은 것과 절제해야 하는 것은 충돌하기 때문에 균형을 유지하기 어렵다. 균형을 지키지 못하면 안정된 삶을 유지할 수 없다. 그런 사람들이 많아지면 그 사회는 혼란스러워진다.

오늘날은 이제 서양사상의 문제점들이 표면에 나타나 있다. 도처에서 테러가 일어나 어수선하다. 언제 어떤 일이 일어날 지 불안하기 짝이 없다. 자녀를 죽이는 부모가 도처에서 생겨나고 부모를 죽이는 자녀도 한 둘이 아니다. 사람은 금수보다 못하게 되었고, 세상은 아비규환의 지옥으로 변했다. 금수가 되어버린 사람은 자기가 금수인 줄 모른다. 오늘날 사람들이 그렇다. 옛날 우리 조상들은 가난한 사람이 부잣집 앞에서 "이리 오너라." 하고 큰 소리로 부른 뒤에 하룻밤 묵고 가기를 청하면 주인은 반가이 맞아서 묵어가게 하고 대접을 잘 했다. 그런 조상이 오늘날 우리들을 보면 인간으로 보이지 않을 것이다.

### 4) 삶이 외롭다

사람이 고독하고, 초라하다. 그리고 사람의 삶은 얄팍해진다 사람은 항상 긴장하고 산다. 그 때문에 늘 피곤하다. 그리고 차츰 친구가 없어진다. 친구로 사귀는 경우도 이익이 되는 친구를 사귀기 때문에 진정한 친구란 얻기 어렵다. 꺼벙한 사람이라도 그의 삼촌이 정계나 재계에 큰 영향력을 갖고 있는 사람이란 정보를 알아내면 그와 열심히 사귄다. 그러다가 그 삼촌이 돌아가시면 그와 결별한다. 오늘날 개인과 개인, 기업과 기업, 국가와 국가가 거의 그렇다.

연애도 마찬가지다. 사랑은 욕심을 채우는 수단일 뿐 목숨 바쳐 희생하는 진정한 사랑을 하기가 어렵다. 시원찮아 보이는 사람이라도 그의 통장에 10억 원이 들어 있다는 정보를 알아냈다면 열심히 사랑한다. 그러다가 통장에 40억이 들어있는 사람이 있다는 정보를 알아냈다면 그에게로 사랑이 옮겨간다. 그리고 사귀던 사람과는 쿨 - 하게 헤어진다. 그래서 사람은 연애를 하고 있어도 외롭다. 이 외로움은 결혼을 해도 해소되지 않는다.

그런데 희한한 사람들이 있다. 아직도 마음을 중시하는 사람들이 있다. 바로 한국인이다. 한국인들은 싸우다가 '네가 인간이냐?'하고 꾸짖기도 한다. '제발 인간 좀 되라.'고 하기도 한다. 그것은 얼굴을 보고 하는 말이 아니다. 마음이 인간의 마음을 가지고 있지 않으면 인간으로 보지 않고 짐승으로 본다. 사람이 짐승으로 살 수는 없다. 그래서 한국인들은 옛날 동굴을 만들었다. 동굴을 만들어놓고 쑥과 마늘을 가지고 들어가 인간의 마음을 찾아서 나왔다. 그 영향으로 아직도 따뜻한 마음이 좀 남아 있다. 한국인들은 연애를 할 때 아직도 따뜻한 연애를 한다. 한 번 사랑한 사람을 바꾸지 않을 뿐만 아니라 그를 위해 헌신하고 희생을 한다. 외로워서 견디기 어려운 외국인들이 이런 내용을 보면 부러워서 견디기 어렵다. 그것이 오늘날 일어나고 있는 한류의 원인이다. 이는 한국인이 세상을 이끌어가야 할 때가 되었다는 신호다.


## 5. 한국의 선택

가을에는 국화가 아름답지만, 진달래는 볼품이 없다. 그러나 봄이 오면 달라진다. 봄이 오면 국화는 볼품이 없지만 진달래는 향기나는 아름다운 꽃이 핀다. 서구인들을 국화에 비유하면 한국인들은 진달래에 비유할 수 있다. 지금 한류 붐이 일어나고 있다는 것은 한국인들에게 향기가 나기 시작했다는 것이고 봄이 오고 있다는 것이다.

역사는 흐른다. 사계절이 바뀌듯이 역사는 흐른다. 사계절은 더웠다 추웠다 하지만 역사는 마음을 주로 챙기는 시대와 몸을 주로 챙기는 시대로 순환한다. 지금의 역사는 몸을 주로 챙기는 시대가 거의 끝이 나고 마음을 주로 챙기는 시대로 접어들고 있다. 역사의 봄이 오고 있는 것이다.

봄이 와도 봄을 맞을 준비를 하지 못하면 허사다. 기회가 오더라고 그 기회를 잡지 못하는 기회는 지나가 버린다. 이제 한국인에게 기회가 왔지만, 잡지 못하면 허사다. 기회를 잡는 방법은 는 준비하는 사람에게만 온다.

이제 한국인은 정신을 차려야 한다. 이제 한국이 나설 때가 되었다. 한국인이 나서기 위해서는 먼저 본래 가지고 있었던 하늘마음을 회복하는 일부터 시작해야 한다. 하늘마음은 한마음이다. 한마음은 모두가 다 같이 가지고 있는 마음이다. 그 마음이 공자의 인이고 석가의 자비이며 예수의 사랑이다. 한마음을 회복하는 실천적 방법 중에서 가장 빠른 방법은 효도다. 효도를 실천하도록 잘 깨우치기만 하면 한국은 역사를 이끌어가는 위대한 일을 할 수 있다.

# 6. 효도란 무엇인가?

## 1) 효도란 행복을 지속하기 위한 자녀들의 노력

어린이들은 밖에 나가면 다른 아이들과 경쟁하느라 긴장한다. 학교에서 담임선생님에게 벌을 받기도 하고 그 때문에 급우에게 비난을 받기도 하며 무시당하기도 한다. 이러한 경우에는 마음에 심한 상처를 받는다. 이 상처가 아물지 않고 깊어지면 정상적인 삶을 살아갈 수 없다. 그런데 이 상처를 아물게 하는 최선의 방법은 부모를 만나는 것이다. 부모는 자녀를 무조건적으로 사랑한다. 자녀를 위해서는 자기희생도 감수한다. 자녀가 병이 들어 아파하면 부모도 함께 아프다. 심지어는 그 아픔을 대신하고 싶어 한다. 부모는 어떠한 경우라도 자기의 자녀를 인정한다. 자녀가 슬퍼하면 함께 슬퍼하고 자녀가 울면 함께 운다. 이러한 부모의 사랑에 의해 자녀의 마음의 상처는 치료되는 것이다. 어린이의 성장 과정은 이처럼 상처받기도 하고 치료되기도 하는 과정의 연속이다. 그러므로 부모의 사랑을 받지 못하는 어린이들은 상처가 치료되지 않기 때문에 정상적으로 성장할 수 없다.

이러한 상황은 성장해서도 마찬가지다. 사회에 나가면 경쟁이 더욱 치열해진다. 그럴수록 경쟁에서 지지 않기 위하여 긴장해야 하는 피곤함이 쌓인다. 이러한 경우일수록 이에서 벗어나기 위해서 절대로 경쟁상대가 아닌 사람, 절대적으로 자기를 인정해주는 사람을 만나고 싶기 마련이다. 그런 사람이 바로 부모다. 부모를 만나면 그 간의 긴장이 다 해소되기 때문이다.

그러므로 사회생활에서 긴장을 많이 하고 스트레스를 많이 받는 사람일수록 부모의 존재를 더욱 필요로 한다. 그렇기 때문에 가난하거나 어려운 환경에 있는 사람일수록 부모를 더 그리워한다. 생명이 위태로울 정도의 어려움을 당한다면 부모의 존재는 절대적이다. 이러한 사실을 안다면 부모의 사랑이 얼마나 귀한 것인지를 알게 될 것이다. 이를 인식한다면 평소 귀찮아하기도 했던 부모의 잔소리 정도는 아무 문제도 되지 않을 것이다. 이 세상에 부모의 사랑보다 더 중요한 것이 없고 부모의 사랑보다 더 행복한 것이 없다.

부모의 사랑을 받는 것이 행복의 보루라는 것을 안다면, 그리고 그것이 가장 귀한 것인 줄을 안다면, 사람은 누구나 그 부모의 사랑을 지속적으로 받고 싶어 할 것이고 그렇게 되도록 노력할 것이다. 이 노력이 바로 '효'다. 다시 말하면 '효'란 '부모의 사랑을 지속적으로 받기 위한 자녀의 노력'이라고 정의할 수 있다.

이 정의에 의하면 '효'란 부모에게 주는 것이 아니라 받기 위한 것이다. 받기 위한 것이 아니고 일방적으로 주는 것만이라면 '효'라고 할 수 없다.

부모의 사랑을 지속적으로 받기 위해서는, 그리고 부모와 한마음의 상태를 계속 유지하기 위해서는 우선 부모가 살아있도록 해야 한다. 그러나 부모가 살아있기만 하고 자녀를 사랑하지 않는다면 그것은 의미가 없기 때문에 부모에게 사랑을 받을 수 있도록 부모의 뜻을 받들고 따라야 한다. 따라서 '효'를 실천하는 방법은 크게 이 두 가지로 수렴된다.

## 2) 효도의 두 방법

### (1) 부모의 몸을 봉양하는 것

'효'의 첫 번째 실천내용은 부모가 계속 살아 있을 수 있도록 부모를 잘 봉양하는 것이다. 몸에 좋은 음식을 잘 대접하는 것, 건강을 잘 보살피는 것, 부모의 속을 상하지 않도록 하는 것, 부모의 말을 잘 듣는 것, 늘 부모를 기쁘게 해드리는 것 등이 그 주된 내용이다.

이처럼 부모의 몸을 봉양하고 부모의 마음을 편케 하여 부모로 하여금 오래 사시도록 하는 것이 '효'의 시작이지만 이것만으로는 '효'가 될 수 없다. 부모에게 사랑을 받기 위해서는 부모를 공경하고 부모의 뜻을 따름으로써 부모의 마음과 하나가 되어야 하는 것이다.

그러면 부모의 뜻을 받드는 내용과 방법에는 어떤 것이 있는가 알아보기로 하자.

### (2) 부모의 뜻을 받드는 것

부모의 뜻을 무조건 따르는 것이 모두 부모의 뜻을 받드는 것은 아니다. 부모도 인간이기 때문에 욕심이 있을 수 있고 순간적으로 흥분할 수도 있다. 부모의 욕심이나 흥분했을 때의 순간적인 감정을 따른다면 부모의 입장에서도 크게 후회할 수 있는 일이 일어날 수 있다. 회초리로 때릴 때는 종아리를 걷고 맞는 것이 '효'이지만 몽둥이로 때릴 때는 도망을 가서 피하는 것이 '효'라고 한다. 부모가 흥분하여 몽둥이를 들고 자녀를 때리려 하는 것은 부모의 본마음이 아니다. 만약 부모의 마음을 따르는 것이 '효'라 하여 몽둥이를 맞다가 다치거나 죽기라도 하면 본마음을 회복했을 때의 부모는 몹시 슬퍼할 것이다.

그러므로 참다운 '효'를 실천하기 위해서는 부모의 뜻이 욕심에서 나온 것인지 아닌지를 파악할 수 있어야 한다. 자기 자녀가 다른 아이들과 경쟁하여 이기기를 바라는 것은 부모의 참마음이 아니라 욕심이다. 부모의 참마음은 자기의 자녀가 훌륭한 사람이 되기를 바라는 것이다. 따라서 부모의 참마음을 아는 자녀는 가장 훌륭한 인간이 되기 위해 인격을 도야할 것이다.

### 3) 효도의 효과

전 항에서 설명한 바와 같이 효도를 하는 것은 행복을 얻는 것이지만, 그 이외에도 효도를 하는 것에는 많은 부수적인 효과가 따른다. 어떤 효과가 있는지 알아보도록 하자.

#### (1) 진리를 얻는 지름길

진리를 얻은 사람은 사람을 포함한 모든 존재와 일체가 된다. 그렇기 때문에 모든 존재와 일체가 되면 역으로 진리를 얻는 것이 된다. 그런데 모든 존재와 일체가 되는 출발점은 먼저 부모와 일체가 되는 것이다. 먼저 부모와 하나가 되면 다음으로는 부모와 하나인 형제와 하나가 된다. 또 형제와 하나가 되면 다음으로 백부 및 숙부와 하나가 된다. 그리고 그 다음으로는 4촌과 하나가 되고, 또 그 다음으로는 5촌과 하나가 된다. 이런 방식으로 확대하면 6촌, 7촌, 8촌 등으로 확대되어 결국 모두와 하나가 되고 진리의 상태에 이르게 된다. 이에서 보면 효도를 하는 것은 진리를 얻는 실천적 수단이 되는 것이다.

### (2) 성공의 비결

인간과 인간의 관계에는 어떤 법칙이 있다. 그것은 내가 남을 사랑하면 그도 나를 사랑하고, 내가 남을 존경하면 그도 나를 존경한다는 것이다. 남에게 사랑받고 존경받는 사람이 성공한다. 남에게 미움을 받거나 무시당하는 사람이 성공하는 법은 없다. 그런데 인간관계의 법칙에서 보면 남에게 사랑받고 존경받는 사람은 먼저 남을 사랑하고 존경하는 사람이다. 그런데 남을 사랑하는 출발점은 효도에서 시작된다. 부모에게 효도하지 않는 사람이 남을 사랑하고 존경한다는 것은 있을 수 없다. 이러한 이치에서 본다면 효도가 성공의 비결임을 알 수 있다.

### (3) 건강과 장수의 비결

사람의 본성은 삶을 향하는 의지이기 때문에, 본성을 따르는 사람은 누구나 건강할 수 있고, 장수할 수 있다. 그런데도 건강을 해치거나 장수하지 못하는 사람이 있는 것은, 부득이한 사고에 의한 경우를 제외한다면, 욕심이 생겨 본성을 가리기 때문이다. 욕심이 없는 사람은 본성이 바로 작동하기 때문에 건강하고 장수한다.

욕심은 자기를 위한 이기심에서 생겨나는 것이기 때문에 남을 자기처럼 생각할 때 욕심은 사라진다. 그런데 남을 자기처럼 생각하는 가장 대표적인 관계는 부모와 자녀와의 관계이다. 부모가 자녀를 대하거나 자녀가 부모를 대하면 욕심이 없어진다. 그러므로 효도를 하는 것은 욕심을 없애는 출발점이 된다. 욕심이 없어지면 건강하고 장수하게 되므로 효도는 건강과 장수의 비결이 된다.

### (4) 위기극복 능력의 함양

사람의 본성은 삶을 향하는 의지이기 때문에, 본성을 따르는 사람은 위기를 극복할 수 있다. 위기를 만났을 때 본성을 따르는 사람에게는 그 위기를 극복할 수 있는 지혜가 나온다. 그러나 욕심이 본성을 가리게 되면 사람은 본성의 소리를 듣지 못하기 때문에 위기가 닥쳤을 때 그것을 간파하지 못하고 당하고 만다. 그러므로 효도를 하여 욕심이 없어지면 바로 본성의 소리를 들을 수 있고, 따라서 위기를 극복할 수 있는 지혜를 얻을 수 있다.

## 4) 효자로 기르는 방법

이상에서 살펴본 바와 같이 자녀에게 가장 중요한 것이 효자가 되는 것이라고 할 때 이제 남은 문제는 부모의 입장에서 어떻게 하면 자기의 자녀를 효도하는 자녀로 기를 수 있는가 하는 것이다. 그 방법은 대체로 두 가지로 생각해 볼 수 있다. 첫째는 자녀와 한마음이 되는 것이고, 둘째는 자녀로 하여금 효도하는 것이 몸에 배도록 하는 것이다.

### (1) 자녀와 한마음이 되는 것

자녀를 효도하는 자녀로 기르는 방법 중에서 가장 중요한 것은 부모가 언제나 자녀와 한마음이 되어 자녀의 입장에서 자녀를 헤아리는 것이다.

자녀가 학교에서 경쟁하느라 지쳐서 돌아왔을 때 부모는 그들이

쉴 수 있는 공간을 마련해 주어야 한다. 학교에서 성적이 나쁘거나 친구들과 다투어 속이 상했을 때 그것을 해소할 수 있는 공간 또한 가정이다. 그러나 오늘날은 문제가 생겼다. 오늘날의 우리 가정에는 여러 가지 변화가 일어나고 있다. 자녀들이 학교에서 돌아올 때 어머니가 집에서 맞아 주지 못하는 경우가 많다. 또 맞아줄 때도 예전과 다르다. 좋지 않은 성적을 받아 속이 상해서 돌아온 자녀에게 야단을 쳐서 자녀들로 하여금 속이 더 상하게 만들기도 한다. 다른 아이에게 얻어맞아 울면서 돌아오면 "너는 손이 없냐?"고 야단을 쳐서 역시 속이 더 상하게 만들기도 한다. 그렇게 되면 자녀들은 상한 속을 해결할 방도를 찾지 못한다.

전통적으로 한국인의 가족 의식에는 특이한 것이 있었다. 한국의 가족은 한국인의 하나 되기가 지켜지는 최소의 단위였다. 부모와 자녀 사이에 하나 됨을 유지하는 윤리가 바로 부자유친(父子有親)이다. 부자유친이란 부모와 자녀가 하나 되는 관계를 유지해야 한다는 것을 말한다. 부모와 자녀가 하나 되는 관계를 유지하기 위해서 자녀는 부모에게 효도를 하고 부모는 자녀를 사랑해야 한다. 부모가 자녀를 사랑하는 방법은 언제나 자녀의 마음이 되는 것이다. 한마음이 되어 주는 것을 한자로 자(慈)라 한다. 자(慈)는 자(玆)와 심(心)의 합체어다. 그러므로 그 뜻은 '이 마음' 또는 '그 마음'이란 뜻이다. 나쁜 성적표를 받아들고 돌아오는 자녀를 바라보는 어머니도 역시 속이 상할 것이다. 그러나 자녀가 얼마나 속이 상했을까를 생각해본다면 자기의 상한 속을 풀기보다는 오히려 자녀의 상한 속을 풀기 위해 위로를 할 수 있을 것이다. 그렇게 하는 것이 부모의 도리이다. 우리의 어머니들은 그렇게 했었다. 그렇게 하는 것만으로도 자녀의 슬픔은 해소된다. 그래서 어머니를 자당(慈堂)이라 부른다.

부모의 입장에서 자녀와 하나 됨을 유지하기만 한다면, 그래서 가정이 자녀의 외로움을 달래는 용광로의 역할을 하기만 한다면, 자녀의 모든 문제는 근본적으로 해결될 것이다.

### (2) 효도하는 습관을 기르는 것

효도는 마음만으로 하는 것이 아니기 때문에 어릴 때부터 효도하는 습관이 몸에 배지 않으면 안 된다. 따라서 부모는 자녀로 하여금 효도하는 습관이 몸에 배도록 유도하지 않으면 안 된다.

아버지가 출근을 하실 때는 자녀는 아무리 바쁜 일이 있더라도 그것을 놓아두고 현관까지 좇아 나와 "안녕히 다녀오십시오." 하고 인사를 해야 하고, 아버지가 퇴근을 하실 때도 현관까지 좇아 나와 "다녀오셨습니까?" 하고 인사를 해야 한다. 이러한 인사를 하도록 유도하는 것은 어머니가 담당하는 것이 좋다.

또 아침에는 "안녕히 주무셨습니까?" 하고 인사를 하도록 유도하고, 밤에는 "안녕히 주무십시오." 하고 인사를 하도록 유도해야 한다. 부모가 먼저 "잘 잤니?" "잘 자." 하고 인사를 건네는 것도 한 방법이 될 것이다.

그리고 새해나 오래 헤어지게 될 때도 큰절을 하도록 유도하는 것이 좋다. 이 외에도 부모에게 효도하도록 유도하는 방법에는 여러 가지가 있을 것이다. 부모들은 잘 연구하여 실천해야 할 것이다.

## 7. 끝맺으며

한국인이 해야 될 선택은 이제 확실해졌다. 효도하는 마음을 일깨워서 온 국민이 모두 행복해져야 한다. 개개인이 행복해져서 우선 가정이 행복의 보금자리로 바뀌어야 한다. 고통을 해결하는 방법 중에서 가장 빠르고 쉬운 것은 가정에서 가족과 함께 있는 것이다. 가정이라는 울타리 안에서 가족과 함께 있으면 경쟁의 압박에서 벗어날 수 있다. 그래서 한국인들에게 가족은 특별한 의미가 있다. 가정은 우리들의 외로움을 달래주는 가장 좋은 보금자리이고, 가족은 마음의 상처를 고쳐주는 가장 좋은 의사들이다. 그러므로 한국인들에게 가정과 가족의 의미는 아무리 강조해도 지나치지 않을 만큼 중요하다.

만약 가정이 파괴되고 가족이 해체되면 한국인들은 외로워서 견디지 못한다. 그렇게 되면 한국에는 걷잡을 수 없는 혼란이 일어날 것이다. 한국의 힘은 건전한 가정에서 나온다. 한국경제가 고도성장을 이룬 것도 건전한 가정에서 나오는 가족의 끈끈한 정에서 기인한다.

한국의 발전과 성공은 이 가정의 역할을 확대하는 것에서 찾을 수 있다. 회사가 가정이 되고, 회사 동료가 가족이 된다면 그 회사는 무섭게 발전하고 엄청나게 성공할 것이다. 우리나라 전체가 가정이 되고, 온 국민이 가족이 된다면, 우리나라는 위대한 나라로 거듭날 수 있고, 행복한 나라로 거듭날 수 있을 것이며, 천국의 모습을 되찾을 수 있을 것이다. 천국은 여러 개 있는 것이 아니라 하나다. 그래서 한국이다. 한국은 천국이란 뜻이다. 한국인이 효도하는 마음을 회복할 때 한국 본래의 모습을 되찾을 수 있다.

한국이 천국의 모습을 되찾게 되면 세상은 한국을 벤치마킹 할 것이고, 그로 이해 세상이 천국으로 바뀔 것이다. 그렇게 되는 것이 바로 한국이 천국의 등불을 켜는 것이다.

봄이 올 때 봄 맞을 준비를 하여 제대로 맞이하는 것은 우리들의 몫이다.

## 제10장

# 한국의 효사상과
# 유교의 딜레마

**이 석 주**

(동국대학교 교수)

# 1. 글의 시작

한국 고유의 전통사상으로 계승되어 왔던 효사상이 현대사회로 접어들면서 계층 간에 발생하는 첨예한 갈등은 그 한계를 넘어서 비난과 편견으로 이어졌다. 이를 극복하기 위한 대안으로 제시되었던 효사상과 관련된 기존의 논의는 그 동안의 편견과 갈등을 해결해 줄 수 있는 새로운 이해의 전환점을 제공해 주지 못했다. 오히려 유교문화에 대한 심각한 오해와 회의까지 초래했다. 그리고 이러한 상황이 지속된다면 효사상이 우리 사회에서 자발적으로 수용될 수 있는 기대는 요원할 수밖에 없다.

하지만 현실적으로 직면해 있는 보다 어려운 문제는 효사상의 역할론에 대한 위기의식과 이를 위한 대처방안이 현실감각과 너무도 떨어져 있다. 지금까지 한국의 효사상의 회복을 위한 대안과 문제의식이 단지 손상된 자존심을 회복하는데 초점을 맞추고 있을 뿐이다. 현실에서 요구하고 있는 효사상이란 격변하는 문화적 갈증의 해소가 아니다. 한국의 유교문화 속에서 살아가는 우리의 삶이 적어도 풍요롭고 편안함을 도모하지 못할지라도 획일화된 사회적 통념을 보편적인 도덕기준으로 삼아서 이를 모든 삶에 적용시키고 있다. 이제 우리 사회에서 효사상은 더 이상 삶의 지혜와 용기가 아니라, 아름다운 문화적 전통으로서의 효사상을 사회의 관습과 제도적 원칙이라는 명분을 토대로 모든 사회구성원들에게 모멸감과 자괴감만을 안겨주었다.

하지만 한국의 유교문화 속에서 효사상이 현실적으로 적용할 수 없었던 한계와 그 요인은 무엇보다 기존의 유교에 대한 편견과 오해로부터 기인했음을 간과해서는 안 된다. 유교문화에서 공맹의 효사상에 대한 의미에 집중하고, 이에 대한 의미를 오직 상하의 수직적인 관계로서 이해하는 것에 국한하고 있음을 배제할 수 없다. 따라서 이는 곧 아전인수의 오류를 범하게 된다. 그래서 부모와 자식 사이에서 효의 의미는 모든 상황에 있어서 일방적인 자식의 부모에 대한 공경과 섬김만을 강조하는 것으로 이해해 왔다.

효사상의 본래적인 의미를 그 근원에서 이해한다면 타인을 공경하는 것에 가장 중점을 두고 있다. 하지만 효를 실천으로 옮기는 행위는 실행의 주체인 나 자신의 의지가 발현될 때 가능하다. 다시 말해서 효의 근본을 모든 행동의 근원이라고 했던 의미의 연원은 나 자신의 올곧은 생각에서 비롯되는 것이다. 그리고 이를 타인에게 존경의 예를 통해서 행동으로 옮기는 것은 자신의 덕성을 타인에게 확충해 나가는 실천의 시작이며, 이것이 위기(爲己)1)이다. '위기'로서의 자기 확립은 스스로 내면의 '평안함'의 회복을 확인하는 계기가 된다. 동시에 이러한 평안함은 단지 자신에게만 머물지 않고 타자에게로 확충된다.

---

1) 『논어』 「헌문」, "子曰 古之學者爲己, 今之學者爲人."

이러한 오해와 편견으로부터 효행의 실천은 인간으로서 감당할 수 있는 한계를 훨씬 넘어버린 사실조차 외면하고 있다. 오직 왜곡과 편견을 기저로 하는 도덕 판단기준만을 강요함으로써 효행을 실천하는 것은 자율성을 가장한 비자율적인 도덕실천으로 전락했다. 더욱이 효에 대한 이상과 현실의 간격을 좁히지 못한 채 그 근원적인 물음을 에둘러 가도록 고착시켜 버렸다. 그리고 이러한 상태로 시작되었던 이견은 점차 그 간격을 확연히 넓혀 놓음으로써 마침내 건널 수 없는 강을 건너버리고 말았다.

본고에서는 우리의 고유사상과 유교문화의 토대 속에서 한국문화의 상징으로서 정착되었던 효사상의 문화적 전통이 그 위상과 역할론을 상실하게 되었고 심지어 현실과 괴리된 무용론의 주장까지 대두되게 된 원인을 분석하고, 이에 대한 해결방안을 유교의 원초적 문제를 토대로 모색해 나갈 것이다. 한국 사회에서 여성과 효사상, 가족문화를 이해함에 있어서 이상적인 강박감과 현실적인 한계를 고려하기 보다는 오히려 개별적 판단과 사회적 통념을 보편적 도덕가치의 판단기준으로 삼고, 이를 진정한 '유교의 그늘'로서 이해하는 것은 우리 고유사상뿐만 아니라 유교문화의 본래성과도 거리가 있다. 따라서 유교에 대한 우리의 오해와 편견을 재고하면서 이 같은 현실에 무관심했던 우리 자신에게 자성의 계기로 삼아야 한다.

## 2. 효사상과 여성

현대사회로 접어면서 유교에 대한 이해와 갈등이 고조되고 있고, 이 중에서도 가장 큰 저항과 반론은 유교문화에서의 여성의 존재의 미였다. 특히 최근에 사회문제로 대두되고 있는 부모의 부양과 관련해서 여성의 심적인 부담은 개별적인 한계뿐만 아니라, 사회적인 비난마저도 같이 안고 가야 하는 여성의 심리적 압박을 해결할 수 있는 실마리를 모색하기가 용이하지 않다.[2]

최근까지도 여성과 관련해서 회자가 되고 있고, 또한 유교의 여성에 대한 대표적인 폄하로서 이해했던 문구는 유교의 존립마저 위태롭게 할 수 있는 수위까지 도달해 있다. 이러한 한계와 요인은 분명 유교의 원초적인 문화와 문명의 실제에 대한 이해의 부족으로부터 기인했다. 하지만 지금까지도 이와 관련한 무지를 그대로 방치하고 있다. 하지만 보다 근원적이고 심각한 문제는 이에 대해서 다양한 계층들과의 토론과 분석을 통한 검토작업도 거치지 않고, 단지 이 문제를 백안시해 버린다는 것이다. 그 일례는 듣는 사람에 따라서 차이는 있겠지만, 성인의 언급인지를 의심하게 할 정도로 인격적인 모독과 수치심을 유발시키기에 충분하다. 다음의 일례가 이에 해당하는 것으로서 『논어』 「양화」에서의 '여자'와 '소인'에 관한 언급이다.

여자와 소인은 기르기 어렵다. 가까이 하면 불손해지고, 멀리하면

---

2) 우리는 이 같은 사회적 현상에 대하여 흔히 동양에서도 특히 한국사회를 지칭하는 경향이 강하다. 하지만 유럽 여성들의 실제적인 여건을 살펴보면 우리 사회에서 여성들이 직면하고 있는 것과 같은 고민에서 결코 자유롭지 못하다는 사실은 흥미롭다.(마르고트 캐스만, 『젊은 사회에서 늙는다는 것』, 작은책방, 2012, 80~82쪽)

원망한다.3)

이 같은 공자의 언급은 분명 인(仁)의 의미로서 이해해 볼 때 타인에 대한 충분한 사랑과 배려의 관계는 배제당한 채 다만 여자가 아닌 남자들이거나 혹은 일정 정도의 계급을 갖고 있는 계층에게 국한해서 적용되고 있음을 단적으로 보여주고 있다. 다시 말해서 공자는 인을 실천하기 위한 방법으로서의 타인과의 관계를 이미 특정한 계층에게만 공유할 수 있도록 제한하고 있다는 것으로 이해하는데 동의할 수밖에 없음을 보여주고 있다. 더욱이 이 같은 인을 실천할 수 있는 방법과 대상을 적어도 제한해야 하는 근원적인 이유를 비록 간략하게 기술하고 있기는 하지만, 이에 대한 언급이 『논어』에 제시되고 있는 이상 이를 수용할 수밖에 없다. 그리고 이로부터 일어나는 수많은 유교에 대한 비판과 무용론은 당연한 귀결로 수용해야만 했다.

공자의 인(仁)사상에 대한 논의가 이처럼 국한된 계층, 즉 남자와 군자 혹은 지식층만을 위한 배려로서 이해될 때 나와 관계 맺는 타인에 대한 고려는 전적으로 제한된 계층에 국한될 수밖에 없다. 따라서 공자가 제시했던 "내가 원하지 않는 일을 남에게 하지마라."4)고 하는 '서(恕)'의 언급에서 '타인'에 해당하는 대상을 흔히 나 이외에 모든 사람을 지칭하는 것으로 이해했던 것은 내려두어야 한다. 즉 여기서의 타인은 모든 사람의 대상이 되지 못하고, 특정한 일부 사람만을 지칭하는 국한된 의미로서 이해해야 한다.

하지만 이러한 공자의 언급이 진정 이 시기뿐만 아니라 현대사회

---

3) 『논어』 「양화」, "唯女子與小人爲難養也. 近之則不遜, 遠之則怨."

4) 『논어』 「위령공」, "己所不欲, 勿施於人."

에서 조차도 이 같은 편견이 없었다고 말할 수는 없다. 그렇다고 해서 이런 문제를 자료에 남겨서 굳이 거론하려했던 공자의 취지를 『논어』에서 살펴보는 것도 또한 쉽지 않다. 이는 아마도 후대의 경직화된 권위에서 발생했을 가능성 또한 배제할 수 없다. 왜냐하면 공자는 「자로」편에서 "진실로 사랑한다고 한 번 말해 보지도 않고 어찌 멀리 있다고 하는가?"5)라는 언급에서 공자도 인간으로서 여성에 대한 애틋한 사랑의 감정과 편견 없는 이해를 담고 있다.

인(仁)이란 도달하기 어려운 것이 아니라, 내가 원하기만 한다면 당장 내가 실현할 수 있는 것임을 밝히고 있다. 즉 자신이 인(仁)을 원한다면 그 결단을 내리는 것이 관건이다. 공자의 이러한 논지는 노자의 사상에서도 이미 드러나고 있다. 즉 노자가 어려움과 쉬움은 서로를 완성시키는 것이라고 했던6) 의미를 공자의 다음의 언급과 비교해 볼만 하다.

> 인(仁)이 멀리 있는가. 내가 인하려고 한다면 이 인(仁)에 이를 수 있는 것일 뿐이다.7)

공자가 활동했던 시기와 관련해서 여성에 대한 편견의 사례로 수용한다면 당시 시대적 한계로서 이해해 볼 수 있다. 그런데 인(仁)을 실천함에 있어서 배려의 대상에서 제외된 여성과 소인은 또 다른 국면에 직면한다. 이것이 곧 절제되지 않은 감정의 토로가 그것

---

5) 『논어』 「자한」, "未之思也, 夫何遠之有."

6) 『도덕경』2장, "天下皆知美之爲美, 斯惡已. 皆知善之爲善, 斯不善已. 故有無相生, 難易相成, 長短相形, 高下相傾, 音聲相和, 前後相隨. 是以聖人處無爲之事, 行不言之教. 萬物作而不辭, 生而不有, 爲而不恃, 成功不居. 夫唯不居, 是以不去."

7) 『논어』 「술이」, "仁遠乎哉, 我欲仁, 斯仁至矣."

이다. 즉 "가까이 하면 불손해지고, 멀리하면 원망한다."라고 하는 감정적 표현이 유독 여성과 소인에게만 국한되어야 하는지 논리적 근거를 찾기가 쉽지 않다.

일상적으로 언급될 수 있는 인간관계에 관한 논의에서 이와 같은 감정적 표현이 정작 여성과 소인에게만 국한될 수 있는 감정의 묘사라는 주장이 이에 대한 논리적 근거를 갖기에는 여러 한계가 있다. 오직 여성과 소인만이 이러한 감정표현을 드러낼 수 있다는 한정적 언급은 오히려 이를 일반적인 상황에서 체험할 수 있는 여러 인간의 감정표현에 대한 다양한 묘사라고 하는 것이 타당하다.

그렇다면 공자의 언급이 단지 여성과 소인에 한정해서 지칭하고 있는 논의와 관련한 문제는 남겨두더라도 정작 이 논의에 대한 타당성을 반증해 줄만한 논거를 마련하는 것 또한 쉽지만은 않을 것이다. 이와 반대로 이 견해에 대한 논리적 타당성을 인정한다고 해도 그 범위는 특정한 상황에 국한시켜야만 한다. 이를 모든 경우에 적용한다는 것은 분명 일반화의 오류를 피할 수 없다.

한국의 효문화에서 여성들이 직면해야 할 가장 어려운 문제는 자기희생과 이에 대한 강요를 지혜롭게 극복하는 것이다. 이는 한국 사회가 급격한 노령화 사회로 가는 시점에서 여성의 역할에 대한 보이지 않는 기대와 강요는 극단적으로 이혼을 탈출구로 선택하기도 한다.[8] 심지어 최근에는 중년과 노년에 이혼이라는 인생의 오명을 맞기도 한다. 이러한 현상이 일어나는 가장 큰 요인 중에서 시

---

[8] 2012년 4월 사회통계국 인구동향과의 통계에 따르면 2011년 이혼은 11만 4천 3백건으로 2010년의 11만 6천 9백건보다 2천 6백건, 2.2% 했다. 유배우 이혼율(15세 이상 유배우 인구 1천명당 이혼건수)은 4.7건으로 부부 1천쌍 당 약 9.4쌍(4.7×2)이 이혼한 것으로써 2010년 보다 0.1건 감소하여 2001년 이후 최저치이다.

부모의 부양문제와 연관되어 있다. 우리 전통사상 속에서 부모를 봉양한다는 것은 자식으로서 해야 할 당위적 의무라는 것을 누구도 의심하거나 부인하지 않는다.

더욱이 이같은 노년의 부모를 봉양하는 전통은 이미 동아시아의 문화 속에서 다양한 의미로 표현되어 왔다. 그 중에서도 특히 유교의 문화적 전통과 연관해서 이해해 볼 때 다양한 일화를 통해서 노년에 대한 봉양의 효도를 주제로 삼았던 불교의『잡보장경』을 일례로 들어볼 수 있다.『잡보장경』의 기로국(棄老國)에 관한 설화를 통해서 노년의 부모에 대한 효도를 강조하고 있는 일화9)이다. 즉 "노년을 버리는 일을 멈추게 할 뿐만 아니라 부모를 우러러 효도하게 했다. 그리하여 부모에게 효도하지 않거나 스승을 공경하지 않으면 큰 벌을 내린다."10)고 하여 노년의 부모를 봉양하는데 조금도 소홀함이 없도록 경계하고 있다. 하지만 이 일화의 단편적인 일례만을 통해서 효사상의 의미를 이해한다면 자칫 오해를 일으킬 수도 있다. 왜냐하면 최근 현대사회의 효사상에 관한 논의의 문제와 한계를 지적하고 있는 논점11)에서 볼 때 이 일화가 단지 노년의 봉양을 비자발적인 자기의 희생만을 강요하는 것으로 이해될 수도 있기 때문이다.

---

9)『잡보장경』은 전체 10권으로 구성되어 있고, 주 내용은 악업을 짓지말라는 권선징악의 형태로 되어 있다. 즉 효도, 선악의 인과, 인욕의 문제, 천상에 태어나는 방법, 교화의 방법, 분쟁의 무의미함 등으로 구성되어 있다. 특히 '기로국(棄老國)'의 설화는 한국의 고려장에 대한 악습과 무의미함을 설파하면서 노년의 부모에 대한 봉양의 효도를 강조하고 있다. 다만 여기서 노년의 지혜와 관련해서 들었던 일례에 보다는 단지 효도의 중요성에만 집중하기 때문에 이 일화의 본래성에 대한 편견의 여지는 여전히 남아 있다.

10)『잡보장경』권1, "不聽棄老, 仰令孝養, 其有不孝父母, 不敬師長, 當加大罪."

11) 전석환, 이상임, 「효실천과 그 현대적 변용의 문제」(『동양철학』제27집, 2007) 참조.

雜寶藏經卷一 第十三張 両

以一真橛大方直正等又復問言何
者是頭君臣智力無能荅者臣又問
父父荅言易知擲者水中根者必沉
尾者必舉即以其言荅天神天神
又以二百驪馬形色無異而復
言誰誰子君臣亦復無能荅
復問其父父荅言今食若草
者必推草與子如是所問皆
天神歡喜令國土我當擁護今諸外語
不能侵害又聞是已極大踊悅而敢語
王言汝今國土非臣之智願施無畏
臣言為是自知有人教汝擁護是汝
之力目荅王言得珠又許擁護無畏
國土獲安既得珠已智才問問智
猶尚不問況小罪過兮有万死之罪
乃敢具陳王言設汝今有万死之罪
制令王法藏者地中臣自王言
冒犯王法之力唯願大王一
智非臣老來應荅盡是國土
父謂王草以為師濟我國家一切本養
還聽養老卽嘆美心生喜悅本養
臣父荅以為師濟我國家一切普命
如此利益非我所如卽使宣令普告
天下不聽棄老仰令孝養其有不孝

『잡보장경雜寶藏經』의 일부 (고려대장경연구소 자료 발췌)

한편 유교에서 노년의 부모에 대한 봉양의 문제가 굳이 현대 사
회의 여성문제와 관련해서 핵심논제로 떠올랐다는 것에 대해서 긍
정적 입장과 부정적 입장이 팽팽하게 맞서고 있다. 이 문제를 긍정
적으로 이해하는 입장에서 볼 때 한국사회의 통념에서 부모를 봉양
하는 것을 문제제기하는 자체를 이해하지 못한다.

다만 이렇게 한국 사회가 혼란에 빠지게 된 현실을 통탄하면서
여성들의 잘못된 생각에 비분강개한다. 이는 자식으로서 효를 행함
으로써 최소한 인간의 도리를 행해야 하면 이는 며느리도 동일한
입장을 취해야함을 강조한다. 그리고 이런 입장을 취하지 않고 효
행에 관한 사회적 통념에 벗어나서 진정한 효행을 이해하려고 한다
면 이는 다만 개별적인 구실에 불과한 것을 생각하는 경향이 강하
다. 특히 이에 관한 문제는 정부의 정치적 이데올로기화한 범효주
의(汎孝主義)가 정착되면서 가족관계를 사회적 이념으로 정착시키

고 이로부터 과도한 봉양과 자기희생이 자식으로서 당위적인 차원으로 수용하도록 했다고 비판한다.[12)

반대로 부정적인 입장에서 효문화의 당위성을 부정하기 보다는 현실적 상황을 직시해야만 한다는 견해가 지배적이다. 이는 사회적인 변화와 더불어 사람들의 사유방식에 다양성을 인정해야만 함에도 불구하고, 이 문제에 대해서는 무관심으로 일관한다는 것이다. 더욱이 자기희생에 있어서 서로 다른 세대 차이의 변화를 오직 인간으로서 당위성만을 내세우고 이를 관철하려는 태도는 시대착오적인 오류임을 강조한다. 사람마다 노년의 부모를 부양해야 하는 상황이 천차만별로 다양하다. 그럼에도 부모를 봉양해야 한다는 효사상의 일념만으로 그 이외의 상황은 전혀 고려하지 못한다. 특히 경제적 문제에 있어서 모든 사람이 동일하지 못하다. 하지만 정작 노부모의 봉양을 국가적 차원에서 지원하지 못하고, 오히려 이를 제대로 수행하지 못하는 가족들에게는 너무나 혹독한 비난을 감수해야 한다는 것은 부당하다.[13)

한국의 효사상에 있어서 여성에 대한 혹독하고 첨예한 대립을 해결하는 대안으로서 유교의 원초적인 이해를 토대로 천착해 볼 필요가 있다. 왜냐하면 효문화에 대한 서로의 이견이 있다는 것은 곧 양자 간의 소통의 부재를 의미하며, 이러한 편견과 오해는 유교의 원초적 이해의 부재에 있기 때문이다.

효의 실천은 현실 상황을 직시하는 것으로부터 시작된다. 부모와 자식 간의 상호관계를 형성할 수 있는 시점을 양자 모두가 현실의

---

12) 문병도, 「전통적 유교와 다원성의 억압」『중국학보』, 제48집, 566쪽.
13) 박광준, 『고령화사회의 노인복지정책』, 학현사, 151쪽.

삶에 충실할 수 있을 때 그 가능성이 드러나게 된다. 그리고 부모에게 효를 실천하기 부모를 향한 자식의 마음가짐이 잠시라도 가식적이고 강압적인 마음이 없었는지를 자식 스스로가 경계하고 있음은 이미 예를 실행하는 가운데에서도 단속하고 있다. 그래서 공자는 예를 실행에 옮김에 있어서 소중한 것은 마음에 진솔함이 없이 단지 외형적으로 현란하고 도에 넘치게 실행하기 보다는 오히려 그 행위가 소박하더라도 한 순간이라도 강제적인 마음으로 부모를 대하는지의 경계를 늦추지 않았다. 즉 예란 "사치스럽기 보다는 소박해야 한다."14)했고, 뿐만 아니라 돌아가신 부모에 대한 예를 취하는 과정에서 조차도 형식적인 예가 아니라 얼마나 진솔한 마음으로 대하고 있는지를 확인하고 있다.15)

> 살아 계실 때 예를 다해서 섬기고, 돌아가시면 예를 다해서 제사를 지내는 것이다.16)

자식으로서 효를 실천하는 구체적인 방법은 경친(敬親), 양친(養親), 애친(愛親), 공대(恭待), 양지(養志)17) 등으로 표현된다. 여기서 부모에게 행하는 효도가 단지 예를 표현하는데 그치고 있지 않다. 다시 말해서 자식으로서 부모에 대한 마음가짐을 실제 자식 스스로의 낯빛, 몸짓에서 확인하고 있다. 부모를 대하는 얼굴 표정에 제대로 실천되고 있는지 자신의 마음을 단속하는 것이 중요하다. 다음은 예를 실천하는 것은 마음뿐만이 아니라, 몸가짐 또한 잊지 말

---

14) 『논어』 「팔일」, "禮, 與其奢也, 寧儉."
15) 『논어』 「팔일」, "喪, 與其易也, 寧戚."
16) 『논어』 「팔일」, "子曰, 生, 事之以禮. 死, 葬之以禮, 祭之以禮."
17) 부모의 뜻을 항상 살펴서 따름.

것을 일깨워주고 있는 표현을 『예기』에서 살펴보자.

> 군자의 낯빛은 여유 있고 침착하게 하여야 한다. 존경하는 이를
> 뵐 때는 삼가고 공손하게 해야 한다. 군자의 걷는 모양은 묵직하
> 게, 손의 모양은 공손하게, 눈의 시선은 단정하게, 입의 모양은 함
> 부로 말하지 않으려는 듯하게, 말소리는 나직하게, 머리 모양은
> 곧게, 숨을 들리지 않는 듯하게, 선 모양은 덕이 충만한 듯하게,
> 낯빛은 엄숙하게 하고, 앉을 때에는 시(尸)처럼 바로 앉는다.18)

순자가 제시하고 있는 효사상은 공맹이 언급했던 기존의 효와 다
른 독특한 점이 드러내고 있다. 사람의 행동거지에 대한 단속을 세
가지 일례의 크고 작음을 설명을 통해서 설명하고 있다. 그 첫 번
째로서 효도는 모든 행실의 근본이면서 하나 작은 일로부터 시작됨
을 알린다. 그 다음은 상하관계에 있어서 항상 상호 존중에 대한
예를 잊지 않고 있다. 특히 여기서 상하의 의미는 단지 수직관계19)
로 이해하는 것이 아니라, 그 근본은 서로를 예우해 주는 마음과
몸가짐에 있다. 셋째는 불복종의 복종이라는 역설적인 표현이다.
높음과 낮음, 위와 아래 등의 관계 속에서도 언제든지 모든 도덕적
가치판단은 이런 차이에 있는 것이 아니라, 무엇이 마땅한[義] 것인
가를 헤아리는 것이 관건이다.20) 마땅한 가치 판단을 위해서는 자
신의 주체성의 확립으로부터 가능하다는 것은 곧 자기 수양실천을
절실함을 강조하고 있다. 이는 곧 순자의 화성기위(化性起僞)이다.

---

18) 『예기』「옥조」, "君子之容舒遲. 見所尊者齊遫. 足容重. 手容恭. 目容端. 口容止. 聲容靜. 頭容直.
氣容肅. 立容德. 色容莊. 坐如尸."

19) 김창호 엮음, 『세상 청바지-정의로운 사회는 가능할까?』, 웅진지식하우스, 2005, 122쪽.

20) 『순자』「자도」, "傳曰, 從道不從君, 從義不從父, 此之謂也."

들어가서는 효도를 다하고 나와서는 우애를 지키는 것은 사람으로서의 작은 행실이다. 위로 순종하고 아래에서 돈독히 하는 것은 사람으로서의 중간 행실이다. 도리를 따르되 임금을 따르지 않고 마땅함을 따르되 어버이를 따르지 않는 것은 큰 행실이다.21)

위의 세 번째에 해당하는 효의 실천의 예외적인 상황에 대해서 순자는 도덕적 가치판단의 요체에는 충심과 마땅함, 그리고 공경을 제시했다. 이같은 가치판단을 토대로 자신의 행위에 대한 올바른 판단을 내리고 이를 곧바로 실천에 옮기는 것이 곧 효도임을 밝히고 있다.

효자가 명령을 따르지 않는 경우가 세 가지 있다. 명령을 따르면 어버이가 위태로워지고 명령을 따르지 않아 어버이가 편안해진다면 효자는 명령을 따르지 않는데, 곧 충심이다. 명령을 따르면 어버이에게 욕되고 명령을 따르지 않아 어버이가 영화로우면 효자는 명령을 따르지 않는데, 곧 마땅함이다. 명령을 따르면 새나 짐승같이 되고 명령을 따르지 않아 잘 수식해 드릴 수 있으면 효자는 명령을 따르지 않는데, 곧 공경함이다. 그러므로 순종할 수 있는데 순종하지 않는 것은 자식이 아니며, 순종해서는 안 될 때 순종하는 것은 충심으로 섬기지 않는 것이다. 순종하고 순종하지 않음의 뜻을 분명히 깨닫고서, 공경과 충성과 믿음을 다하며 바르고 성실하고 삼가 행동한다면 곧 위대한 효도라고 할 수 있다.22)

따라서 자신의 모든 행동은 단지 외적인 영향, 즉 육체적인 상태나 외부의 환경적 영향, 그리고 부모에 대한 원성 등은 결국 내적

---

21) 『순자』 「자도」, "入孝出弟, 人之小行也. 上順下篤, 人之中行也. 從道不從君, 從義不從父, 人之大行也."

22) 같은 책, 같은 곳, "孝子所以不從命有三. 從命則親危, 不從命則親安, 孝子不從命乃衷. 從命則親辱, 不從命則親榮, 孝子不從命乃義. 從命則禽獸, 不從命則脩飾, 孝子不從命乃敬. 故可以從而不從, 是不子也, 未可以從而從, 是不衷也, 明於從不從之義, 而能致恭敬忠信, 端慤以愼行之, 則可謂大孝矣."

인 마음의 문제가 아니라, 외부의 어떤 영향력에도 자신의 마음은 한 치의 동요도 용납해서는 안 됨을 강조한다. 더욱이 부모로부터 온갖 오해를 받는다고 해도 자칫 부모를 사랑하는 원초적인 마음은 언제나 보살필 수 있어야 함을 강조했다. 그렇기 때문에 효의 실천은 끝까지 최선을 다하는데 있음을 재차 확인하고 있다.[23]

## 3. 효사상과 가족문화

최근 효에 대한 여러 담론 중에서 연로한 부모에 대한 거취문제와 관련된 형제간의 갈등과 이에 대한 적절한 대응책을 마련하지 못한 자식의 상황은 사회적으로 용납받을 수 없도록 강력한 제재의 틀을 제시하고 있다. 이러한 상황에 직면하고 있는 이 사회의 모든 자식의 경우에 있어서 과연 사회적으로 인격적인 모독과 지탄을 받아야만 하는 것인지에 대해서 충분히 논의의 여지가 있다.

다른 한편으로 부모의 자식봉양에 대한 딜레마이다. 즉 부모로서 자식을 돌보아야 하는 책임과 의무의 시점을 어디에서 멈추어야하는가의 문제이다. 자신의 자식이 성인의 시기에 접어드는 시점을 계기로 부모는 자식에 대해서 모든 책임과 의무로 떠날 수 있어야 한다. 하지만 정작 현실을 이와 정반대로 흘러가고 있다. 더욱이 부모로서 자식에 대한 도의적 책임이 도를 넘으면서 오히려 자식의 진로에 대한 선택마저도 부모의 선택이 우선적으로 반영되는 상황에 이르게 되었다.

---

23) 『순자』「자도」, "故勞苦彫萃而能無失其敬, 災禍患難而能無失其義, 則不幸不順見惡, 而能無失其愛. 非仁人莫能行. 詩曰, 孝子不匱."

한국의 통념에서 자식이 부모를 봉양하는 효도의 의미에 대해서 개별적 상황과 관련해서 다양한 이견을 보이고 있고, 심지어 이에 관련해서 효사상의 부재론 까지 거론되고 있다. 하지만 정작 최근 통계자료에 따르면 오히려 이에 대한 현상이 역전되고 있다. 즉 자식이 부모를 봉양하는 효사상의 의미는 오히려 부모가 자식을 봉양해야 하는 자애(慈愛)적 차원의 '내리사랑'이라는 가족문화의 개념이 바뀌고 있다. 이에 대한 구체적인 사실은 살펴보면 다음과 같다.

최근 서울시가 통계청의 자료 분석을 통해 발표한 '통계로 본 서울의 가족구조'라는 내용에서 부모가 자녀를 부양하는 가구수가 증가하고 있다고 밝혔다. 이에 대해서 30~40대 장성한 자녀가 가구주인 부모와 동거하는 수치가 10년 동안 91%나 증가했다는 것이다.[24] 또한 30~40대 인구 중에서 부모를 모시고 사는 자녀비율도 같은 기간 7.6%에서 14.7%로 2배 가까이 많아졌다고 한다. 그런데 이처럼 부모와 동거하는 이유를 자칫 자식이 부모의 봉양하기 위해서 동거하는 것이고 생각하기 쉽다. 하지만 실상은 오히려 이와 반대이다. 자식이 부모를 봉양하기 위한 동거 보다 부모가 자식들의 봉양하기 위해서 차선책으로 부모와 장년의 자식이 동거할 수밖에 없는 사회적 현실을 그대로 반영하고 있다.[25]

더욱이 이 자료를 통해서 드러나는 심각한 부자자효(父慈子孝)가 역전되었던 주요원인은 현대의 사회적 문제와 밀접하게 연관되어 있다. 이에 대한 구체적인 요인으로는 경제와 교육, 그리고 손자녀

---

24) 부모와 동거하는 30~40대 자녀 인구는 2000년 25만3244명에서 2010년 48만4663명으로 10년간에 23만1419명(91.4%)이 증가.

25) 2011년 60세 이상 부모가 자녀와 동거하는 이유로서 '자식이 부모를 직접 봉양'하겠다는 의도보다는 '부모가 자녀를 부양해야 하는" 이유가 오히려 7.2% 더 높게 나왔다.

의 양육문제가 가장 크고(39.5%), 다음으로 장년이 되었음에도 부모로부터 독립하지 못하는 경우(32.3%)이다. 이는 최근까지도 경제적 불안정에 대한 심리적 압박과 급변하는 현대 사회에 대한 장성한 자녀들의 부적응과 이들의 의존적 생활을 위해 지속적으로 안정된 그늘을 제공하기 위해 부모들은 자신의 남아 있는 여생마저도 자식들을 봉양해야 하는 것이 한국 부모들의 현주소이다.

그리고 이러한 실질적인 영향은 최근 가족의 구조도를 크게 변화시켰다. 통계에 따르면 배우자와 함께 거주하는 가구주는 감소했고(1.3%), 이런 현상은 미혼, 이혼, 사별 등의 가구26)가 역으로 증가하는 추세를 보이고 있다. 동시에 우리 사회가 장기간에 걸쳐서 핵가족화로 이어져 왔던 사실을 상기한다면 1인 가구와 1~2인의 가구는 10년 사이에 각각 46.7%와 70.2% 증가했다. 이 같은 변화와 더불어서 여성이 가구주27)인 비율도 10년간 28.1% 상승했다.

그런데 이러한 변화와 함께 괄목할 만한 변화는 오히려 노년계층에서 보다 확연히 보여주고 있다. 이 통계에 의하면 노년층의 고령화와 부모부양에 대한 가치관에 엄청난 변화를 드러냈다. 이런 변화 중에서도 가장 돋보이는 변화는 노후를 자녀에 의지하지 않으려는 부모세대가 증가했다는 점이다. 이는 앞서 언급했듯이 최근 부모와 자녀 세대에 있어서 커다란 변화가 점차 현실화 되어 나타나고 있음을 의미한다.

이 같은 현실을 보다 직접적으로 반영하는 일례로서 『논어』 「양화」에서 살펴보자. 여기서 공자는 부모의 상을 치르는 기간을 굳이

---

26) 2000년 83만5596가구에서 2010년 128만3490가구로 53.6%(44만7894명)증가. 이들 가구의 비율은 27.1%에서 36.6% 증가했다.

27) 2010년 98만4950명으로 10년 새 63.5%(38만2415명). 2000년 19.5%에서 2010년 28.1%로 상승.

3년이라고 했던 연유에 대한 재아와의 문답을 진행하면서 결국 재아의 1년상을 인정하면서도 오히려 그는 3년 상의 의미를 보다 확연한 설명을 통해서 다음과 같이 밝히고 있다.

> 재아는 불인하다. 갓난아이가 부모의 품을 벗어나는데 3년이 걸린다. 그래서 부모가 돌아가시면 자식은 3년 상을 치르게 되어 있는 것이다. 재아 역시 부모의 품에 3년간은 안겨 있었을 텐데.[28]

부모님에 대한 상례를 3년 상으로 규정했던 공자의 기준이 아직도 유효한 의미로 수용할지의 여부는 보다 많은 상황을 고려해야 한다. 최근 부모를 봉양하는 일에 대해서 첨예한 대립의 양상을 보여준다. 다만 이에 관련해서 이해해 볼 때 세월이 지나면서 자식의 상황과 달리 부모의 심신은 점차 쇠약해지기 시작한다. 문제는 연로해지는 부모가 만일 양로원이라도 들어가시게 되고, 심지어 부모님이 건강이 악화되면서 그 옛날 우리에게 기저귀를 갈아주셨듯이, 부모님에게 기저귀를 갈아줄 수 있을까하는 반문을 해 볼 수 있다. 아마도 이 상황은 그 누구도 피할 수 없는 현실이다.

하지만 어린 시절뿐만 아니라 최근의 상황을 고려할 때 장성한 자녀로서 오히려 부모에게 봉양을 받으면 생활하는 자녀세대들은 이 같은 현실을 어떻게 설명할 수 있을까? 분명 익숙하지 않은 현실 생활에 너무나 당황스러운 일의 연속이라고 생각할 수도 있다. 더구나 이러한 문제해결을 위한 직접적인 시도와 실천적인 대안 모색은 이들 자녀세대들에게는 여전히 낯설기만 할 것이다.

---

28) 『논어』 「양화」, "子曰, 予之不仁也. 子生三年, 然後免於父母之懷. 夫三年之喪, 天下之通喪也. 予也有三年之愛於其父母乎."

그렇다면 이처럼 현실 생활에서 무장해제가 되어있는 자녀 세대들에게 지금 긴요한 것은 무엇인가? 바로 자신들에 대한 내면의 주체성을 확립할 수 있는 계기의 마련이 절실하다. 왜냐하면 최근의 통계자료가 보여주듯이 부모의 자애가 자녀의 효도보다 선행해야 하는 현실을 직시해야 한다. 여기서 부모와 자식 간의 자애와 효도의 문제를 선후의 차원에서 논의하려는 것이 아니다. 다시 말해서 부모이든 혹은 자식이든지 간에 상호 자신의 수행해야 할 역할을 망각해서는 안 된다는 견해에 대해서 모두 동의할 것이다. 하지만 흔히 노년에 접어들면서 부모가 자식에게 베풀었던 사랑은 쇠약해진 부모는 점차 봉양을 받고 싶은 충동을 뿌리칠 수 없을 것이다.

이와 달리 자식의 입장에서 자신의 부모가 아직 봉양받기에는 너무 이른 시기라고 판단한다. 그래서 자식은 부모가 제안하는 일들을 오히려 억지스러운 요구라고 이해한다. 그러면서도 자신들의 요구사항은 부모로서의 당위적 역할임을 강조한다. 이로부터 부모의 그늘이 끊임없이 제공되기를 요구를 시작으로 사랑과 봉양의 손길을 주저 없이 내밀었다. 이것이 마치 자식 된 자로서의 권리인양 행동하면서 이런 행동이 자식의 입장에서는 너무나 자연스럽게 여겨질 것이다. 그렇다면 이 같은 역전된 변화가 드러나게 된 연유는 그저 현실 사회에서의 힘겨운 삶의 한계상황으로 이해 할 뿐 이를 극복하려는 강한 의지는 오직 부모의 몫으로 생각할 따름이다. 이에 대한 직접적인 파급효과와 영향력은 곧바로 경제와 교육의 힘겨운 단면을 여지없이 보여준다.

하지만 이처럼 현대 사회를 살면서 양극화와 부자자애의 역전현상이 일어나게 된 근본요인은 부모세대에게 그 책임을 물어야 한다. 최근까지 가족의 구성원이 초핵가족화됨과 동시에 자신의 자녀를 부모의 소유로 생각하고 있기 때문이다. 이 언급이 혹시라도 극단적인 논리적 비약이라고 비판할 수도 있다. 하지만 이에 대한 비판적인 입장을 취하는 경우라면 적어도 자녀를 가족 구성원의 일원으로 이해하지 않는다. 오히려 자신에게 영원히 귀속된 소유물로 생각한다.

달리 설명하면 이들 부모가 생각하는 자녀는 항상 부모 자신의 영향력으로부터 벗어날 수 없는 존재로서 소리 없는 단속을 지속하고 있다. 그것도 부모 자신의 생애가 마감하기 직전까지 아주 면밀하게 부모에게 있어서 자식의 의미를 하루도 빠짐없이 부각시키는 데 익숙해져 있다. 바로 이 같은 상황 속에서 적절한 자기의 본래성을 모색하는 것이 무엇보다 중요하다. 그리고 이를 위한 변화의 노력은 자기의 주체성을 확립하는 것이고, 동시에 이로부터 타인에 대한 정체성을 인정해 줄 때 비로소 양자는 그 어떤 소유나 단속의 관계가 아니라, 서로에게 사랑과 효도로서 부모와 자식이라는 대등한 관계적 존재임을 확인하게 된다. 한국사회가 유교적 정서로 충만해 있음에도 유교와 효사상에 대한 오해를 극복하기 위해서는 서로를 인정해 줄 수 있는 긍정적인 인식과 열정이 절실하다.

## 4. 효사상과 정명

공자는 "자식이 아버지의 말씀을 따르는 것만으로 효라고 할 수 있는가?"라는 증자의 물음에 '간쟁'의 일화를 비유로 들었다. 만일 천자와 신하, 대부, 선비, 아버지의 일례를 들면서 간쟁하는 사람이 적절이 있다면 자신이 무례하더라도 큰 화를 당하지 않음을 시사하고 있다. 특히 아버지에게 불의의 일이 발생하였을 때 자식으로서 간쟁하는 것이 진정한 효이지 결코 아버지의 말씀만을 따른다는 것으로 효라 할 수 없음을 역설했다.[29]

효의 실천에 있어서 반드시 지켜야 할 덕목은 각자의 역할론에서 벗어나지 않도록 항상 경계해야 한다. 부모가 자식에게 봉양을 받는 입장에서 있으면서도 부모의 입장을 지나치게 주장함으로써 자식의 조언을 간과하고 있지는 않았는지 돌아보아야 한다. 아무리 연륜으로서 세상의 이치를 판단한다고 해도 부모의 가치판단이 언제나 옳은 것만은 아니다. 이는 변하지 않는 절대적 가치판단으로 세상을 가늠할 수는 없다는 것이다. 언제나 나 이외의 판단에 주목할 수 있는 것이 진정한 연륜의 의미이며, 소통을 위한 최선의 선택이 된다.

그렇기 때문에 『효경』「간쟁」에서 보여주고 있는 효를 실천하기 위한 방법의 모색은 단지 권위에 복종하는 이른바 강요된 효사상이 아니다. 하루라도 같은 날이 없었던 세상의 변화를 감지하는 것은 쉽지 않다. 하지만 생각의 틀을 바꾸어 본다면 그다지 어려운 일도

---

29) 『효경』「간쟁」, "曾子曰, 若夫慈愛恭敬安親揚名則聞命矣敢問子從父之令可謂孝乎. 昔子曰, 是何言與是何言與. 昔者天子有爭臣七人雖無道不失其天下諸侯有爭臣五人雖無道不失其國大夫有爭臣三人雖無道不失其家. 士有爭友則身不離於令名. 父有爭子則身不陷於不義. 故當不義則子不可以不爭於父臣不可以不爭於君. 故當不義則爭之從父之令又焉得爲孝乎."

아니다. 자신의 주체성을 확립해야 할 필요가 여기에 있다. 시비의 판단이 단순히 감정에 편승하지 않고 실수를 범하지 않는 최선책은 에둘러 가지 않고 정면으로 맞서서 직언하는 것이다.

한 순간의 불복종이 잠시의 불효로 내몰릴 수도 있다. 하지만 이 순간을 간과한 이후에 부딪힐 심각한 폐해를 막는 것은 불가능하다. 그리고 이러한 판단을 내려서 폐해를 방어할 수 있는 저력은 오직 자신의 주체적 의지로부터 내려진 가치판단에 의지할 수밖에 없다. 여기서 우리는 자신의 주체성 확보하는 노력이 자신의 삶에 있어서 얼마나 소중한지를 새삼 깨닫게 된다.

전술한 『효경』에서 진정한 효도란 이제 더 이상 강요된 효도가 아니며, 이러한 유형의 효도는 스스로가 모든 상황을 한층 심각한 상태로 까지 내몰리게 되고 만다. 따라서 이러한 맹목적인 복종인 강요된 효의 실천에서 벗어나 단호하게 부모의 허물을 말씀드리고 이로부터 잘못된 부분을 고쳐나갈 수 있도록 자식으로서 따뜻한 도움을 전해드리는 것이 진정한 효도임을 밝히고 있다. 하지만 기존의 잘못된 가치판단과 편견으로부터 발생했던 남존여비, 가부장적 권위, 명분주의 등은 현재 우리사회가 척결해야 할 도덕규범윤리의 가치기준의 한계라고 생각한다.[30]

여기서 제시한 문제가 한국의 전통적 효사상을 계승할 수 있는 여지를 빼앗아 갔다는 주장이 어느 정도 설득력이 있다. 하지만 효사상의 문화적 전통이 현재 한국문화에서 잊히게 만들었던 근본요인 중에는 기성세대들의 안일한 대처도 이 같은 결과를 가져왔던 요인 중에 하나였음을 부정하기는 어려울 것이다. 여기서 '안일함'

---

30) 전석환, 이상임, 「효실천과 그 현대적 변용의 문제」『동양철학』제27집, 2007, 126~27쪽.

이란 자기의 역할을 제대로 수행하지 못하는 나태함을 일컫는 부정적인 의미로 쓰이는 것이 일반적이다.

그런데 『장자』와 『열자』에서는 오히려 '안일함'이 나이든 노년의 생활에 있어서 가장 편안함을 부여해 주는 의미로 이해했다. 즉 "조물자는 형체를 주어 나를 실어주며, 삶을 주어 나를 수고롭게 하고, 늙게 하여 나를 안일하게 해주며, 죽게 하여 나를 쉬게 해준다."[31]고 하며, 또한 "사람들은 모두 삶이 즐거움은 알지만 삶의 괴로움은 알지 못한다. 늙음의 피곤함은 알지만 늙음의 안일함은 알지 못한다. 죽음의 나쁨은 알지만 죽음의 휴식은 알지 못한다."[32]고 했다. 여기서 언급한 나이 든 노년의 삶은 힘겹고 고단함과 편안함의 의미로서의 안일함이라는 서로 다른 의미로 해석하는데, 후자의 안일함이 진정한 편안함을 의미한다. 그렇다고 해서 '안일'이 단지 노년의 신분으로서 타자의 봉양을 받는 것처럼 직접적인 노동 활동을 의미하는 것이 아니다. 이 세계는 외부 대상 사물과의 대립을 넘어서는 물아일체의 경지이다.

한국의 효사상이 정체와 퇴보를 거듭하는 현실적 한계를 극복하기 위해서는 발상의 전환이 필요하다. 기존의 가부장체제, 불평등한 성, 명분론 등이 각 상황에서 장자의 사상처럼 '안일[편안함]'할 수만 있다면 효사상을 저해하는 요소는 저절로 소멸될 것이다.

다만 한국의 현실을 감안해 볼 때 현대사회에서 가치혼란을 일으켰던 권위주의와 명분주의의 사고방식이 우리 사회에서 완전히 척결되지 않고 있는 것은 사정은 외국의 경우도 크게 다르지 않다.

---

31) 『장자』「대종사」, "'夫大塊載我以形, 勞我以生, 佚我以老, 息我以死"
32) 『열자』「천서」, "人胥知生之樂, 未知生之苦, 知老之憊, 未知老之佚, 知死之惡, 未知死之息."

다시 말해서 이런 가치혼란을 일으킬 수 있는 요인이 인간의 사유 활동으로부터 시작된다는 사실을 감안한다면 이 세상의 모든 부조리한 것을 말끔히 정리한다는 것은 결국 소박한 짝사랑과도 같은 간절한 소망에 불과하다. 인간의 사유가 누군가에 의해 일시적으로 조정될 수도 있겠지만, 이는 일시적인 현상에 불과하다. 인간의 사유는 누군가에 의해 지배되는 것이 아니라, 자신의 사유를 스스로 제어하기 위해서 반복적인 끊임없는 수행을 병행해 나갈 수 있는 선택만이 가능하다.

그 누구도 인간의 사고를 지배할 수 없다면 자신의 일반화된 사고방식을 전환시켜 주는 것이 무엇보다 절실하다. 다시 말해서 세상의 모든 사람들을 획일화시킬 수 없듯이 서로 다른 생각을 존중해 주면서도 현실생활에 있어서 불안정적인 요소를 제거하는데 참여할 수 있도록 유도해 나가는 지혜가 필요하다. 이를 위해서 각자가 자신의 역할을 상기하면서 그 목표를 수행해 나갈 수 있는 최적의 여건을 마련해 나가는 주체도 다름 아닌 나 자신임을 확인하는 작업이 곧 '정명(正名)'이다.

> 제경공이 공자에게 정치하는 도리를 묻자 공자는 "임금은 임금답고, 신하는 신하답고, 아버지는 아버지답고, 아들은 아들다워야 합니다."라고 대답했다.[33]

자신이 서있어야 할 자리에 정작 그 자리를 잃고 있는지를 직시해야 한다. 한국전통사회의 고질적인 병폐로서 들었던 불평등한 성, 가부장의 권위와 같은 일례가 통용되었던 시기가 그 세력을 잃게

---

33) 『논어』 「안연」, "齊景公問政於孔子. 孔子對曰, 君君, 臣臣, 父父, 子子."

되면서 모두 사회 구성원에게는 본래적인 자신의 본연을 회복해야만 한다. 한 가정에서 부모가 부모로서의 해야 할 역할이 있듯이 가족구성원 모두에게는 각자가 맡아서 수행해야 할 개인의 의무가 부여되어 있다. 이를 망각하지 않고 상호 간의 균형과 긴장관계를 유지함으로써 강압적인 원칙에서 벗어나서 자발적인 참여를 유도하는 원동력이 된다.

그럼에도 불구하고 현실적으로 정명의 원칙론이 본래적인 의미를 상실하게 되는 중대한 요인은 개개인의 지나친 욕심으로부터 그 원칙과 역할은 상대를 강제적으로 제압하는 이른바 상하의 수직적 인간관계로 이해하거나 또는 각각의 위상을 인정하지 않은 채 오히려 이를 빌미로 상하로 구분 짓는 권위주의적 발상에 있었다. 공자가 제시했던 정명사상은 상호간의 위상을 인정하는 것에서 출발한다. 군왕과 신하, 부모와 자식은 서로가 맡은 사회적 역할에 대해서 존중해 주고, 이로부터 자신이 맡은 역할에 최대의 역량을 발휘할 수 있다. 그 결과 군왕과 신하는 서로에게 흔들리지 않는 굳건한 마음과 믿음을 보여주었고, 부모와 자식은 자애와 효도를 통해서 가족관계를 긴장에서 화해의 분위기로 전환시킬 수 있었다.

『논어』는 '정명'에 관해서 단지 구성원의 역할을 간결하게 언급에 그치고 있다. 하지만 신분이나 지위를 높음과 낮음으로 나누고 윗사람과 아랫사람을 차등하려는 의도는 전혀 보이지 않는다. 다만 각자가 자신의 직분과 역할에 대한 수행을 통해서 사회적 삶의 열어가는 자연스러운 소통을 보여주고 있을 뿐이다. 여기서 공자의 의도를 다시 확인할 수 있다. 그는 '사람다움[仁]'을 실천하기 위한 실마리 가운데 하나로서 다른 사람을 사랑[愛人]하는 것에서 출발하고 있다. 그 사랑에 대한 의미는 묵자의 겸애가 아닌 사랑을 베푸는 것도 대상에 따라서 다름[別愛]을 강조했다. 여기서 공자는 사람마다 자신에게 주어진 직분과 역할에 대해서 분명 다름을 인정하면서 동시에 자신의 위치와 역할을 다른 사람에게 억지로 일을 떠맡게 한다거나 자신의 지위를 통해서 남을 제압하려 들지 않았다.

부모에 대한 효의 실천도 이러한 공자의 의도와 다르지 않다. 전술했던 통계자료가 보여주고 있듯이 급속한 현대 사회의 변화 속에서 더 이상 부모가 자식에게 봉양을 받겠다는 기대는 그다지 의미가 없다. 이는 자식의 효도를 억지로 거부하려는 의도가 아니다. 한 평생을 살면서 부모로서 자신의 역할에 최선을 다하고도 여력이 남는다면 그 열정마저도 아낌없이 베풀어주려는 마음은 굳이 노년의 삶의 끝자락에서 자식의 봉양을 기대할 이유는 없다. 이 또한 나 자신의 삶을 위한 선택이자 최선의 역할이 바로 정명이다.

이와 반대로 자식으로서 부모의 자애를 지속적으로 받기만을 원하는 시대는 스스로 마감해야 한다. 최근 급증하는 장년의 부모와의 동거의 일례에서 보았듯이 이 상황은 그다지 흥쾌한 일만은 아니다. 자발적인 부모의 도움을 받는 것과 달리 항상 매여서 살던 삶의 연장선이 되고, 이러한 관계는 엄청난 충돌의 예고한다. 부모에게 받는 도움에 대해서도 양적인 측면만이 아니라 질적이 측면까지 요구함으로써 발생되는 의견대립은 예견된 일이다. 더욱이 노년이 되면서 감각기관의 쇠퇴한 부모의 상황은 전혀 고려하지 않고, 자식의 입장에서만 모든 의미부여를 하는 일방적인 소통은 곧 단절을 의미한다.

여기서 자식의 역할을 빛나게 할 수 있는 최소한 역할은 그 어떤 상황에 대해서 수용하고 배려하려는 마음가짐을 놓지 않는데 있다. 이른바 맹자의 '구방심(求放心)'[34]이다. 그리고 보다 적극적인 자식으로서 역할은 부모에 대한 순종적인 봉양이 아니다. 진정한 봉양은 직언에 있다. 이는 부모에게 저항하는 것과 다르다. 여기서 부모에게 직언한다는 것은 자식과 부모가 생각에 대한 차이, 즉 세대 차이를 서로가 인정하는 것이다. 또한 부모의 의견을 충분히 반영할 수 있도록 최대한 경청해야 한다.

특히 부모의 어눌하고 정확하지 않은 어투에 주의하지 않고서 단지 자신의 입장만을 피력하는 경우를 생각해 보자. 이는 부모에게 자식의 입장에서 직언하는 것이 아니라, 논리적 비약과 일반화의 오류로 무장한 직설적인 대화와는 구별해야 한다. 자신과 다른 의견에 대해서 보다 자세한 자신의 생각을 밝혀드리는 것이다. 이 때 부모는 자신의 입장에 대한 정리도 요구된다. 이른바 고집부리는 않는 것이다. 이 또한 자식의 직설적 화법으로 화를 낸다거나 혹은 자식의 의견을 시작부터 배제하면서 시작되는 대화는 그저 공허한 공담(空談)에 불과하다. 이러한 상황을 올바로 인식하는 것이 곧 화이부동(和而不同)이다.

이로부터 우리는 한국의 효사상에 지향해야 할 바를 보다 구체적으로 모색할 수 있다. 여기서 제시되었던 많은 유교에 대한 오해는 단지 오해라고 하기 보다는 지나치게 협의의 유교에 대한 편견이 이러한 오해를 일으키기에 충분했다. 물론 협의의 유교에 대한 폐단을 그저 간과하자는 것은 아니다. 다만 우리의 현실에서 대한 상

---

34) 『맹자』「고자 상」, "仁 人心也 義 人路也. 舍其路而不由 放其心而不知求 哀哉. 人有鷄犬放, 則知求之, 有放心而不知求. 學問之道 無他 求其放心而已矣."

황은 이제부터 시작이다. 특히 기존의 유교와 관련하여 진행된 수많은 담론에서 유교가 받은 수많은 비판과 비난은 오히려 유교문화를 올바로 이해하고 본래의 의미를 회복할 수 있는 효과를 발휘하기에 충분했다. 다만 유교의 모든 상황에 대한 반성과 비판, 그리고 이를 극복할 수 있는 대안은 단지 신중함을 요구하기 보다는 책임 있고 힘을 실어줄 수 있는 논의가 지속될 수 있을 때 마침내 한국문화 속에서 그 동안 잃어버리고 잊혔던 효사상의 정신과 그 원(原)뿌리35)를 회복할 수 있다.

## 5. 끝맺으며

한국의 효문화와 유교의 상관관계는 분명 부정할 수 없는 오랜 문화의 전통이다. 그리고 우리 사회가 보여주었던 아름다운 문화로서의 효사상의 전통은 가족으로부터 사회 전반에 이르기까지 긍정적인 한국문화의 요체로 자리 잡아왔다. 하지만 유교문화와 효사상에 대한 오해와 편견은 순식간에 한국 사회에서 효사상의 의미를 우리의 삶으로부터 이탈시키는 역습으로 되돌아 왔다. 더욱이 이러한 상황에 대한 반성적 차원의 대안을 모색하기도 전에 또 다시 수많은 비판과 비난을 힘없이 받아들여야만 했다.

유교와 효사상에 대한 가장 강력한 문제제기 가운데에는 여성의 문제와 가족주의의 갑작스러운 변화, 그리고 유교문화의 한계를 지

---

35) 김익수, 「우리 효사상 정착을 통한 교육개혁방향(1)」『청소년과 효문화』, 제18집, 19~22쪽.
김익수, 「우리의 고유사상과 교육의 原뿌리의 재인식을 통한 교육개혁방향」『한국사상문화』, 제61집, 266~8쪽.

적하는 내용이 주축을 이루고 있다. 오랜 전통의 효문화 속에서 한 가정의 아내이면서 동시에 여성이라는 존재는 그 어떤 자의적인 의견을 제시할 수도 없었다. 다만 전통의 미명 아래 끝없는 자기희생을 요구할 뿐 이들을 위한 문화적 소통의 출구는 시작부터 닫혀있었다. 적어도 한국 전통사회에서는 이러한 문화의 전통은 한 여성은 철저하고 강력한 관습법의 그늘에 가려져 일생동안 자기희생을 임종 직전까지 강요당했다. 하지만 자기희생에서 벗어나 자신만을 위한 자유로운 시간을 마련하기에는 현실적인 역부족이었고, 이에 대한 여성들의 요구는 계속되고 있지만, 그 관심의 변화는 너무도 느리게 느끼는 것이 또한 우리의 현실이다.

우리 사회에서 보이지 않는 사회적 편견과 편력은 자신을 낳아준 부모에게 자식은 현실적인 모든 여건과 무관하게 오로지 부모의 봉양만이 참된 효도의 실천임을 역설해 왔다. 풍족한 효도만이 진정한 부모를 위하는 유형임을 권유하는 우리 사회에서 극히 평범한 가족에게는 결국 작은 효를 실천할 수 있는 기회조차도 박탈당하고 말았다. 경제적으로 풍요로운 자식들만이 효의 실천할 수 있는 효자이고, 이들은 사회의 귀감이 되었다. 물론 이와 반대로 경제적 열세에 있는 경우의 자식은 사회적 비난을 작은 손바닥으로 가려야만 하는 안타까운 처지로 전락해 버렸다. 그렇다고 이들의 마음마저 빼앗을 수는 없었다.

한국의 효사상 문화의 문화적 회복을 위한 시도는 현실의 빠름을 쫓아가는데 있지 않다. 효행의 실천과 이를 한국의 문화적 전통으로 회복하려는 시도는 나 자신과 타자와의 관계맺음에 대해서 얼마나 적절히 대응할 수 있느냐가 최대의 관건이다. 이를 위해서 우리가 할 수 있는 최선의 선택은 나와 타인의 다름을 인정할 수 있는 '화이부동(和而不同)'을 유지하려는 마음가짐으로부터 우리의 고유의 전통이자 아름다운 문화로서의 효사상은 자연스럽게 우리 가정과 사회로 되돌아오게 된다.

제11장

# 효교육을 통한
# 다문화가정교육 방향모색

**곽 종 형**

(성산효대학원대학교 교수)

# 1. 글의 시작

우리나라는 다양한 다문화가정을 우리의 가정으로 맞이하고 있다. 한국사회를 구성하면서 자리 잡고 살아가는 구성원들이 출신국가, 민족, 인종이 다양해짐으로써, 과거의 단일문화에서 벗어나 다문화사회로 가고 있다. 그동안 우리는 백의민족, 동방의 고요한 나라를 강조하면서 순혈주의적 단일민족에 집착하였으나, 예전에는 상상하지 못했던 피부색과 언어가 다른 수많은 외국인들과 일상적으로 만나고 있다(김범수 외, 2007) 한국에서 다문화라고 하면 여러 가지 문화가 복합된 것을 말하는데, 한국사람과 외국사람 배우자의 결혼으로 이루어진 국제결혼가정과 외국사람 이주 노동자간의 결혼으로 이루어진 외국사람 노동자가정 그리고 본국에서 이미 결혼하여 한국으로 이주한 이주가정 등 우리사회 다문화가정의 모습은 다채로움을 더하고 있다(김선희, 2010)

2014년도 안전행정부의 "국제결혼 이주 여성 실태조사 및 보건복지 지원 정책방안"에 의하면 국내에 거주하는 외국인 주민수는 대한민국 전체 인구의 8.6%, 대략 160만명 이상으로 꾸준히 증가하고 있는 추세이다. 이제 이들은 낯선 이방인이 아니라 우리 생활 속에서 만나고 지나치는 친숙한 이웃으로 받아들여지고 있으나 이들이 우리사회를 이끌어가는 새로운 사회를 구성해 나갈 것이라고 생각되나 다문화가정의 자녀들을 위한 효 의식을 통한 가정교육이 이루어지지 않아 어렵다고 하겠다.

동서고금을 막론하고 가정은 가장 중요한 의미를 지닌다. 가정은 우리의 역사를 주도해왔고 지금도 가정을 통해 말과 행동, 생활습관, 가치관등 우리 사회의 기본적인 라이프스타일을 익히게 되는 장으로서 귀중한 의미를 지니고 있다(김정환 1973). 효 사상은 역사적으로 볼 때 지금까지 우리 민족의 삶과 생각의 밑바탕이 되어온 소중하고도 고유한 우리의 전통이다. 이러한 효의 우리전통이 현대사회에서 점차적으로 희석되고 왜곡되어 가는 것이 참으로 안타까운 현실이다.

다문화가정에서 효의 사상을 고취시킬 필요가 있는 것도 여기에 있는 것이다. 다시 말하면 서구 사회의 비판 없는 수용으로 우리의 다문화가정교육이 잘못되어가고 있다. 더욱이 유교적 사상이 관습과 역사 속에 뿌리 깊게 박혀있는 우리나라의 경우 다문화가정 자녀의 부모에 대한 효도는 사회적으로 의무적이든, 자발적이든 자녀가 부모들에게 당연히 하여야 하는 행위로서 강요되기 쉽고 이에 따른 젊은 세대들의 거부감은 세대간의 격차를 더욱 부추길수 있다는 점에서 다문화가정에서 효의 개념들을 현대사회의 특성과 접목하여 시대에 맞게 재조명 할 필요가 절대적이며, 가정에서의 현대적인 도덕과 윤리적으로 합리적인 방안을 제시하고 추상적인 교육이론에 끝나는 것이 아니라 가정에서의 경험을 통하여 실천적인 사명감을 주어 효의 윤리를 현대적인 체계로 가다듬을 필요성이 있다고 하겠다.

다시 말하면 어버이는 자녀를 사랑하면 자녀는 저절로 부모에게 효도한다. 즉, 부자자효(父慈子孝)를 잘하면 저절로 해결된다. 그러나 자식이 점점 자라서 이익사회(利益社會)에 접하면서 물질적인 욕망이 생겨 부모의 은혜를 잊기 쉽다. 이러한 문제에 직면하여 가장 근본이 되는 가정교육을 부모와 자녀의 역할에 초점을 두어 미래 지향적이고 인류평화와 사상으로 이끌수 있는 다문화가정을 포함하여 한국적 효사상 정립을 위한 다문화가정교육 방안에 관하여 논하고자 한다.


## 2. 효사상의 이론적 배경

### 1) 효의 개념 및 본질

#### (1) 효의 개념

효는 사람이 사람답게 살아가고자 할 때 실천해야 되는 첫 번째의 도리요, 사람의 인격 형성의 기본이 되는 것이다.

효의 관념은 역사적으로는 자연적 소산에서 혈육으로, 여기에서 종족과 혈육을 바탕으로 하여 성립된 규범이며 질서이다. 먼저 효가 발생된 계기와 그 내용은 『효경(孝經)』에 잘 명시 되어 있다. "身體髮膚, 受之父母, 不敢毁傷, 孝之始也, 立身行道, 揚名於後世, 以頭父母, 孝之終也, 夫孝, 始於事親...1)라고 하여 부모와 자식과의

---

1) 孝經, 開宗明誼章

관계에서 생겨나고 있다.

또 효는 가정에서 부모와 자식의 관계에서부터 비롯되어 형제자매 등 가족 사랑과 가족구성원에게 적용되는'가정윤리 '적 측면과, 세상이 변한다 해도 부모와 자식, 가족구성원의 관계는 존재하기 마련이므로 가정에서 형성된 사랑의 가치를 이웃과 사회, 자연과 국가 등에 모두 적용되는 보편적, 이타적 가치로 작용하게 된다. 효는 부모와 자식의 원초적 사랑을 기초로 의를 추구하는 가운데 선의 모범이 되고 인간의 삶의 기준으로 작용한다. 그리고 부모에게 효도하는 사람은 사람됨을 바탕으로 남을 업신여기거나 거만하지도 않고 주변사람들과 사이좋게 지내는 등 타인을 배려하기 마련이다. 또한 이런 삶을 살아가는 사람은 복을 받고 장수의 축복이 따르기 마련인데, 이처럼 남을 이롭게 하는 홍익인간정신에 기초하는 효는 Harmony의 이치이자 인륜질서의 근본으로 작용한다. 이런 시점에서 효는 가정윤리로서의 효와 보편적 이타적 가치로서의 효 행위적 실천적 개념으로서의 효로 개념화 할 수 있다(김종두, 2012)

(2) 효의 본질

본질이란 '어떤 것이 가지고 있는 중요한 가장 근본적인 요소나 성질을 말하는 것'으로 효의 본질적 의미는 효가 지니고 있는 의미 중에서 가장 바탕이 되는 성질로 이해할 수 있다. 사람들은 효를 말할 때 "효는 인륜질서의 근본이다. 원초적 사랑이다. 인륜이 아닌 천륜이다" 등으로 일컫는다. 효는 본시 부모와 자식의 관계에서 시작되는 대인간 윤리이자 덕목이다. 그리고 이것을 기초로 하여 이웃과 사회, 국가와 자연으로 확대되는 보편적 이타적 가치로 작용

된다. 김종두(2012)는 효의 본질적 의미를 다섯가지로 분류하고 있다. 첫째 효는 부모와 자식의 원초적 사랑이다. 원초적이란 어떤 일이나 현상을 비롯하는 맨처음이 되는 것을 뜻하는데 효는 인간이 부모로부터 생명을 얻게 되면서 부터 가장 먼저 자연적으로 접하게 되는 사랑의 감정이다. 둘째, 효는 부모와 자식의 상호성에 기초한다. 효는 부자자효와 부자유친 부위자강의 원리에 기초한 부모와 자식의 쌍무적인 노력이다. 본시 우리민족은 상고시대부터 효에 대해 부모가 마땅히 자식을 사랑하고 자식은 마땅히 부모님에게 효도해야한다고 여겨온 것으로 나타나 있다(爲父當慈 爲子當孝) 부모가 태아를 잉태하면서부터 사랑을 베풀고 태아는 어머니 뱃속에서부터 받는 원초적사랑을 부모에게 갚으려는 사랑의 감정이 있다. 그래서 Harmony를 이루는 삶을 살아가게 되는 것이다. 셋째, 효는 보편적 이타적 가치로 작용 한다. 효를 보편적 가치로 보는 것은 세상이 아무리 바뀐다 해도 부모와 자식의 관계는 존재할 수밖에 없으며 부모와 자식사이에 형성된 사랑의 감정이 이웃과 사회 국가와 자연으로 확대되어진다는 이치 때문이다. 넷째, 효는 의를 추구한다. 효는 부모나 자식이 의롭지 않은 일을 행하면 말려서 불의함에 빠지지 않고 올바른 길을 갈수 있도록 하는 것이다. 다섯째, 효는 예와 충의 기초이다. 가정윤리인 효는 사회윤리인 예와 국가윤리인 충의 기초가 된다. 효 충 예의 관계는 이런 관점에서 연계성이 있다. 가정에서 부모에게 효도하는 사람이 타인과 이웃, 나라와 자연을 위해서 사랑을 실천하게 되는 것이다. 본시 효 예 충은 하나의 정신 덕목으로 간주 되어 왔다.

## 2) 효사상의 현대교육적 의의

우리는 누구나 사람들 속에서 남들의 도움을 알게 모르게 받으면서 살고 있다. '사람은 사회적 동물이다'라는 아리스토텔레스의 말을 되새기지 않더라도 사람은 태어나면서 부터 사회의 한사람이 되어 사회의 영향을 받으며 자라난다.

오늘날의 우리사회는 급격한 산업화와 인터넷 문화의 확산으로 사람 대 사람으로 마음을 전하고 나누는 여유보다는 기계와 컴퓨터에 의존하면서 더욱 많은 시간들을 보내고 있다. 전통적인 사회 공동체로서의 교육학적 기능은 사라지고 눈에 보이는 아동 청소년의 비행마저도 애써 보지 않으려고 고개를 돌리는 비참하고 비정한 사회가 되어가고 있다. 이런 사회 안에서 살아가는 젊은 세대들은 어머니 아버지와 형제자매, 이웃, 국가 뿐 만 아니라 인간 공동체로서의 사회적 연대감에서 고립되고 단절되어 어떻게 살아가고 행동해야 하는가를 인지하지 못한 채 방황하고 있다. 나아가 세대 간과, 계층 간의 갈등이 생겨나고 빈부간의 갈등 과 사회 내의 이념적 갈등마저도 격화되어 사회 전체가 갈등의 소용돌이 속에 휘말리며 중심점을 잃고 있는 것이 현실이다.

옛날 우리 조상들은 우리들의 미풍양속을 확립하고 이를 계승 발전시키고자 노력하였다. 부모는 최초의 선생님이었고 학교선생님은 교육자였으며 사회인 또한 우리모두의 사회적 스승이었다. 오늘날에는 젊은 세대일수록 개인주의적 의식이 팽배해져 가치판단의 기준을 외국의 입장에서 찾으려는 풍조가 생겨나고 있으므로 더욱 효의식의 교육적 기능이 강화되어야 한다고 본다.

사회적으로 교육학적 기능은 가정에서 부터 결여된 부분을 지역사회가 채워주는 역할을 해 줌으로써 긍정적이고 따뜻한 아동과 청소년으로 자랄 수 있게 하고 더 나아가 어른을 섬길줄 알고 애국하는 사람으로 키울 수 있다는데 사회, 교육적 의의가 있다. 현대에서 사회가 교육 기능을 충분히 이행하기 위한 바탕은 전통적 효의식을 현대에 바르게 연결하는 것이다. 효사상의 바탕인 부자자효의 정신으로 내 아들 딸과, 네 아들 딸들이 아니라 우리 모두의 아들 딸로 사회의 아동과 청소년들을 바르게 이끌고 키워서 효를 중심 가치로 여기는 효중심 사회로 만들어야 할 것이다.(설혜숙, 2009)

## 3. 다문화가정교육

### 1) 다문화가정 다문화 교육 개념

#### (1) 다문화가정 개념

다문화가 짧은 시간에 급속하게 확산되면서 이와 같은 용어가 정책이나 학자에 따라 따르고 또 시민단체 등에 따라 다르게 사용되고 있어 개념정리의 필요성을 느낀다. 학교, 연구기관 등에서 사용하는 말과 용어가 각각 다르며 의미가 상충되기도 한다. 보건복지부에서는 다문화가족이란 용어를 사용하며 그 대상범위도 국제결혼가정만을 의미하지만, 교육부에서는 2008년부터 다문화가정을 외국인근로자 가정과 국제결혼가정을 포함하는 의미로 사용하고 있다. 이미 우리 지역과 사회 내에서도 일반적으로 국제결혼가정과 외국인근로자 가정을 다문화가정으로 부르는 것에 사회적으로 합의가 진행되어 있다. 그러나 최근에는 외국인 근로자의 국내 취업이 증가하면서 외국인 근로자 중에도 여러 형태로 가족을 동반하여 거주하거나 국내에서 가족을 형성하는 사례가 나타나고 있고, 나아가 1990년대 중반 사회주의의 와해와 체제와 더불어 북한 체제가 붕괴될 조짐을 보이던 시기에 늘어나는 탈북자들이, 새터민 가정을 이루는 것도 늘어나고 있다. 따라서 다문화가정의 범주를 국제결혼가정과, 외국인근로자가정, 새터민 가정으로 분류하여 세분화하고 있다. 그러나 최근에는 해외공관 자녀도 포함시키려는 견해도 있으며, 외교관과 해외공관 근무자 아들딸들의 경우 그 성장배경이 일반적인 국내가정의 다르므로 이들도 다문화 자녀에 포함시킬 수 있을 것이라는 견해도 있다(조승호, 2011).

김혜리(2013)는 다문화가정이라 함은 보통 한 가정 속에 다른 문화적 배경을 가진 성원이 결합하여 이루는 가정을 말하는데, 비록 민족과 인종이 다르다 하더라도 같은 문화권에 속하는 서로 다른 국가출신의 성원들이 결혼을 통하여 이루어진 가정을 다문화가정이라고 할 수 없는데, 다시말해 서로 다른 문화권 출신사이의 결혼을 통해 이루어진 가정을 의미하며 또한 두 배우자의 출신국가도 당연히 달라야 한다는 개념적 의미도 가진다. 다시 말하자면, 다문화가정이 되기 위해선 국가, 문화라는 두 가지 요건에서 모두 다 상이성이 있어야 한다.

### (2) 다문화 교육 개념

교육이란 인간이 만들고 축적해 놓은 문화를 보존하고 전달할 뿐만 아니라 이들을 변화시키기 위한 총체적 활동이다. 여러 가지 다양한 문화가 같이 있는 상황 하에서는 교육 또한 기본적인 철학 및 내용과, 방법의 변화가 필요하고 요구되며, 이들을 위한 교육이 다문화 교육이라 할수 있다.

　다문화 교육은 학자들마다 강조하는 부분 혹은 시대적 상황에 따라 반편견교육, 다민족교육, 국제적 이해교육, 세계적 이해교육 등으로 불리고 있다(교육부, 1999). 이기숙 등(2001) 학자들의 정의를 종합하면 다문화교육은 인간은 누구나 가치 있는 존재라는 인식 하에 아동 자신의 문화적 정체감을 확립시켜줌은 물론이고, 다른 민족이나 인종에 대하여 올바른 지식을 구성하도록 도와주고 다양한 차이를 편견없이 받아들여 줌으로써 다문화사회에 적합한 태도와 가치를 습득하는 교육일이라고 하였다. 또 편견이나 고정관념에 대하여는 아동들이 비판적으로 생각하고 반응하도록 돕는 교육임을 주장하고 강조하였다. 장영희(1997)는 다문화교육이란 문화적 다양성을 가치를 가지며, 자원으로써 지원하고 넓혀주는 교육으로, 서로의 차이점을 뛰어 넘어 서로의 가치를 존중하며 공정하게 대할 수 있게 하는 교육을 의미한다고 하였다. 또한 박성언(2001)은 다양한 문화와, 민족성, 사회적 계층의 배경을 가지고 있는 아동들에게 다양한 문화나 생각을 존중하고 서로 다른 문화로 인한 행동의 차이를 받아들이고 수용하며 이해함으로 강조하는 교육이라고 하였다.(김혜리, 2013)

## 2) 다문화가정 현황과 전망

### (1) 다문화가정 현황

　2003년 7월 1일, 한국과 중국의 양해각서 폐지로 한국과 중국 어느 일방 국가에서 혼인신고를 할수 있도록 제도를 변경한 뒤에는 중국사람과의 국제결혼이 더욱 빠르게 늘어나기 시작하였다.

최근에, 국제결혼은 어떤 하나의 수단으로 사업까지 확대되고 있다. 사랑과 정이 전체되지 않은 상태로 결혼중개업소의 업자에 의해 맺어진 외국인과 한국인 간의 국제적 결혼은 여러가지 문제들을 동반한다. 예를 들면, 결혼 후에 발생하는 경제적 어려움과 한국사회와 가족관계에 대한 어려움과 부적응, 언어문제와 문화적 차이, 각종 정보 등, 자원, 취업으로부터의 소외되고, 자녀교육, 국적취득 등은 한국인과 결혼한 외국여성들의 결혼 후 흔히 겪게 되는 문제들이며, 이런 문제들은 심각한 가정폭력으로 유발되고 가족해체로 직결되는 원인들이 되고 있다. 이 뿐만 아니라, 이러한 문제는 우리나라의 국제간의 이미지를 실추시키고 다른 나라 국민들로 부터 공격과 비난을 받게 만드는 원이 될 수도 있다. 이런 경우, 다문화가정의 문제는 하나의 가정 문제를 넘어서 국가와 국가 간의 문제로까지 연결될 가능성을 지니게 된다. 2014년 안전행정부의 국제결혼 이주 여성 실태조사 및 보건복지 정책 지원방안에 의하면 국내에 거주하는 우리나라 국제결혼 이민자는 149,764명 으로 전체 결혼 건수의 9. 5%에 달한다.

## (2) 다문화가정 전망

1980년대 후반부터 산업현장의 노동력부족으로 외국인노동자들이 개별적으로 입국하였고. 1992년 문민정부의 세계화 추진 선언이후에는 제도화되어 대거 입국하기 시작하였다.

이것과 더불어 남아선호 사상의 결과로 결혼 적령 여성의 부족과 이로 인한 농어촌 총각과 도시 저소득층 남성들의 결혼 곤란은 외국인 배우자에 눈을 돌리게 되어 결국 국제결혼으로 인한 외국인들도 많이 이주하게 되었다. 또한, 정부정책의 변화로 북한 이탈주민도 최근 많아지고 있는 추세이다.

우리나라는 외국인 주민 비율이 2.2%이어서, 아직까지는 한국을 다문화사회로 보기에는 다소 부족한 다문화 사회화하고 있다고 할 수 있겠다. 그렇다면 현재와 같은 추세로 이들이 계속 다문화가정이 증가할 것인가? 이에 대해서는 정확히 예측할 길은 없으나 대체적으로 증가추세만은 계속될 것이라는 것이 일반적인 견해이다.

우리나라에서 외국사람이 계속적으로 증가할 것으로 전망하고 있는 가장 큰 이유는 출생률과 관련되어있는 인구구조학적인 측면에서의 분석이다(이순임, 2011)

출산률은 세계적으로 홍콩 다음으로 제일 낮은 것으로, 2007년 기준 미국 2.4명, 프랑스 1.9명, 영국 1.8명에 비해서 현저하게 낮고, 출산을 통제하는 중국의 1.7명보다도 낮다. 이처럼 미국의 사회보장국장을 역임한 Paul Hewitt은 "대한민국이 출산률을 높이지 못한다면 2100년에는 대한민국의 인구가 3분의 1이하로 줄고, 2200년에는 140만명, 결국은 지구상에서 없어지는 첫번째 나라가 될수 있다."고 경고했다.

## 3) 다문화가정에서의 교육

아들딸들에 대해서 아버지 어머니가 해야 할일 가운데 크게 두 가지 기능이 있다. 하나는 키우는 기능이고, 다른 하나는 가르치는 기능이다. 옛날 우리 조상과 현대를 살아가는 아버지 어머니들을 비교해 보면 아들 딸들을 먹고 입히는 일에 있어서 지금의 아버지 어머니들이 훨씬 앞서있다. 그러나 이에 반해 가정에서 자녀들을

가르치는 일에 대해서는 옛날의 아버지 어머니들 보다 많이 뒤떨어
진다. 옛날의 아버지 어머니들은 사람으로서의 지켜야할 도리를 가
르쳐서 바르고 올바른 삶을 살아갈 수 있도록 가정에서 나름대로
아들 딸들을 가르쳐 왔다. 그런데 세월이 흐르면서 사회적인 구조
도 변화되고 가정의 형태도 변하면서 전통적인 가치관이 사라지고
또 흔들리고 있다. 소위 신세대라 불리우는 세대들은 예절과 형식
을 지키고 애쓰는 아버지 어머니들을 오히려 융통성 없고 보수적인
사람들이라는 비난의 눈길을 보내기도 한다. 또한 부모에게 공손하
지 못한 언행을 하는 젊은이들이 점점 증가하는 추세를 보인다. 그
러다 보니 아버지 어머니들은 자식들의 요구에 옳고 그름에 따질
틈도 없이 무조건적으로 동조해 버리기도 한다. 자라나는 청소년들
에게는 원칙에 대한 생활이 있음을 알게 하고 행위에 대하여 규칙
을 반드시 지키게 하는 것이 아버지 어머니와 가족이 해야 할 일이
다. 엄격한 가르침을 하는 아버지 어머니 밑에서 강한 아들딸들이
키워지며, 원칙과 소신을 지키며 살아가는 부모님에게서 아들딸들
은 자연적으로 올바른 생활과 태도를 몸에 익히게 될 것이다. 아들
딸들에게 효도하라는 말을 백 마디 하는 것 보다는 가정과 가족 내
에서의 자신의 위치를 자연스럽게 깨달을 수 있게 하는 것이 무엇
보다 중요하다.

　가정에서 아버지 어머니들이 자신들의 부모님들을 극진하게 모
시며, 형제간에 정이 있게 지내며, 효를 실천하는 모습을 아들딸들
에게 자연스럽게 보여주게 될 때 우리들의 가정에서의 효교육은 가
장 효과적인 것이 될수 있을 것이라 생각한다.(강순진, 2002)

## 4. 다문화가정교육 발전방향

### 1) 다문화가정 문제요인

#### (1) 한국어 능력

가장 많이 문제되고 언급되는 것이 한국어의 문제이다(한국청소년 정책연구원, 2009). 우리나라에 정착한 다문화가정 결혼이민 여성들에게 한국어 의사소통의 어려움은 남편이나 가족성원과 대화를 싫어하게 만들며, 스스로 고립시키는 부정적인 결과를 초래하고 그결과 결혼생활을 어렵게 한다(조승호, 2011).

언어 상호작용에 있어서 가정에서 충분한 모국어 습득 과정과 주된 양육자인 어머니의 사용언어와 의사소통 유형은 어린이들의 언어발달에 직접적인 영향을 미치게 되고 학교에 들어가서도 학습능력이 부진으로 이어질 수도 있다. 따라서 한국어는 국내에서 가장 기본적인 삶을 살아가는데 필수적인 요소로서 한국어를 제대로 알아듣지 못한다는 것은 생활이 어렵다는 것을 의미한다. 국제 결혼한 가정의 경우 어머니가 한국말이 서투르고 아버지는 생업에 종사하느라 어린이들을 돌봐줄 시간이 없어 어린이들의 공부를 돌봐주지 못하는 경우가 생긴다. 이러한 다문화 가정의 어린이들은 한국의 일반 저소득층 가정들과 크게 다르지 않을 것으로 보인다. 결국 한국어 습득에 작용하는 요인으로는 부모의 출신나라, 한국에서의 체류기간, 지역사회에서의 인프라 등을 파악해 볼 수 있다. 다문화 가정 어린이들이 살고 있는 지역 안에서 한국어를 접하거나 학습할 수 있는 다문화 센터와 외국인 센터 및 공공기관이 있으면 도움이 될 것이라고 김혜리(2013)는 주장하고 있다.

(2) 가정환경적 요인

다문화가정의 경우에 자녀양육과 교육을 매우 중요하게 생각하지만 어려운 문제로 생각되고 있다. 다문화가정도 일반가정처럼 자녀들의 양육이나 교육이 주로 아내들의 몫으로 아동기때 부터 전적으로 아내가 처리하는 경우가 많다. 외국인의 어머니 같은 경우 교육적 관심과 열의가 높지만 언어능력의 부족으로 인하여 직접적으로 자녀들에게 한국어를 가르치지 못한다. 이는 취학 전까지 심각한 문제로 들어나고 있으나, 학교에 입학하게 되면 또다시 양상이 달라진다. 또한 다문화가정은 가정생활에서 경제적인 어려움으로 맞벌이하는 경우가 생각보다는 많다. 시간적 여유로 인하여 주로 양육하는 양육자가 한국어를 직접적으로 배우지 못하고 직접 어린이를 돌보지 못하는 힘든 입장에 처해질 수밖에 없다. 이러한 가정의 자녀들은 언어발달이 지체되어 이해력과 학습능력이 떨어지며 지나치게 소극적이거나 과잉행동장애 폭력등을 보이는 정서장애를 나타내는 경우도 있다(주경란, 2009). 다문화가정의 부모들은 한국어 문제만이 아니라 사교육비의 부담과 자녀가 성장함에 따라 의사소통이 어려운 점 등의 어려움을 호소하고 있지만, 이 어려움을 상담하고 호소할 정도의 대상이 부족함으로 인하여 부모로서의 양육 효능감은 점점 상실되어가고 있다.


(3) 학교 환경 요인

여러 연구결과를 다문화가정 아동들은 학업성취도가 떨어진다고 보고되고 있다. 언어 능력의 부족으로 인해 문장 이해력도 떨어지고 맞춤법이 정확하지 않는 특성을 보이며 사회문화적 배경으로 인해 사회과목에 대한 어려움 또한 많이 지적되고 있음을 알 수 있다. 다문화가정 자녀들에게 학습문제 뿐만 아니라 친구관계 역시 많은 어려움을 겪는다고 보고되어 진다. 한국어능력 수준으로 인해 학급이 편성되어지는 다문화가정 아동들은 자기 자신보다 적게는 한두 살 많게는 네 살 정도 차이가 나는 학생들과 같이 생활하게 된다. 개인적 특성 차이로 지혜롭게 잘 처리해나가는 아동들도 있지만 소극적으로 친구관계를 형성해 나가는 것이 대부분이다. 여기에는 선생님들의 역할이 매우 중요하다. 선생님들의 문화 다양성에 대해서 긍정적인 태도를 가질수록 다문화가정의 아동들에 대한 긍정적인 태도가 증가한다(조영달, 2008). 한국어 부족으로 인하여 위축되어진 부모들은 선생님과 상호관련 있는 것들이 어렵게 느끼고 학교 교육에 있어서도 무관심으로 대응한다. 다문화가정 학부모들을 참여시키기를 위해 학부모 교육 프로그램을 개설하여 자연스럽게 학교 프로그램 교육에 참여하는 방안을 모색해야 한다.

### (4) 정체성과 가치관

한국교육개발원 연구보고서(2009)는 다문화가정 아동들의 정체성과 가치관 형성과정이 정부와 학교들의 준비부족과 언어와, 문화에 제대로 적응하지 못한 주로 양육자인 어머니의 영향으로 인하여 많은 문제가 있다고 판단되어 진다. 교육과정에서 재개되는 과제를 구체적으로 적절히 처리해가면서 부모들로서 자신들의 역량을 증진하고 또 그 성과를 토대로 자신감을 부여하고 자녀들과의 관계를 발달시키며 다른 과제의 측면은 매우 약하다. 또한 다문화가정의 부모들은 공식적인 교육들과는 별도로 아동들에게 부모들의 출신

나라에 대한 자긍심을 키워줄 것인가 아니면 한국인으로서 정체성을 키워줄 것인가에 대한 정체성 교육에 대해서 고민하고 있는 것으로 나타났다. 각기 다른 국가에서 서로 다른 문화 속에서 가치관을 다르게 가지고 살아온 부모들로 인해 다문화가정 아동들은 가치관의 혼돈을 겪게 되며 그에 따른 부적응 현상을 겪고 있는 경우도 발생한다.

## 2) 다문화가정 발전방향

다문화가정에 대한 사회적인 관심이 높아짐에 따라 다양한 정책들이 진행되면서 더 나은 결과를 위해 수정에 수정을 거듭해오고 있다. 관련 법률이 제정되고 있는데 현재 가장 중요한 정책들에 대한 검토와 평가를 거친 수정이며, 다양하게 제공되는 사회통합 프로그램들이 표면상으로는 원하면 누구든지 참여 할 수 있는 것처럼 보이지만 실제적으로는 적응의 어려운 환경들을 개선해 주지 못하는 불평등 문제는 해결할 수 없다. 그들이 다양한 사회통합과 정책 프로그램들이 실시되고 있는지 그것들이 자신에게 진정으로 필요한 것인지 그 자체를 모르고 있는 상태의 다문화가정들이 상당히 많다. 정책의 효과는 경제적인 어려움을 해결하지 못한채로 해결될 수 없을 것이다. 한국의 경우 국제결혼을 선택한 남성들의 경우 대부분이 경제적으로 어려운 사람들이 많고 다문화가정 대부분이 생활 속의 빈곤에서 개인의 지위와 신분에 대하여 문제의식을 갖고 해결책을 모색하는 것은 결코 쉽지 않다. 국가차원에서 다문화가정에서 잠재된 능력을 끌어 올려서 재 사회화 할 수 있도록 교육의 기회를 접할 수 있는 여러가지의 정책들이 제공되어야 하는데 현재의 상태에서 그들에게 지원해주기 위해서는 무엇보다도 사회적응을 위한 그들의 정부 전담기구가 설치되어야 하며 그에 따르는 전문인력이 확충되어 중앙조직및 지방조직이 효율적으로 정책추진에 가속화하여 다문화가정에서 직접 체험할 수 있는 정책이 이루어져야 할 것이다(김선희, 2010)

### 3) 효교육을 통한 가정교육 방향모색

사람을 여러가지 측면으로 설명할 수 있겠지만 사람자체의 교육적인 존재라는 측면에서 효 교육은 사람을 사람답게 하는 근본적인 교육이라고 볼 수 있겠다. 이러한 효 교육이 이루어질 수 있는 처음의 학교가 바로 가정이라는 공간이다. 가정은 부모와 자녀들 사이에 자연스럽게 이루어지는 교육의 장이라고 할 만하다(김익수, 2008). 따라서 자녀들에 대한 교육은 부모로서 담당해야 할 중요한 역할이고 책임이다. 자녀는 성장하면서 부모로부터 교육과정을 거치게 되며, 그 성장에 필요한 절대적인 양분이 바로 부모님의 사랑이다. 인간은 부모님의 사랑을 받은 만큼 사랑에 대해서 알고, 타인에 대해서도 베풀 수 있게 된다. 그러므로 인간의 정서적인 면은 원초적 사랑인 가정에 해당되며, 인간은 특히 후천적인 교육이 중요하다.

자녀를 교육하는 측면으로 보면 양육태도는 지극히 중요한 부분이다. 따라서 전통가정에서 자녀를 올바르게 교육시키기 위한 조상들의 슬기로운 교육의 지침이 있었다고 본다. 현대 가정의 부모들은 자녀에 대해선 수평적 관계성을 갖고, 자율과 친밀감으로서 교육하는 경향을 보인다. 이러한 특성은 시대의 흐름에 따라서 환경적 변화에 나타나게 되는 현상이라고 볼 수 있겠다. 무엇보다도 효교육은 가정에서 부모의 교육을 통해서 교육되는 것이라고 본다면, 전통에서나 현대에서의 효 교육의 방법적인 측면에서 접근해가는 것이 의미 있는 접근이라고 본다. 그리고 자녀들이 효라는 것을 부모의 사랑에 감동하여 스스로 자연스런 생각에 따라 진정성을 갖고 삶에서 나타나는 것이다.

가정에서 효 교육은 부모와 자녀와의 관계를 점진적으로 학습의 과정이며, 인간형성의 중요한 원인으로 나타난다. 그러므로 효 교육은 인간관계라고 정의할 수 있다. 다시 말하면 가족은 혈연관계에 의하여 구성되고 있는 가장 친근하고, 공경하고, 사랑하고 긴밀한 인간관계가 만들어지는 곳이다. 이와 같이 가족 상호간에 서로 격려하고 아끼고 포용하고 즐겁게 지내는 사이에 인간의 인간다움과 품성이 저절로 길러지는 것이다. 가정에서 부모에게 효도하는 마음으로 이웃의 남의 부모도 모실 수 있는 것이다.(김익수, 2008)

따라서 가정에서의 효 교육은 부모를 통해서 자기의 삶을 더 발전시키고 확장시켜 가도록 도와주는 전인교육의 과정이라고 볼 수 있다. 그리고 효 교육은 가족 안에서만 한정되는 것이 아니며, 가정에서 가족과 더불어 공동체를 이루어, 가정에서 학습된 것은 인간의 사회적 삶의 기초학습의 의미를 갖으며, 구성원의 최소단위인 가정에서 기초학습 다음 단계인 학교 교육이 되어야 할 것이다. 가정은 자녀에게 최초의 학교이며 교육장이다. 부모는 자녀에게 본이 되어야 하며, 최초의 스승으로서의 역할을 다 해야 한다. 가정에서 부모와 자녀간에 이루어지는 기본적인 사랑의 인격형성이 삶의 결정적인 영향을 미치게 되며, 그 가정교육은 다름 아닌 인성교육의 핵심가치인 효 교육이라고 볼 수 있다.

효 교육에 있어서는 가정교육의 연장선상에서 학교 교육이 이루어지고, 또 지역사회로 국가로 넓혀지는 것이 확장된 영역으로의 효 교육이라고 볼 수 있다. 그리고 가정에서 부모를 중심으로 되어 있는 효의 개념을 좁은 의미의 개념이라 할 때, 넓은 의미의 효는 국가와 사회를 위해서 헌신 봉사하는 일이라고 볼 수 있다.(김명운, 2012)

## 5. 끝맺으며

본 연구의 목적은 우리나라에서 정착하고 있는 다문화가정에 효 의식을 접목하여 가정교육의 방향을 모색하고 효를 다문화가정교육의 방향으로 삼고자 하였다. 구체적으로 말하자면 효사상의 이론적 배경을 알아보고 다문화가정의 개념과 다문화교육을 살펴보며 다문화가정교육의 발전방향을 효교육을 통하여 알아보고자했다.

한국사회는 국경을 넘는 사람들의 이주가 보편화된 시대를 맞이하여 한국사회도 다문화사회로 이미 진입하고 있음을 보여주고 있다. 체류 외국인수의 증가에 따라 국제결혼가정도 급증하고 있고 이들 자녀도 급증하고 있으며, 최근에 국제결혼가정 자녀의 교육문제가 사회의 주목을 받고 있지만 아직도 여러 가지 어려움과 문제들이 있다. 다문화 가정은 대부분 경제적으로 낮은 계층에 속해 있다고 할 수 있으며, 외국인 어머니의 한국어 능력이 미숙한 경우 한국사회의 가정교육은 더욱 어렵다. 우리나라의 자녀교육은 주로 어머니에 의하여 이루어지는데 다문화가정의 어머니가 한국말이 서투르고 한국사회나 문화에 익숙하지 못할 경우 더욱 심한 것으로 나타났다. 특히 다문화가정의 자녀들에 대한 효와 예절교육은 많이 부족한 현실이다.

효의 기본적인 이념은 한국인의 생활 속에서 내재화 되어 있으며, 비단 과거의 효자 행동에서만이 아니라 오늘날의 우리 사회에서 경로사상 및 가정교육에 뿌리가 되어 있는 것이다. 우리 사회에서 효는 부모자녀들 간의 단단한 줄을 잇는 맥락이요, 가정교육에서 간과해서는 안 될 덕목인 것이다.

앞으로 다문화가정을 위해서 좀 더 구체적이고 장기적이고 차분하게 대책을 세우고 추진해 나가야 할 것이다.

이러한 시점에서 효교육을 통한 다문화가정교육은 필요하며, 정부와 사회구성원의 지원과 수용이 절대적으로 필요하다 하겠다. 또한 다문화가정에 대한 관심을 가져야 하며 다문화가정에 대한 다양한 대책도 국가 중심보다는 다문화가정 중심에서 이루어져야 할 것이다.

## 김익수

전 한체대 교수, 전 동방문화대학원대학교 석좌교수, 한국효문화연구원장, 홍익인간사 상연구원장, 한국청소년효문화학회장

## 박선식

한국인문과학예술교육원 대표, 파주향토문화연구소 연구위원

## 박 주

대구가톨릭대 교수, 한국여성사학회 회장, 조선사연구회 회장, 대구가톨릭대학교 안중 근연구소 소장

## 김기호

영남대 교수, 영남대 문과대 부학장, 한국사상문화학회 이사 및 경남지회장

## 장재천

용인대 교수, 한국청소년효문화학회 상임부회장 겸 『청소년과 효문화』 학술지 편집 위원장

## 김은경

동국대 교수, 교사국악놀이연구회 이사, 아이국악협회 이사, 국악교육연구회 자문위원

## 김용길

원광대 법학전문대학원 교수, 한국청소년효문화학회 부회장 겸 전북지회장

**이병철**

신라대 교수, 한국청소년효문화학회 부회장 겸 부산시지회장 겸 학술지 『청소년과 효
문화』 편집위원


**이기동**

성균관대 명예교수, 성균관대 유교문화연구소 소장, 성균관대 유학동양학부장, 성균관
대 유학대학원장 역임


**이석주**

동국대 다르마칼리지 교수, 한국청소년효문화학회 이사


**곽종형**

성산효대학원대학교 교수, 효행장려 및 효복지진흥원 효행장려센터장, 한국효지도사협
회 사무총장, 한국사회복지경영학회 회장

# 한국의 효사상과 인성교육 3

초판인쇄 2022년 10월 31일
초판발행 2022년 10월 31일

지은이 김익수· 박선식· 박 주· 김기호· 장재천· 김은경· 김용길·
      이병철· 이기동· 이석주· 곽종형
펴낸이 채종준
펴낸곳 한국학술정보㈜
주 소 경기도 파주시 회동길 230(문발동)
전 화 031) 908-3181(대표)
팩 스 031) 908-3189
홈페이지 http://ebook.kstudy.com
E-mail 출판사업부 publish@kstudy.com
출판신고 2003년 9월25일 제406-2003-000012호

ISBN 979-11-6983-056-0 03150